Gertraud Finger

Auch Mütter dürfen ›Nein‹ sagen

Mut zu eigenen Wegen

Klett-Cotta

Zur Autorin

Die Diplom-Psychologin Getraud Finger unterrichtete anfangs in einer Grundschule. Dann arbeitete sie in der Erziehungs- und Schulberatung und leitete die Frühförderstelle des Caritasverbandes Freiburg Stadt. Sie war Lehrbeauftragte an der Pädagogischen Hochschule in Freiburg. Jetzt arbeitet sie freiberuflich im Rahmen der Frühförderung und Erziehungsberatung und bietet Fortbildungen an. Sie hat mehrere Zeitschriftenartikel und folgende Bücher über ihre Arbeit mit Kindern und Familien geschrieben:
Brauchen Kinder Ängste? (2005), *Was auffällige Kinder uns sagen wollen* (mit T. Simon-Wundt, 2002), *Ja, mein Kind ist anders* (2000) und *Mit Kindern trauern* (1998).

Klett-Cotta
www.klett-cotta.de

Printed in Germany
Schutzumschlag: Weiss/Zembsch/Partner: Werkstatt München unter Verwendung eines Fotos von Mauritius images/Nonstock
Gesetzt aus der Minion von Typomedia GmbH, Ostfildern
Auf säure- und holzfreiem Werkdruckpapier gedruckt und gebunden von Bercker Graphische Betriebe GmbH & Co. KG, Kavelaer
978-3-608-94483-9

Bibliographische Information der Deutschen Nationalbibliothek
Die Deutsche Nationalbibliothek verzeichnet diese Publikation in der Deutschen Nationalbibliographie; detaillierte bibliographische Daten sind im Internet über <http://dnb.d-nb.de> abrufbar.

Inhalt

Über dieses Buch

In diesem Buch geht es

- um das ›Nein‹-Sagen,
- um fremde Erwartungen,
- um den Mut zu eigenen Wegen.

Warum fällt Müttern das ›Nein‹-Sagen so schwer?

Schon als ›brave Töchter‹ haben Frauen gelernt, sich nach anderen zu richten. Als Erwachsene fühlen sich viele Frauen und vor allem Mütter für die Beziehung zu ihrer Umgebung verantwortlich. Ein ›Nein‹ könnte diese Beziehung stören und einen Konflikt hervorrufen, denn niemand freut sich über ein ›Nein‹. Für ein harmonisches Miteinander verzichten Mütter daher oft auf ihre eigenen Wünsche. Sie sagen ›Ja‹, obwohl sie ›Nein‹ meinen, nur um niemanden zu kränken.

Der Wunsch, es allen recht zu machen, kann so viel Druck erzeugen, dass eine Mutter dann das Verkehrte tut. Dieses Buch beschreibt solche Situationen, und es zeigt, durch welche Einstellungen und Gefühle sie ausgelöst werden. Dabei wird sowohl die Perspektive der Mutter als auch die des Kindes dargestellt. Wenn eine Mutter ›Nein‹ sagt, bedeutet es nicht, dass sie sich von ihren Kindern abwendet. Sie wehrt sich nur gegen falsche Vollkommenheitsansprüche. Erst das ›Nein‹ gegenüber ihrem eigenen Wunsch, es immer und allen recht zu machen, entlastet die Mutter und gibt ihr wieder Kraft, sich mit einem ›Ja‹ ihrem Kind zuzuwenden. Ein mütterliches ›Nein‹ kann auch dem Kind gut tun, denn es gibt ihm Orientierung und Sicherheit.

Warum sind fremde Erwartungen so wirkungsvoll?

Margot Käßmann, die Landesbischöfin von Hannover, hat die gegenwärtige Diskussion mit den folgenden Worten zusammengefasst:

Wie immer Frauen leben, es wird kritisiert: Hat sie Kinder und ist zu Hause, so ist sie ein unbedarftes Heimchen am Herd. Hat sie Kinder und ist berufstätig, so ist sie eine Rabenmutter und Gebärmaschine. Hat sie keine Kinder, ist sie eine karrierefixierte Zicke.

Mütter haben es nicht leicht. Es gibt viele Erwartungen, wie eine Mutter zu leben hat, von denen sich einige sogar widersprechen. Und es gibt immer jemanden, der ihren Lebensentwurf kritisiert, wenn nicht gar herabsetzt.

Fremde Erwartungen beziehen sich nicht nur darauf, wie eine Mutter ihr Leben gestaltet, sondern auch auf die Einstellungen und Gefühle der Mutter. Dieses Buch stellt die Mütterbilder vergangener Zeiten vor, weil sie noch heute unser Mutterbild bestimmen. Es erklärt auch, warum viele Menschen eine ›Sehnsucht nach einer guten Mutter‹ haben und wie aus dieser Sehnsucht eine Enttäuschung werden kann.

Was die Umwelt von einer Mutter erwartet, erwartet die Mutter oft auch von sich selbst. Denn auch sie ist geprägt von gesellschaftlichen Normen, auch sie hat als Kind erlebt, dass nicht alle ihre Bedürfnisse befriedigt wurden. So möchten viele Mütter ihrem Kind all das geben, was sie früher vermisst haben. Das führt zu überhöhten Ansprüchen an sich selbst und zu Schuldgefühlen, wenn diese Ansprüche nicht erfüllt werden können. Dieses Buch beschreibt, warum gerade Mütter so anfällig für Schuldgefühle sind und wie sie manchmal auch gegen besseres Wissen daran festhalten.

Woher nehmen Mütter den Mut zu eigenen Wegen?

In einem Beratungsgespräch berichtet mir eine Mutter: »Ich bin nicht berufstätig und habe doch ganz viele Berufe. Ich bin Putzfrau, Waschfrau, Köchin, Designerin für unsere Wohnung, Coach für meinen Mann, Hilfslehrerin für die Kinder, Taxifahrerin, Krankenschwester und Seelsorgerin. Von mir hängt es ab, ob es den anderen gut geht. Oft fühle ich mich wie ein Mülleimer, in den alle Familienmitglieder ihren Ärger und ihre Sorgen werfen. Ich mache alles und frage mich ständig: ›Für was bin ich noch verantwortlich?‹« Ich antworte ihr: »In erster Linie sind Sie für sich selbst verantwortlich.« Sie ist einen Moment lang sprachlos und fragt dann: »Darf man das als Mutter?«

Niemand kann Müttern ihren Weg vorschreiben. Denn jede Mutter ist anders, und jede muss ihren eigenen Weg finden. Dieses Buch kann dabei als Wegweiser dienen. In dem Kapitel ›Wege aus dem Mutter-Dilemma‹ werden andere Mütter vorgestellt, die für sich einen Weg gefunden haben. Bestimmte Situationen kann man auch anders sehen. Denn was Mütter belastet, ist nicht so sehr die tatsächliche Situation, sondern wie sie darüber denken.

Warum ich dieses Buch geschrieben habe

Viele Jahre habe ich als Kinderpsychologin in der Erziehungsberatung, in der Schulberatung und in der Frühförderung gearbeitet. Dabei durfte ich erleben, dass Kindern geholfen wird, wenn es gelingt, ihre Mütter – innerlich – zu entlasten. Dazu gehört, dass sie ermutigt werden, auch etwas für sich selbst zu tun. Nur wenn es Müttern gut geht, kann es auch den Kindern besser gehen. Den meisten Müttern, denen ich begegnet bin, ging es nicht gut. Viele haben bei mir geweint vor Anspannung und Überforderung, wegen enttäuschter Erwartungen, und immer wieder aus Schuldgefühlen. Müttern in einer solchen

Lage möchte ich zeigen, dass das, was sie als ihr persönliches Versagen ansehen, meistens durch die Umstände und Auffassungen in unserer Gesellschaft bedingt ist.

Ich bin selbst Mutter und Großmutter und kenne die Freuden und Schwierigkeiten des Eltern-Seins. Ich bin außerdem noch ›Fachfrau‹ und müsste eigentlich wissen, wie man alles richtig macht. Doch bei den eigenen Kindern und Enkeln fällt es mir oft schwer, die fachliche Distanz zu halten. Da bin ich manchmal ebenso hilflos und verletzlich wie andere Mütter, und ich mache auch immer wieder Fehler. Fehler können aber auch ein Anreiz zum Umlernen sein.

Was mir bei der schwierigsten aller Aufgaben, nämlich die eigenen Kinder zu erziehen, geholfen hat und was ich von anderen Müttern gelernt habe, möchte ich gerne weitergeben. Dabei geht es weniger um Rezepte als vielmehr um die Haltung und die Gefühle der Mutter. Muttersein kann als eine große Herausforderung erlebt werden, als eine große Belastung und auch als ein großes Glück. Kinder machen glücklich, aber nur, wenn wir unser eigenes Glück nicht von ihnen abhängig machen. Kinder können uns das Glück nicht herbeizaubern. Wir müssen selbst etwas tun, indem wir uns ernst nehmen und es wagen, unbedachten Ansprüchen mit einem ›Nein‹ zu begegnen. Nur wenn es uns gut geht, kann uns das Verhalten unserer Kinder nicht mehr so kränken. Wenn es uns gut geht, können wir gelassen sein. Dann fällt es uns leichter, die Mutter-Rolle angemessen auszufüllen.

- Dieses Buch soll Wissen vermitteln, indem es zeigt, wie das Ideal der ›guten Mutter‹ entstanden ist, was es für heutige Mütter bedeutet, wie es sie belastet, und was Frauen dagegen tun können.
- Dieses Buch möchte Verständnis wecken für die schwierige Situation, in der Mütter sich befinden. Lesende Mütter sollen sich darin wiederfinden und verstanden fühlen.

- Dieses Buch will Müttern Mut machen, sich selbst ernst zu nehmen. Dann können sie übertriebenen Erwartungen widerstehen, ihren eigenen Kräften vertrauen und entdecken, wie viel Freude es bereitet, Mutter zu sein.

Was macht das Muttersein so schwierig?

Die Sehnsucht nach einer guten Mutter

Das Objekt unserer Sehnsucht ist nie da, wo wir uns befinden. Ja, der Reiz der Sehnsucht scheint beinahe in der Unerreichbarkeit ihres Zieles zu liegen, in der Nicht-Erfüllung, im beständigen Hungern nach dem, was uns fehlt.

(Chu 1997, S. 17)

Unsere Sehnsucht nach der guten Mutter ist eine Sehnsucht nach einem Wesen, das es nicht geben kann. Gute Mütter werden beschrieben als liebevoll, einfühlsam, selbstlos, aufopfernd und voller Zuwendung. Sie stellen ihr ganzes Leben in den Dienst ihres Kindes, ohne etwas dafür zu verlangen. So etwas kann keine Frau leisten. Dennoch existiert dieses Bild der guten Mutter als Wunschvorstellung oder Sehnsucht in unseren Köpfen. Das gilt nicht nur für unsere Kultur. Ein arabisches Sprichwort lautet: »Gott konnte nicht überall sein, deshalb schuf er die Mütter.« Hier wird die Mutter zur Gehilfin Gottes, die stellvertretend für ihn seine Liebe und Güte verströmt. Sie kann alles verstehen, jedes Unheil abwenden und alle Wünsche erfüllen. Eine solche Mutter ist in unendlicher Geduld stets für ihr Kind da. Sie geht ganz in ihrer Familie auf.

Warum brauchen wir das Bild der guten Mutter?

Es gab eine Zeit in unserem Leben, da waren wir vollkommen abhängig. Ein Säugling kann nur überleben, wenn andere sich um ihn kümmern. Das ist in unserem Kulturkreis meist die Mutter. Sie versorgt das Kind, beschützt es, gibt ihm zu essen, tröstet es. Der Säugling wendet sich der Mutter zu, um das zu bekommen, was er sich selbst nicht holen kann. So wird die Mutter zur ersten Liebe des Kindes. Es ist eine besitzergreifende, fordernde Liebe, denn der Säugling braucht seine Mutter, nicht nur um versorgt zu werden, sondern auch, um sich gut zu fühlen.

Der Psychoanalytiker Tilman Moser versetzt sich als Erwachsener in sein erstes Lebensjahr und beschreibt dabei, wie sehr ein Säugling seine Mutter braucht und wie verloren er sich fühlt, wenn die Mutter ihm fehlt:

… bitte, bleib so lange da, wie ich es möchte, oder wenigstens, bis ich eingeschlafen bin. Ich bin ein Teil von dir, und wenn du mich verlässt, bin ich wieder nichts, aber ein Nichts, das sich hasst. (Moser 1983, S. 16)

Die meisten Menschen berichten, dass sie eine glückliche Kindheit hatten, ganz gleich, wie die Kindheit tatsächlich verlaufen ist. Denn niemand möchte sich eingestehen, dass er in einer Zeit größter Hilflosigkeit von dem Menschen, von dem er völlig abhängig war, im Stich gelassen wurde. In einer umfangreichen Untersuchung (Psychologie Heute, August 2003) wurden 399 Kinder von ihrem achten bis zu ihrem fünfundzwanzigsten Lebensjahr in größeren Abständen über ihre augenblickliche Situation befragt. Als die Kinder fünfundzwanzig Jahre alt waren, baten die Forscher sie, noch einmal über ihre Kindheit Auskunft zu geben. Dabei stellten sie mit Erstaunen fest, dass viele Kinder sich nicht mehr an die belastenden Ereignisse erinnern konnten, die sie als Achtjährige aufgezählt hatten. Nun berichteten die meisten von einer fürsorglichen

Mutter, sogar die Kinder, die sich mit acht Jahren beklagten, von der Mutter geschlagen zu werden. Der Vater wurde in der Rückschau noch positiver dargestellt. Wenn Menschen in dieser Weise aus einer schwierigen Zeit eine schöne Zeit machen, sprechen die Forscher von einer Erinnerungsverzerrung.

Warum wird bei vielen Menschen die Erinnerung im Rückblick verklärt? Wollten sie bestimmte Erfahrungen ihrer Kindheit vergessen, weil es zu weh tat, sich daran zu erinnern? Brauchen wir Menschen die Vorstellung von der glücklichen Kindheit, um uns bei gegenwärtigen Schwierigkeiten damit zu trösten, wenigstens eine glückliche Kindheit und liebevolle Eltern gehabt zu haben? Die glückliche Kindheit ist manchmal ein Ersatz für Erwachsene, die mit ihrem Erwachsenenleben unzufrieden sind. Es ist eine nach rückwärts gewandte Sehnsucht. Selbst wenn Kinder ihre schwierige Kindheit und ihre problematische Beziehung zur Mutter nicht verdrängt haben, bleibt ihnen der lebenslange Wunsch, von der Mutter anerkannt, bewundert und geliebt zu werden. Davon handelt das folgende Beispiel.

Der Amerikaner Irvin Yalom (2000) berichtet in einer autobiographischen Erzählung von einem berühmten Psychiater und Autor, der sich in seiner Jugend seiner wenig gebildeten Mutter schämte und ihr stets aus dem Weg ging. Nun, als erwachsener Mann, zehn Jahre nach dem Tod seiner Mutter, hat er einen seltsamen Traum. Er sieht sich in der Intensivstation eines Krankenhauses und glaubt zu sterben. Gleichzeitig sieht er sich als achtjährigen Jungen, der in einem Vergnügungspark Autoscooter fährt. Er winkt seiner Mutter dabei zu, und als er das Auto verlässt, ruft er: »*Mama! Zufrieden, Mama? Zufrieden mit mir?*« (S. 10)

Die Anerkennung der Mutter – das Einzige, was zählt?

Ziel seines Lebens war es, seiner Herkunft zu entkommen.

Er wollte die Armut seiner Eltern, ihren heruntergekommenen Lebensmittelladen, ihre russisch-jüdische Vergangenheit und ihre fehlende Bildung hinter sich lassen. Deshalb erschreckt es ihn, dass er nun die Frage stellt: »*Zufrieden, Mama?*« Er stellt fest: »*Ich bin Schriftsteller. Und Mama kann nicht lesen. Trotzdem wende ich mich an sie, um ein Urteil über mein Lebenswerk zu erhalten.*« (S. 14) Es erschreckt ihn auch, dass der Sinn und das Ziel seines Lebens vielleicht nicht, wie er bisher geglaubt hat, in seiner Kreativität, seiner Bildung, seinen Büchern liegt, sondern allein in der Anerkennung durch seine Mutter.

Diese Erzählung von Irvin Yalom zeigt, dass der Wunsch eines achtjährigen Jungen, von seiner Mutter gesehen und beachtet zu werden, ein ganzes Leben überdauern kann. Nicht einmal berufliche Erfolge im Erwachsenenalter können diesen Wunsch befriedigen.

Die Sehnsucht der Mutter nach einem guten Kind

> *Durch mich hindurch gelebt, so nannte ich das später. Ihre Träume hat sie auf mich projiziert, sie versuchte, ihre alten Sehnsüchte in mir in Erfüllung gehen zu lassen.*
>
> (Eine Tochter über ihre Mutter in Meulenbelt 1986, S. 61)

Wir haben bisher gesehen, dass Kinder den Zuspruch ihrer Mütter brauchen, um sich als kompetent und liebenswert zu erleben. Andererseits brauchen auch Mütter ihre Kinder, um sich als kompetent und liebenswert zu erleben. Beide hängen voneinander ab und bestätigen sich gegenseitig in ihrem Selbstwert.

Der Erfolg des Kindes wird zum Erfolg der Mutter

Die Erzählung von Irvin Yalom, in der ein achtjähriger Junge seiner Mutter aus dem Autoscooter zuwinkt, hat noch einen zweiten Teil. Hier wird alles aus der Sicht der Mutter dargestellt. Der Psychiater Yalom ist durch seinen Traum beunruhigt. Weil er Träume für wichtig hält, möchte er die Botschaft seines Traumes verstehen. Er stellt sich ein Gespräch mit seiner Mutter vor und fragt sie, ob sie wirklich mit ihm zufrieden sei. Sie bejaht es, indem sie auf seine Bücher verweist, die sie in ihrer abgerissenen Einkaufstasche mit sich trägt, wo immer sie hingeht. Sie erzählt ihm, wie sie sich für ihn eingesetzt hat, wie hart sie gearbeitet hat, damit er in die Schule gehen und studieren konnte.

Sie ist sich auch darüber im Klaren, dass dieser Einsatz ihren Sohn immer weiter von ihr entfernte. Sie hat darunter gelitten, dass er alles, was sie für ihn tat, als selbstverständlich hinnahm und sich seiner Mutter sogar geschämt hat. Zum ersten Mal hört der Sohn seiner Mutter zu und merkt, wie sie ihr gemeinsames Leben empfunden hat. Er schämt sich, dass er dies früher nicht erkannte.

Nachdem alles ausgesprochen ist, meint er, dass sich beide nun in Frieden trennen können und jeder sein eigenes Leben führen kann. Doch die Mutter wehrt sich dagegen. Sie möchte keine eigenen Ziele verwirklichen, denn Sinn und Ziel ihres Lebens war der Erfolg ihres Sohnes:

Diese Bücher sind mein Ziel. Ich habe für dich gearbeitet – und für sie. Mein ganzes Leben lang habe ich für diese Bücher gearbeitet – ***meine*** *Bücher.* (S. 23)

Dann erzählt sie ihrem Sohn einen Traum. Sie sieht ihn als kleinen Jungen, der ihr aus dem Autoscooter zuwinkt und sie fragt, ob sie mit ihm zufrieden sei. Als der Junge behauptet, das sei doch sein eigener Traum gewesen, antwortet sie ihm:

Dein *Traum? Das will ich dir ja gerade sagen. Das war der Irrtum, Oyvin – dass du glaubst, ich wäre in* ***deinem*** *Traum.*

Dieser Traum war nicht ***dein*** *Traum, Sonny. Es war meiner. Auch Mütter haben manchmal Träume.* (S. 24)

Es ist der Traum vom erfolgreichen Kind, in dem sich die Mutter wiederfinden kann. Ein eigenes Leben zu führen war ihr nicht möglich gewesen. Sie kam als junges Mädchen aus Russland nach Amerika und musste hart arbeiten, um sich, ihre Eltern und später ihre eigene Familie zu ernähren. Da blieb ihr keine Zeit, etwas zu lernen. In Russland gingen nur Jungen in die Schule, und in Amerika musste sie Geld verdienen, hatte also auch hier keine Chance, sich zu bilden. Aber ihr Sohn konnte all das lernen, was ihr nicht möglich war. Für ihn lebte sie, seine Erfolge bestätigten sie als Mutter, und in seinen Erfolgen möchte sie weiterleben.

Auch die Mutter des Schriftstellers Elias Canetti (1980) findet sich in seinen Büchern wieder. Sie hat einen ganz anderen Hintergrund als die Mutter von Irvin Yalom. Sie ist eine belesene Frau aus einer großbürgerlichen Familie mit eigenen Interessen und Lebensinhalten. In Canettis Kindheit und Jugend gab es viele Unstimmigkeiten zwischen Mutter und Sohn. Die Auseinandersetzungen zwischen beiden waren so heftig, dass die Mutter manchmal nahe daran war, ihren Sohn »*für immer zu verwerfen*« (S. 73). Doch als sein erstes Buch herauskommt, vergibt sie ihm alles. In ihren Briefen entschuldigt sie sich sogar:

Das Buch, das sie gelesen hatte, sei Fleisch von ihren Fleisch, sie erkenne sich in mir, so wie ich Menschen darstelle, habe sie sie immer gesehen, so, genau so, hätte sie selber schreiben wollen. Ihre Verzeihung sei nicht genug, sie beuge sich vor mir, sie anerkenne mich doppelt als ihren Sohn, ich sei das geworden, was sie sich am meisten gewünscht habe. (S. 74)

Diese Briefe erschrecken Canetti, es ist ihm unerträglich, dass sie sich vor ihm so klein macht, und er erklärt: »*… auch in den Zeiten unserer bittersten Feindschaft hatte ich sie am meisten für ihren Stolz bewundert.*«

Ein ›gutes‹ Kind füllt eine Lücke im Leben der Mutter

Die Sehnsucht der Mütter nach einem ›guten‹ Kind ist für viele die Sehnsucht nach einem erfolgreichen Kind, an dessen Erfolg auch sie teilhaben können. Etwas von dem Glanz ihres Kindes fällt dann auf sie zurück. Nicht nur der Erfolg, sondern jede Eigenschaft kann das Kind für seine Mutter zu einem guten Kind machen. Es kommt dabei nicht so sehr auf die Eigenschaften des Kindes an, sondern auf die Bedürfnisse der Mutter. Denn das Kind soll das Selbstgefühl der Mutter stärken. So können das Aussehen des Kindes, seine Beliebtheit, seine Schlagfertigkeit und vieles mehr das Kind zu einem guten Kind machen.

Es ist auf den ersten Blick schwer zu verstehen, dass sogar ein Verhalten, welches normalerweise abgelehnt wird, für die Mutter ein erwünschtes Verhalten sein kann. Eine schüchterne und gehemmte Mutter wünscht sich vielleicht ein Kind, das vorlaut ist, gegen Autoritätspersonen aufbegehrt und sich nicht an Regeln hält. Bei einer Fahrt mit der Eisenbahn lässt sie zu, dass das Kind den Mitreisenden auf die Nerven fällt. Das Kind tut dann etwas, was sie selbst nicht wagt, sich aber insgeheim wünscht. Das Kind soll so sein, wie sie nicht sein kann. Die Mutter wünscht sich ein Kind, das eine Lücke in ihrem Leben ausfüllt.

Selbst ein Baby kann zu einem ›guten‹ Kind werden. Die Dichterin Elisabeth Langgässer sucht in ihrem Kleinkind Trost, wenn ihr das Leben zu viel wird. Ihre Tochter, Cordelia Edvardson, hält das später in ihrem autobiographischen Roman fest. Sie schreibt:

Als das Mädchen noch ein hilfloses kleines Kind mit nachdenklichen, traurigen braunen Augen war, (...) pflegte die Mutter den Kopf auf das Strickjäckchen über der Brust des Kindes zu legen, um Trost und Hilfe zu suchen. ›Strickbrüstchen‹ hieß dieser Ritus. (1989, S. 9 f.)

Die Mutter erzählt ihrem Kind dabei Geschichten oder liest

ihm Gedichte vor. Sie handeln von dem »*Vögelchen, das unter den Fittichen der Mutter Schutz sucht*« oder von dem »*Kind, das geborgen in den Armen der Mutter liegt*« (S. 10). Was diese Geschichten versprechen, kann die Mutter ihrem Kind nicht geben. Sie wird als »*alleinstehende*«, »*geplagte und von ihren Gesichten vergewaltigte*« Frau beschrieben (S. 10). Da sie selbst nicht zur Ruhe kommen kann, sucht sie an der Brust ihres Kindes Ruhe und Schutz. So wird das Kind zur »*Zuflucht der Mutter*«. Als Erwachsene fragt die Tochter sich, wer in dieser Zeit wen stillte.

Die Sehnsucht nach einem guten Kind wird umso drängender, je düsterer das Leben der Mutter ist. Der Psychologe Victor Chu bezeichnet Sehnsüchte als »*Überlebensstrategie*«, weil sie den Menschen erlauben, ihrer Verzweiflung zu entfliehen:

Für Menschen, die ihr Leben nicht in die eigene Hand nehmen können und dürfen, ist die Sehnsucht die einzige innere Kraft, die ihnen die Hoffnung auf eine bessere Zukunft gibt. Sie hält sie am Leben, sie gibt ihnen die Kraft weiterzumachen, selbst wenn die äußeren Umstände übermächtig sind. (1997, S. 38)

Wie Sehnsucht zu Enttäuschung werden kann

Bewahren Sie sich den Traum, stellen Sie ihn nicht auf die Probe. Der Traum ist meist schöner als die Wirklichkeit.

(Domin 1996, S. 86)

Das Wunschkind der Mutter entspricht oft nicht der Wirklichkeit. Im Traum der Mutter von ihrem Kind gibt es keine durchwachten Nächte, kein maulendes Kind, keine unaufgeräumte Wohnung, keine durchkreuzten Pläne, kaum Zeitstress und nie das Gefühl, alles falsch zu machen. Der Alltag ist dagegen oft schwieriger als erwartet. Eine amerikanische Mutter schreibt in ihr Tagebuch:

Niemand hat mir je gesagt, dass Eltern-Sein so schwierig ist. Als die Hebamme mir nach stundenlangen Wehen ein rosa Bündel überreichte, meinte ich, ich hätte es geschafft. Ich wusste noch nicht, wie viele Schwierigkeiten und Schmerzen nach der Geburt auf einen warten. Ich war zum ersten Mal Mutter und so naiv. Sind wir das nicht alle? (Hohlbaum 2003, S. 6)

Auch Mütter kennen die Sehnsucht nach der guten Mutter, welche sie selbst als kleine Mädchen gespürt haben. Wenn sie zu wenig Zuwendung erfuhren, bestärkte das nur ihre Sehnsucht. Nachdem sie nun erwachsen und selbst Mutter geworden sind, möchten sie ihren Kindern etwas geben, was ihnen selbst fehlte. Sie möchten so werden, wie sie sich als Kind eine Mutter gewünscht haben, eine wirklich gute Mutter. Sie übernehmen ihre Aufgabe mit hohen Erwartungen an sich selbst. Sie fühlen sich für alles verantwortlich, für das Wohlbefinden des Kindes, für sein Lernen, für sein Zusammenleben mit anderen und vor allem für sein Glück. Mütter werden so zu Managerinnen ihrer Kinder. Sie sorgen für eine Ernährung mit Bio-Produkten, übernehmen Fahrdienste, sie überwachen die Hausaufgaben und die Freizeit ihrer Kinder. Wenn dem Kind etwas nicht gelingt, springen sie ein. Sie nähen das Faschingskostüm, basteln das Osterkörbchen und helfen der kleinen Tochter bei der Handarbeit für die Schule. Mütter trösten bei kleinen Verletzungen und sitzen nachts am Bett des Kindes, wenn es krank ist oder Albträume hat.

Eine Mutter, die sich ihre ›Klein-Mädchen-Sehnsucht‹ erfüllt, möchte noch besser sein als eine normale Mutter. Sie ordnet die eigenen Bedürfnisse denjenigen ihres Kindes unter. Sie nimmt an der Kinderwelt teil, liest dieselben Bücher und interessiert sich für die Hobbys ihres Kindes. Sie möchte alles perfekt machen und beobachtet ihr eigenes Tun. Fehltritte des Kindes werden nicht bestraft, sondern besprochen. So ist es vernünftig. Über Anforderungen wird verhandelt. Unversehens bespricht die Mutter ihre Rolle mit dem Kind, was aus den beiden eine kleine Selbsterfahrungsgruppe macht. Wenn etwas misslingt, ist es doppelt schlimm, weil beide sich im Spiegel ihrer Erwartungen sehen. – Der Wunschtraum, ihren Kindern die beste aller Mütter zu sein, wird schädlich, wenn er dazu führt, dass die Mutter sich selbst in Frage stellt.

Die Enttäuschung des Kindes über zu viel mütterliche Zuwendung

Eine Mutter mit einer unerfüllten ›Klein-Mädchen-Sehnsucht‹ gibt ihrem Kind das, was ihr selbst einmal gefehlt hat. Aber ihr Kind kann nicht stellvertretend für seine Mutter die Liebe empfangen, die sie früher gebraucht hätte. Ihr Kind braucht vielleicht etwas ganz anderes und wehrt sich daher gegen die Bemutterung. Die holländische Autorin Anja Meulenbelt (1986) beschreibt, wie es einem solchen Kind ergeht. Sie hatte eine Mutter, die nur für ihre Tochter lebte, die ihrer Tochter alles gab, was man sich vorstellen kann. Dennoch fühlt die Tochter sich heute leer. Sie lebt mit dem Grundgefühl, von ihrer Mutter im Stich gelassen worden zu sein. Wie kann so etwas geschehen?

Die Mutter, schreibt Meulenbelt, wartet nach der Schule auf die Tochter, hat die Hausaufgaben schon bereitgelegt, sogar die Rechenaufgaben bis zur Lösung für ihre Tochter aufgeschrieben. Sie sucht ihrer Tochter die Kleider aus, kauft prächtige, teure Puppen, richtet das Kinderzimmer nach der neuesten Mode ein. Die Tochter erhält alles, noch bevor sie darum bitten kann. Als die Tochter älter wird, organisiert die Mutter für sie und ihre Freunde einen Bridgeclub.

Die Jungen, die kamen, fanden es toll. Zu Hause hatten sie keine Mutter, die ihnen so viel Zeit schenkte. Dort empfing man sie nicht mit Erdnüssen und so viel Cola, wie sie mochten. Sie schwärmten für meine Mutter, meine Freunde. (S. 28)

Doch die Tochter beschließt, »*Bridge nicht zu mögen*« (S. 28). Sie zieht sich während der Party in ihr Zimmer zurück, liegt schmollend auf ihrem Bett und steckt sich die Finger in die Ohren, »*um das Gelächter von unten nicht zu hören*« (S. 29).

Der Tochter wird der hohe Einsatz ihrer Mutter zuviel. Sie reagiert mit Verachtung, ja sogar mit Hassgefühlen. Obwohl die Mutter alles für ihre Tochter tut, fühlt diese sich einsam und von der Mutter verlassen. Denn sie spürt, dass die ganze Zuwendung gar nicht ihr selbst gilt. Sie fühlt sich wie eine »*Anziehpuppe*« (S. 50), der die Mutter all die Kleider schenkt, die sie selbst als Kind nicht bekommen konnte. Die Mutter sieht nicht ihr Kind, sondern eine »*Phantasietochter*« (S. 28), die sie braucht, um sich zu beweisen, dass sie eine glückliche Familie sind, »*von der meine Mutter als Internatsschülerin immer geträumt hatte*« (S. 30).

Kann eine Mutter es überhaupt richtig machen?

Anja Meulenbelt sucht erst als Erwachsene, inzwischen selbst Mutter geworden, das Gespräch mit ihrer Mutter. Beide fragen sich, ob die gegenseitige Ablehnung zwischen Mutter und Tochter vermeidbar war, und finden keine Antwort.

Was ich denn gewollt hätte? Weniger Geschenke? Dass sie nicht auf mich gewartet hätte, um mir bei den Hausaufgaben zu helfen, wenn ich nach Hause kam? Hätte ich mich weniger im Stich gelassen gefühlt, wenn sie eine Mutter gewesen wäre wie die meiner Freundinnen, die sich darüber beklagten, dass ihre Mütter nie zu Hause waren? Hätte sie es denn überhaupt richtig machen können? (S. 50)

Diese letzte Frage drückt das ganze Mutter-Dilemma aus. Kann eine Mutter es überhaupt richtig machen? Die fürsorgliche Mutter, die für ihre Kinder zu Hause bleibt, wird abgelehnt. Sind Kinder glücklicher, wenn die Mutter arbeiten geht? Wohl kaum. Denn gerade die Kinder berufstätiger Mütter träumen von einer sie umsorgenden Mutter, wie die Icherzählerin in Jutta Richters Jugendbuch ›Hechtsommer‹ (2004):

Eigentlich hatte ich mir ja immer so eine Mutter gewünscht. So eine Schürzenmutter, die nach Vanille roch. So eine Schürzenmutter, die mir Schokoladenpudding kochte, wenn ich Kummer hatte. Die sagte: ›Iss erst mal was, dann geht's dir gleich besser!‹ und mir Blumenkohl mit Holländersauce und Bratwurst auf den Teller legte, wenn ich die Englischarbeit verhauen hatte. So eine Mutter hatte ich mir immer gewünscht, und jetzt stand sie in unserer Küche, und ich wusste nicht, ob ich mich darüber freuen sollte. (S. 83)

Es scheint fast so, dass Kinder sich gerade die Mutter wünschen, die sie nicht haben. Eine solche Phantasie-Mutter hat Vorteile. Sie stößt nicht an die Grenzen der Wirklichkeit. Phantasie-Mütter machen keine Fehler, haben nie schlechte Laune und können deshalb viel besser auf kindliche Wünsche und Bedürfnisse eingehen. Neben einer Phantasie-Mutter ist die tatsächliche Mutter immer eine Verliererin, denn sie wird mit Erwartungen konfrontiert, die kein Mensch erfüllen kann.

Das Problem aller Mütter ist, dass das Thema ›Mutter‹ selten neutral behandelt wird. Es wird überlagert von unrealistischen Mütter-Bildern, von sich ändernden Forderungen, von enttäuschten Sehnsüchten und Gefühlen, die sich teilweise widersprechen. Dazu passt die Überschrift eines feministischen Artikels: »*Can you talk about your mother without crying?*« (Meulenbelt, S. 26)

Nicht nur Kinder wie Anja Meulenbelt sind enttäuscht, weil sie von ihrer Mutter nicht das bekommen, was sie sich wünschen – obwohl die Mutter sich so aufopfert. Auch Fachleute, die Bücher über Mütter schreiben, finden nur wenige gute Worte für das Engagement der Mütter, die alles für ihre Kinder tun. Sie sprechen von der ›Mutterkarriere‹, von ›Überbemutterung‹, von ›passionierten Müttern‹, vom ›Projekt Kind‹ der Mutter, außerdem von ›Mutteregoismus‹ oder von der ›Mütterfalle‹. All das sind abwertende Bezeichnungen für ein Verhalten, das man sich eigentlich wünscht. Alle träumen von der guten Mutter, und wenn sie sich so verhält, wie sich ihrer Meinung nach eine gute Mutter verhalten sollte, wird sie nicht anerkannt. Wie ist das zu erklären?

> Warum ist die Enttäuschung über die Mutter so verbreitet?

Die Erwartungen an eine gute Mutter sind vielleicht deshalb so hoch (und eigentlich unerfüllbar), weil sie sich schon früh im Leben eines Kindes entwickeln. Kleinkinder haben die feste Überzeugung, dass ihre Mutter alles kann und alles für sie tut. Der zweijährige Joschka ist von der ›Allmacht‹ seiner Mutter überzeugt. Sobald er vor einer Schwierigkeit steht, läuft er zu ihr, er ruft: »Mama kann's!« und ist sich sicher, dass seine Mama eine Lösung findet. Dann muss sie verknotete Schuhbänder lösen, ein Spielzeug reparieren oder ihm aus einem Bilderbuch vorlesen. Auch wenn die Mutter Klavier spielt, steht er daneben und sagt voller Stolz: »Mama kann's!« Die Mutter ist in Joschkas Vorstellungen und Erleben so mächtig, weil er noch ganz von ihr abhängig ist. Doch der Junge wird älter werden und merken, dass seine Mutter nicht alle Probleme lösen und nicht alles bewerkstelligen kann. Sie kann ihn auch nicht immer beschützen und bewahren. Sich klar werden, was Erwachsene können, und oft genug darüber enttäuscht sein, was sie alles nicht können, gehört zum Großwerden.

Mütterbilder in unseren Köpfen

Denn gerade die Frauen- und Mütterbilder in den verschiedenen Theorien engen die realen Frauen und Mütter ein, ihren eigenen Weg zu finden.

(Rickenbacher-Fromer 2001, S. 9)

Mütterbilder sind allgemein bekannte, meist idealisierte Vorstellungen davon, wie eine Mutter sein sollte. Das Mutterbild einer Epoche hängt vom Frauenbild dieser Zeit ab. Wird die Frau als dem Manne untergeordnet und unselbstständig angesehen, so hat auch die Mutter kaum Möglichkeiten, sich zu emanzipieren. Eine große Rolle spielt außerdem die Vorstellung, die eine Gesellschaft von Kindheit hat. Gelten Kinder als schlecht und bösartig, dann brauchen sie eine andere Erziehung als wenn Kinder als unschuldige und zerbrechliche Wesen gesehen werden. Auch die Wirtschaft beeinflusst das Mutterbild. Werden Frauen auf dem Arbeitsmarkt gebraucht, dürfen Mütter berufstätig sein. Herrscht dagegen ein Überangebot an Arbeitskräften, soll eine gute Mutter zu Hause bleiben und sich der Familie widmen.

Woher stammen unsere Mütterbilder?

Manche Mütterbilder übernehmen Frauen aus der Zeit ihrer Kindheit, als sie als ›Puppenmutter‹ Verhaltensweisen einübten. Solche Vorstellungen werden über Generationen weitergegeben und gehören zu unserem kollektiven Gedächtnis, wie zum Beispiel das christliche Mutterbild oder das Mütterlein in Märchen und Sagen. Es gibt auch – als Antwort auf die Anforderungen der Moderne – neuere Mütterbilder. Was es jedoch nicht mehr gibt, ist ein für alle verbindliches Mutterbild. Noch unsere Großmütter, teils sogar unsere Mütter, ›wussten‹, wie eine Mutter sich zu verhalten hat. Das machte sie nicht immer glücklich, aber sie hatten einen festen Rahmen, in dem sie leben konnten.

Heute haben Frauen die Chance, sich selbst zu erfinden und eine eigene Mutteridentität zu entwickeln. Dies scheint ein großer Fortschritt zu sein und ist doch gleichzeitig eine Belastung. Denn jedes Mutterbild ist ein Ideal, das an der Wirklichkeit scheitern kann. Mütterbilder werden überlagert von alten, nicht bewusst wahrgenommenen Bildern, die dennoch unser Handeln beeinflussen. Die neue Wahlfreiheit ist verbunden mit der Vorstellung, dass wir unseres Glückes Schmied sind. Und wenn der eingeschlagene Weg nicht zum gewünschten Ziel führt, liegt es an uns. Dann fragt sich die Mutter: »Was habe ich falsch gemacht?« und übersieht dabei, dass es nicht ihr ganz persönliches Versagen ist, sondern ein Versagen in den Augen der Gesellschaft. Die verschiedenen Mütterbilder gleichen Wegweisern, den richtigen Weg zur ›guten Mutter‹ zu finden. Doch die Wirklichkeit ist komplizierter.

Die wichtigsten Mütterbilder zeigen Frauen, die auf ihre Weise erfolgreich sind. Sie vermitteln uns allerdings ein vereinfachtes Bild, das man in Wirklichkeit selten findet. Nur wenn wir merken, dass die inneren Erwartungen, die wir uns selbst gegenüber haben, häufig gar nicht erfüllbar sind, brauchen wir uns nicht als Versager zu erleben. Wir sollten verschiedene Mütterbilder kennen, um ihnen die Macht über unsere Gefühle und Handlungen zu nehmen. Die hier vorgestellten Mütterbilder sind nur ein Ausschnitt; es handelt sich um diejenigen, die am bekanntesten und deshalb am wirkungsvollsten sind. Nicht besprochen wer-

Warum sollten wir verschiedene Mütterbilder kennen?

den etwa Mütterbilder aus Arbeiterfamilien, von allein erziehenden Müttern und von ausländischen Müttern.

Maria, die selbstlos liebende Muttergottes

> *Weil man in Maria das Vorbild für alle Frauen sah und sie als die ideale Frau schlechthin verehrte, übertrug man in Kunst und Frömmigkeit alles auf sie, was den Vorstellungen vollkommener Mütterlichkeit entsprach. … Wie sich Maria in ihrer Mütterlichkeit zeigte, sollten Mütter sich ihren Kindern gegenüber verhalten.*
>
> (Hug 2004, S. 58)

Maria ist die wohl bekannteste Mutter der Welt. Sie wird nicht nur von Christen als Muttergottes verehrt, sondern auch von Juden als Miriam, Mutter des Jesus von Nazareth, und von Muslimen als die Mutter des Propheten Isa, wie Jesus im Koran genannt wird.

Maria mit dem Kind gehört zu den häufigsten Motiven der christlichen Kunst. Meist wird sie als ›Gottesmutter‹ mit ihrem Sohn auf dem Arm oder auf dem Schoß dargestellt. Die Art der Darstellung wechselt in den einzelnen Epochen. Andere Darstellungen zeigen Maria als ›Schmerzensmutter‹. Sie leidet unter dem Kreuz ihres Sohnes oder hält im Motiv der ›Pietà‹ den Leichnam ihres Sohnes in ihrem Schoß. Auch das ist eine Darstellung der Mütterlichkeit und wird oft als Heimkehr des Sohnes zur Mutter interpretiert. Eine weitere Form der Mariendarstellung zeigt sie als ›Himmelskönigin‹ oder als ›Schutzmantel-Madonna‹. Maria breitet ihren Mantel aus, und verängstigte und sündige Menschen können darunter Schutz finden. Ihre Mütterlichkeit ist grenzenlos. So innig, wie sie ihren Sohn geliebt hat, liebt sie die Menschen und bietet ihnen Schutz und Hilfe. Maria gilt als Mittlerin zwischen Gott und den Menschen. Durch sie ist Gott Mensch geworden, und durch sie und mit ihrem Beistand kann der Mensch sich Gott nähern. Maria kann bei Gott für den Menschen eintreten und Gott bitten, ihm seine Sünden zu vergeben.

Maria gilt als ›gute Mutter‹. Sie ist eine sanfte, selbstlose und demütige Frau. Ihre Schönheit ist Ausdruck ihrer Reinheit und hat nichts mit Erotik zu tun. Maria führt ein entsexualisiertes Leben. Sie bleibt Jungfrau trotz der Empfängnis und Geburt eines Kindes. Ihre Jungfräulichkeit zeigt, dass die Menschwerdung Gottes ausschließlich auf göttlichem Wirken beruht. Maria ist die Dienerin Gottes, die sich ihm unterwirft. Weil sie kein Eigenleben und kein eigenes Verlangen hat, geht sie ganz in der Liebe zu ihrem Kind und zu den Menschen auf.

Mütterbilder im Märchen

> *Die Märchenmutter, die Wunschmutter hat es bis heute den wirklichen Müttern im Leben schwer gemacht. Als Forderung, als Inbegriff von Mütterlichkeit steht sie im Raum über die Jahrhunderte hinweg und prägt das ideale Selbstbild so mancher Frau …*
>
> (Gidion 1988, S. 15)

Das Märchen kennt keine zwiespältigen Gefühle. Es kommen dort auch keine Personen vor, die zugleich gut und böse sind. Alle Figuren sind entweder gut oder böse, sie sind entweder faul oder fleißig, sie sind schön oder hässlich. Die verschiedenen Seiten eines Menschen werden meistens durch zwei Personen dargestellt. Auch die Märchenmutter erscheint in zwei Ausprägungen.

Es gibt die ›gute Mutter‹. Sie liebt ihre Kinder, sorgt für sie und beschützt sie. Die Mutter schafft, etwa im Märchen von Schneeweißchen und Rosenrot, ein harmonisches Zuhause und ein liebevolles Miteinander. Selbst wenn das Kind von der Mutter getrennt ist, wirkt ihr Schutz. Solange die Tochter zum Beispiel (im Märchen ›Die Gänsemagd‹) einen Blutstropfen von ihrer Mutter bei sich trägt, kann ihr nichts passieren. Sogar nach ihrem Tod ist sie für ihre Kinder da und hilft ihnen, ihre Lebensaufgaben zu bewältigen: Aschenputtel erhält am Grab der Mutter schöne Kleider.

Das Gegenbild zur guten Mutter ist die Stiefmutter oder auch die Hexe. Sie überhäuft die angenommenen Kinder mit Arbeit und versagt ihnen Nahrung und Kleidung, die sie ihren leiblichen Kindern zukommen lässt (Aschenputtel). Die Stiefmutter wirft die Kinder aus dem Haus (Hänsel und Gretel). Die Hexe sperrt Hänsel ein und mästet ihn.

Der Gegensatz zwischen leiblichen Müttern und Stiefmüttern im Märchen ist relativ neu. In den alten Volksmärchen konnten auch leibliche Mütter böse sein. Erst in den Aufzeichnungen der Gebrüder Grimm wurden böse Mütter in Stiefmütter umgewandelt.

So wenig passten offenbar die negativen Seiten des archaischen Mutterbildes in das sentimentalisch-gute Mutterbild, das sich bei uns inzwischen durchgesetzt hatte. (Schenk 2001, S. 177)

Welchen Einfluss haben die guten Märchenmütter auf die Selbstwahrnehmung heutiger Mütter? So wie sie können heutige Mütter nicht sein. Ein solches Mutterbild ist unerfüllbar und kann deshalb das Gefühl auslösen, versagt zu haben. Andererseits möchte keine Mutter so sein wie die im Märchen dargestellte Stiefmutter. Und dennoch: Manchmal spüren auch heutige Mütter, dass die ›böse Mutter‹ etwas darstellt, was sie selbst kennen, wenn auch in abgeschwächter Form. Doch für ihre zwiespältigen Gefühle gegenüber ihren Kindern gibt es im Märchen kein Modell.

Die Mütterlichkeit der bürgerlichen Frau

Der Mann muss hinaus
Ins feindliche Leben
Muss wirken und streben
...

Und drinnen waltet
Die züchtige Hausfrau,
Die Mutter der Kinder,
Und herrschet weise
Im häuslichen Kreise ...

(Schiller: Das Lied von der Glocke)

Vor über zweihundert Jahren stellte Schiller die Rollen von Mann und Frau einander gegenüber. Der Jüngling strebt in die Ferne, der Mann gründet eine Familie und ernährt sie mit seiner Arbeit. Die Frau ist Hausfrau und Mutter. Mit der aufkommenden Industrialisierung verlagern sich Arbeit und Produktion aus der Familie noch stärker nach draußen und verändern damit auch die Familie. Die Lebenswelten von Mann und Frau werden teilweise getrennt. Sie gehören zum öffentlichen und zum privaten Raum, auch als Außen- und Innenwelt bezeichnet. Der Mann übt seinen Beruf in der Außenwelt aus, während die Frau für die Innenwelt, den Haushalt und die Kindererziehung zuständig ist. Während er sich in der Außenwelt durchsetzen muss und mit anderen konkurriert, ist es ihre Aufgabe, in der Innenwelt für das Wohlbefinden der Familie zu sorgen.

Diese Rolle bedeutet für die Frauen eine Aufwertung, denn vorher arbeiteten Frauen und Männer überwiegend zu Hause, etwa im Handwerk oder auf dem Lande. Der Vater war die beherrschende Figur in der Erziehung der Kinder. Nun wird dieser Bereich der Frau übertragen, die im Haus zurückbleibt – sie »... *lehret die Mädchen und wehret den Knaben* ...«.

Zur Aufteilung der Arbeit zwischen den beiden Geschlechtern gehört die Vorstellung von typisch weiblichen und typisch männlichen Eigenschaften. Der Mann gilt als denkendes, die Frau als fühlendes Wesen. Er ist das ›Haupt‹, sie die ›Seele‹ der Familie. Die Mutterschaft wird zur ›wahren Natur‹ der Frau, die weniger am öffentlichen Leben teilnimmt. Die Kindheit wird zu einem besonderen Lebensabschnitt, nicht nur als Vorbereitung auf das Erwachsenensein, sondern mit eigener Ausprägung. Dies stärkt die Stellung der Frau als ›geborene Erzieherin‹. Später aber, mit Ausbreitung des allgemeinen Wissens, wird ihr Einfluss dadurch begrenzt, dass sich Experten – Pädagogen, Psychologen, Geistliche, Politiker – über die Kindererziehung Gedanken machen. Mütterliche Anleitung und Liebe allein genügen heutzutage nicht mehr, um Kinder erfolgreich aufzuziehen.

Das bürgerliche Mutterbild hat im Kern bis heute überdauert, auch wenn zwei Weltkriege für die Frauen neue Anforderungen außerhalb der Familie mit sich brachten.

In den 50er Jahren sehnte sich eine Generation, die während des zweiten Weltkrieges aufgewachsen war, nach emotionaler und häuslicher Stabilität. (Rickenbacher-Fromer 2001, S. 212 f.)

Mütter sollten ihren Beruf aufgeben, sobald sie Kinder bekamen, um ganz für diese da zu sein. Ihr Beruf war ihre Mutterschaft. Außerhäusliche Aktivitäten waren nicht länger erwünscht, obwohl Frauen in den Kriegsjahren durchaus ›ihren Mann gestanden hatten‹.

Zum bürgerlichen Mutterbild gehört die Vorstellung, dass die Frau von mütterlichen Gefühlen beherrscht wird. Der Wunsch, Kinder zu ›bemuttern‹, gilt als typisch weibliche Eigenschaft. Das Wort ›bevatern‹ gibt es nicht. Im Jahre 2006 erscheint ein Buch der bekannten Fernsehsprecherin Eva Herman. Sie setzt sich »für eine neue Weiblichkeit« ein und fordert eine Rückbesinnung der Frauen auf ihre typischen Eigenschaften wie Anteilnahme, Liebe und *»die spezifische mütterliche Fürsorgefunktion«* (S. 69). Männer seien anders.

... aufgrund ihrer Veranlagung sind sie auch nicht dafür vorgesehen. Werden Männer trotzdem in die Pflicht genommen, bedeutet das meist eine Verunsicherung ihrer Identität, die psychische Probleme aufwerfen kann. (S. 85)

Die armen Männer!

Ein letzter Punkt. Die Mutter im ›Lied von der Glocke‹ ist verheiratet. Die allgemeine Wertschätzung für die bürgerliche Mutter gilt vor allem für sie als Ehepartnerin, kaum für eine allein erziehende Mutter. Deren Kind kann unehelich sein. Ihre Situation passt nicht zum bürgerlichen Mutterbild. So war es bis in die 70er Jahre gesetzlich vorgeschrieben, dass nichteheliche Kinder eine besondere Betreuung durch das Jugendamt erhalten.

Der Mutterkult im Nationalsozialismus

> *Heldisch ist der Mann, der sich opfert für sein Volk im Krieg oder Frieden ... Und heldisch ist die Volksmutter, die Arbeit und Mühe und viele Jahre der Entbehrung nicht scheut, um an der kommenden Größe der Nation, die in ihrem Schoße aufbricht, mitzuarbeiten.*
>
> (Bergmann in Vinken 2001, S. 285)

Adolf Hitler wird folgendes Zitat zugeschrieben: »In meinem Staat ist die Mutter die wichtigste Staatsbürgerin.« Nach unserem Verständnis ist ein Mensch wichtig, wenn er Einfluss und

Gestaltungsmöglichkeiten hat. Doch das hatte die Mutter im Nationalsozialismus nicht. Ihr wurde sogar manches genommen, was die Frauen der ersten Frauenbewegung in Deutschland erkämpft hatten, zum Beispiel die Teilnahme am Berufsleben.

Die »deutsche« Mutter ist nicht berufstätig

Um die große Arbeitslosigkeit zu überwinden, sollten möglichst viele Frauen aus dem Berufsleben ausscheiden. Es gab verschiedene Mittel, dieses Ziel zu erreichen:

- Entwicklung eines Mutterkultes: Die Mutterschaft wurde aufgewertet und als natürliche Bestimmung einer jeden Frau dargestellt. Im Unterschied zur Mutterschaft galt die Berufstätigkeit der Frau als minderwertig, ja, sie *»entwertete die Frau«* (Vinken 2001, S. 273).
- Gesetze sollten die Berufstätigkeit der Frau unterbinden. *»Schon 1933 kam die erste Anweisung, dass männliche Beamte einem weiblichen Bewerber mit gleicher Qualifikation vorzuziehen seinen.«* (Beuys 2006, S. 479) Verheiratete Frauen sollten nicht mehr berufstätig sein. Ab 1934 wurden sie mit der Eheschließung aus dem Beamtenverhältnis entlassen. Ab 1936 durften Frauen keine leitenden Positionen einnehmen. Sie konnten nicht mehr Schulleiterinnen, Richterinnen oder Rechtsanwältinnen sein. An den Universitäten durften nur noch zehn Prozent der Studierenden weiblich sein. *»Studierten 1933 noch zwanzigtausend Frauen, so waren es 1939 nur noch fünftausendfünfhundert.«* (Vinken 2001, S. 271) Intellektuelle und emanzipierte Frauen wurden als unweiblich abgelehnt. Ihre Interessen waren gegen die Natur, weil sie den Mutterinstinkt unterdrückten.
- Finanzielle Anreize: Wenn Frauen bei der Heirat ihr Berufsleben aufgaben, konnten sie ein Ehestandsdarlehen erhalten. Der Betrag, der zurückgezahlt werden musste, verminderte

sich bei der Geburt eines jeden Kindes. Nach dem vierten Kind brauchte nichts mehr zurückgezahlt werden. Das Ziel, die Frau und Mutter vom Berufsleben fernzuhalten, wurde jedoch stillschweigend aufgegeben, als mit Fortschreiten des Krieges die Arbeitskraft der Frauen gebraucht wurde. Dann wurden Frauen zum Beispiel in der Rüstungsindustrie zwangsverpflichtet.

Aus Furcht vor einer Schwächung des deutschen Volkes durch sinkende Geburtsraten propagierten die Nationalsozialisten die Mutterschaft als wichtigste Aufgabe der Frau. Himmler sprach von der »*heiligen Verpflichtung*«, Eltern zu werden (Beuys 2006, S. 477). In einem Gespräch zwischen Hitler und Bormann fiel der Satz: »*Wir müssen, um der Zukunft unseres Volkes willen, geradezu einen Mutterkult treiben.*« (S. 483 f.) Durch den ›Mutterkult‹ sollten Frauen dazu ermutigt werden, viele rassisch wertvolle Kinder zu bekommen. Ab 1934 wurde im Mai der Muttertag gefeiert, und ab 1938 wurde im August, zum Geburtstag von Hitlers Mutter, feierlich das Mutterkreuz, offiziell ›Mutterverdienstkreuz‹ verliehen. Je nach Anzahl ihrer Kinder erhielt eine Frau das Mutterkreuz in Bronze, Silber oder Gold.

Kinder für Führer und Volk

Die deutsche Mutter sollte schlicht, natürlich und weiblich sein. Sie war ungeschminkt und benutzte kein Parfum. Sie war einfach und zweckmäßig gekleidet, modische Extravaganzen wurden abgelehnt. Ihre Sexualität diente dazu, Kinder hervorzubringen und hatte keinen Selbstwert. Das Mutterkreuz erhielten nur ›reine Mütter‹. Den Frauen, die von verschiedenen Männern Kinder hatten, wurde es verweigert, denn diese Frauen wurden »*vom Geschlechtstrieb und nicht vom Willen zum Kind angetrieben*« (Vinken 2001, S. 293).

Ziel der Kindererziehung war es, Gehorsam zu lehren und den Einfluss der Familie, vor allem der Mutter, zurückzudrängen. In ihrem Buch ›Die deutsche Mutter und ihr erstes Kind‹ (1938) nennt Johanna Haarer das Leben mit dem Kind einen »*Kampf*«. Aufgabe der Mutter ist »*die Unterwerfung des Kindes*«. Nach ihrer Vorstellung sind Kinder von Natur aus »*unrein, asozial, feindselig, und sie haben nur animalische Bedürfnisse*«. Mit einem festen Tagesplan, mit Härte und einem »*Klaps*« sollen Kindern ihre schlechten Eigenschaften ausgetrieben werden. Für kleine Jungen empfiehlt Haarer »*Kommandos in halbmilitärischer Art*«, weil sie das lieben. Mit zweieinhalb Jahren soll das Kind so gehorchen, dass es »*nur noch durch die Augen der Mutter gelenkt*« wird. Körperkontakt und Zärtlichkeit soll die Mutter vermeiden. Die Wörter ›Mama‹ und ›Mutti‹ gelten als »*sentimental, weichlich und affig*« (alle Zitate von Haarer in Chamberlain 1997). Eine enge Mutter-Kind-Bindung galt im Nationalsozialismus als schädlich.

Die »deutsche« Mutter erzieht zukünftige Soldaten

Mit dem Ende des Dritten Reiches wurden Haarers Erziehungsvorstellungen übrigens nicht aufgegeben. Unter dem Titel ›Die Mutter und ihr erstes Kind‹ erschienen in den 50er Jahren zahlreiche Neuauflagen ihres Buchs, erweitert um »*neue Vorstellungen*« über das Stillen und den Umgang mit dem Kleinkind.

Die Hitlerjugend (HJ) und der Bund Deutscher Mädchen (BDM) übernahmen einen großen Teil der nach Geschlechtern getrennten Erziehung. Aus Mädchen sollten ›stolze und edle Frauen und zukünftige Mütter‹ werden, aus Jungen ›harte Männer‹. Erika Mann beschreibt die Gedanken einer Mutter am Bett ihres zwölfjährigen Sohnes, der von einer vormilitärischen Übung zurückkommt, aber mütterlichen Trost von sich weist:

Dieser da gehört nicht mir, weiß die Mutter – er gehört dem

Staat, der ihn in den Krieg schicken wird, sobald er groß ist, dem Staat, der ihn mir jetzt schon entfremdet und weggenommen hat, der ihn marschieren und schießen lässt und der ihn gelehrt hat, dass die Treue zum Staat über alles geht – auch über die Liebe zu mir. (1997, S. 35)

›Muttersöhnchen‹ war ein Schimpfwort für einen Jungen (S. 34).

Die »deutsche« Mutter tritt für die Reinheit der Rasse ein

Ein wichtiges Ziel der Familienpolitik der Nationalsozialisten war die ›Reinerhaltung der deutschen Rasse‹. Bevor ein SS-Mann heiratete, musste seine Eheschließung durch das ›Rassenamt‹ genehmigt werden; die zukünftige Ehefrau musste an einer Mütterschulung teilnehmen. Dort lernte sie Haushaltsführung, Säuglingspflege, Krankenpflege und Gesundheitslehre. Gesundheit war ein wichtiges Wort im Nationalsozialismus. Mit Leibesertüchtigung, Hygiene und einem ordentlichen Lebenswandel sollte die Frau sich selbst gesund halten, um später gesunde Kinder zu bekommen. Schon 1933 wurde ein Gesetz zur ›Verhütung erbkranken Nachwuchses‹ geschaffen. Danach konnten Frauen gegen ihren Willen unfruchtbar gemacht werden, wenn die Gefahr einer Erbkrankheit bestand oder die Frauen geistig oder psychisch krank waren. In der Zeit von 1933 bis 1945 wurden ungefähr zweihunderttausend Frauen zwangssterilisiert; das entspricht einem Prozent der damals gebärfähigen Frauen (Vinken 2001, S. 295). Es folgten mehrere Gesetze, um erbkranken Nachwuchs oder Rassenmischung zu verhindern. Geistig und körperlich behinderte Kinder und fremdrassische Kinder wurden ›ausgemerzt‹.

Cordelia Edvardson schildert die tragische Beziehung zu ihrer Mutter, der Dichterin Elisabeth Langgässer. Die Tochter vertraut auch als ›Dreivierteljüdin‹ noch auf den umfassenden Schutz durch ihre Mutter. Um die Tochter vor der Verfolgung durch die Nazis zu schützen, arrangiert die Mutter eine spanische Adoption. Cordelia ist jetzt Spanierin, darf aber nicht ausreisen. In der Schlüsselszene soll die Tochter ein Gerichtsverfahren gegen ihre Mutter abwenden, indem sie sich selbst den Deutschen ausliefert. Sie schaut der Mutter in die Augen und unterschreibt. Jahrzehnte nach ihrer Befreiung aus dem Konzentrationslager schreibt sie das Buch ›Gebranntes Kind sucht das Feuer‹ (1989), eine Auseinandersetzung mit ihrem Mutterbild, mit ihrer Gewissheit, stets von der Mutter beschützt zu werden, und der schrecklichen Erfahrung, dass sie plötzlich ausgesetzt, vielleicht sogar von der Mutter im Stich gelassen war.

> Wenn eine Mutter ihr Kind nicht mehr schützen kann

Mütterbilder in der Psychologie

> *Wenn etwas in der Entwicklung eines Kindes schief läuft, fragt man sofort nach der frühen Beziehung zur Mutter. Wenn ein Mensch im späteren Leben nicht zurechtkommt, dann ist die abwesende oder die unfähige oder die lieblose Mutter schuld.*
>
> (Schenk 2001, S. 187)

Mütter werden von Erziehungs-Experten abhängig

Im zwanzigsten Jahrhundert hat unsere Gesellschaft die Kindheit entdeckt. Das Kind gilt zunehmend als eigenständiges Wesen, nicht mehr nur als kleiner Erwachsener. Die kindliche Entwicklung wird erforscht, kindliche Bedürfnisse werden ausführlich beschrieben. Experten für Kindererziehung in der

Pädagogik und in der Psychologie entwickeln Theorien zum Verständnis der Kindheit. Es verbreiten sich Spielzeug und Kinderbücher und Kinderkleidung.

Zum Bild des Kindes gehört ein passendes Bild der Mutter. Manche Fachleute sehen im Kind ein Instinktwesen mit teilweise gefährlichen Neigungen. Sie verlangen von den Erwachsenen und besonders von der Mutter, es zu formen und zu disziplinieren. Andere sehen das Kind als ein empfindliches und zerbrechliches Wesen. Sie verlangen von der Mutter, sich ihm liebevoll zuzuwenden und ständig verfügbar zu sein.

So unterschiedlich, ja entgegengesetzt die Theorien auch sind, alle führen zu Forderungen an die Mutter, das Kind so zu erziehen, wie die Fachleute es für richtig halten. Die Bedürfnisse des Kindes stehen von nun an im Vordergrund und sollen das Verhalten der Mutter bestimmen. *»Jetzt ist es das Kind (dessen Bedürfnisse von Experten gedeutet werden), das die Eltern unterweist.«* (Hays 1998, S. 72) Die mütterliche Einfühlung, ihre Zuneigung zum Kind genügt nicht mehr, um eine gute Erziehung sicherzustellen. Die Mutter soll vielmehr dem Rat der Fachleute folgen.

Erziehungshandbücher kommen auf. Sie werden viel gekauft, weil Eltern unsicher geworden sind, ob sie ihren Kindern gerecht werden. Soll man ein Kleinkind nach einem festen Plan füttern oder ihm zu essen geben, wenn es danach verlangt? Woher weiß man, ob ein Kind hungrig ist? Soll die Mutter das Baby stillen oder ihm die Flasche geben? Es gibt so viele Fragen. Wie wichtig in jener Zeit Erziehungshandbücher werden, zeigt der Erfolg eines der Bücher des Kinderarztes Dr. Spock aus dem Jahre 1946. Von diesem Buch

wurden in den USA 40 Millionen Exemplare verkauft. Diese enorm hohe Verkaufszahl übertraf alle anderen Bücher in der Geschichte, mit einer Ausnahme – der Bibel. (Hays 1998, S. 79)

Als deutsche Übersetzung erschien unter anderem im Jahre 1964 das Buch ›Sprechstunde für Eltern. 1000 Ratschläge zur Erziehung‹.

Mütter werden von psychologischen Theorien abhängig

Das Vertrauen auf Fachleute und ihre Erziehungshandbücher kann Eltern ihre Aufgabe erschweren, besonders wenn die vertretenen Theorien einseitig sind. So ist das 20. Jahrhundert auch das Jahrhundert der Psychoanalyse. Sigmund Freud, der Begründer dieser Lehre, suchte nach Erklärungen für die Leiden seiner erwachsenen Patienten und fand sie rückblickend in deren Lebensgeschichte, vorwiegend in der frühen Kindheit. Die Mutter spielte in seiner Theorie noch keine große Rolle. Erst seine Nachfolgerinnen und Nachfolger (Anna Freud, Melanie Klein, René Spitz, John Bowlby, Donald W. Winnicott, M. S. Mahler und Françoise Dolto) beschäftigten sich stärker mit der Rolle der Mutter und ihrem Einfluss auf die seelische Entwicklung und den Lebenserfolg der Kinder.

Auch andere, nicht psychoanalytisch orientierte Schulen wie zum Beispiel die Gesprächspsychotherapie machen mütterliches Verhalten für die späteren seelischen Probleme eines Menschen verantwortlich.

Forschungen in jener Zeit schienen die Theorie der Psychoanalyse zu bestätigen. Der britische Arzt John Bowlby hat wie kaum ein anderer das Mutterbild in der Psychologie geprägt. Er untersuchte entwicklungsverzögerte und auffällige Heimkinder und später straffällig gewordene Jugendliche. Ihre Probleme führte er auf eine frühe Mutterentbehrung zurück. In seinem Forschungsbericht von 1951 schreibt er:

Die Theorie der frühen Mutter-Entbehrung

Wir unterstellen, dass die Beweise nunmehr ausreichen, um jeden Zweifel daran auszuschalten, dass eine längere Deprivation von mütterlicher Zuwendung in früher Kindheit ernste und weitreichende Folgen für die Charakterentwicklung und damit für das ganze Leben eines Menschen haben kann. (Bowlby 1973, S. 68)

Es gibt also nach Bowlbys Meinung niemanden, der die Mutter wirklich ersetzen könnte. Nur wenn die Mutter sich ganz ihrem Kind widmet, ist es für beide gut und richtig. Er schreibt:

So wie der Säugling das Gefühl der Zugehörigkeit zur Mutter braucht, so braucht umgekehrt die Mutter das Gefühl, dass sie zu ihrem Kind gehört. (S. 95)

Nach Bowlby entspricht es dem inneren Wunsch einer Mutter, für ihr Kind da zu sein. Ist dies nicht möglich, dann ist es für beide schädlich.

Bowlbys Schlussfolgerungen passen zu seinem bürgerlichen Mutter- und Weltbild. Andere Faktoren, die die Kindesentwicklung beeinträchtigen, konnte er damals nicht sehen. Denn Bowlby hat schlecht geführte Kinderheime besucht, in denen die Kinder kaum Anregungen und keine persönliche Ansprache erhielten. Sie lagen den ganzen Tag in ihrem Bettchen. Bowlby hat aber nicht die Verbesserung von Heimen und Kinderkrippen gefordert, sondern er verlangte, dass Mütter bei ihren Kindern zu Hause bleiben.

Mütter werden für die Probleme der Kinder verantwortlich gemacht

Bowlby und viele andere waren sich darin einig, dass ein Kind sich nur dann zu einem seelisch gesunden Menschen entwickeln kann, wenn es in seinen ersten Lebensjahren genügend mütterliche Zuwendung und Einfühlung erfahren hat. Nur dann entwickelt es das »*Urvertrauen*« (Erikson 1970), das ein

Kind braucht, um sich selbst und die Welt als vertrauenswürdig zu erleben.

Auffälligkeiten bei Kindern und Erwachsenen wurden einem bestimmten mütterlichen Verhalten zugeordnet. Magersüchtige Mädchen wurden von ihren Müttern zu sehr verwöhnt. Schizophrene Menschen erhielten von ihrer Mutter unklare, sich widersprechende Botschaften (›double-bind‹). Von Autisten wurde angenommen, dass sie sich vor der Welt verschließen, weil ihre intellektuelle und gefühlskalte Mutter sich vor ihnen verschlossen hat. Diese Liste könnte noch lange weitergeführt werden. Denn fast jedes mütterliche Verhalten kann angeblich kindliche Fehlentwicklungen hervorrufen.

Eine Auswertung von 125 Fachartikeln in 12 Jahren in 9 Zeitschriften ergab, dass Mütter für 72 verschiedene Problemfelder ihrer Kinder verantwortlich gemacht wurden, vom Bettnässen bis zur Schizophrenie. (Köhler 2002, S. 285)

Die Psychoanalyse hat als Ursache vieler Störungen nicht nur die frühe Kindheit ausgemacht, sondern auch das so genannte Unbewusste im Menschen. Die Theorie besagt, dass viele unserer Handlungen durch das Unbewusste gesteuert würden, ohne dass wir es merken. In psychologischen Aufsätzen wird dargelegt, wie Mütter ihre Erwartungen, Wünsche und Ängste unbewusst auf ihre Kinder übertragen. Das bringt sie in eine ausweglose Situation. Sie wissen nie, ob sie etwas falsch machen.

> Die Theorie des Unbewussten bringt Mütter in eine ausweglose Situation

Selbst wenn sie das Beste für ihr Kind will und ihr Bestes gibt, muss sie gemäß dieser Theorie befürchten, ihrem Kind schweren und lebenslangen Schaden zuzufügen. Das möchte keine Mutter. Aber was sie auch tut, nie kann sie sicher sein, dass es das Richtige ist. (Eichhorn 2003, S. 32)

Nicht nur die Psychoanalyse, sondern auch gemäßigtere psychologische Schulen vertreten ähnliche Ansichten. Die entsprechenden Mütterbilder werden, verbunden mit Erziehungsratschlägen, von der Öffentlichkeit bereitwillig aufgenommen. Ratgeber, populärwissenschaftliche Bücher und auch Zeitungsartikel auf Sonderseiten, alle führen kindliche Auffälligkeiten auf Versäumnisse der Mutter zurück.

Die Last psychologischer Mütterbilder

In Deutschland fanden solche Gedanken durch die Bücher von Alice Miller große Verbreitung. Ihr Buch ›Das Drama des begabten Kindes‹ (1979) handelt nicht etwa von besonders klugen Kindern, sondern vielmehr von Kindern, die dazu ›begabt‹ sind, die Wünsche und Bedürfnisse ihrer Mutter gefühlsmäßig zu erfassen. Alice Miller beschreibt *»emotional unsichere Mütter«*, deren (nicht offen ausgesprochene) Bedürfnisse von ihren Kindern erfüllt werden. Ein solches kindliches Verhalten stärkt zwar den Selbstwert und das Gleichgewicht der Mutter. Doch für das Kind ist es verhängnisvoll. Statt sein eigenes Leben zu leben, lebt es für die Mutter und kann sein eigenes ›wahres Selbst‹ nicht entwickeln.

Das Buch war so erfolgreich, weil die meisten Leserinnen sich mit dem ›begabten Kind‹ identifizierten. Denn das Kind wird von der Autorin mit viel Mitgefühl beschrieben; es gewinnt so die Sympathie der Leserinnen, die sich, ebenso wie das ›begabte Kind‹, von ihrer Mutter im Stich gelassen und im Grunde ausgebeutet fühlen. Deshalb wollen sie nicht so werden wie die eigene Mutter. Doch später, selbst Mutter geworden, merken sie, dass sie sich oft anders verhalten, als sie sich vorgenommen haben. Das erzeugt Schuldgefühle.

Die Frauen dagegen, die sich während des Lesens nicht mit dem ›begabten Kind‹, sondern mit der Mutter identifizieren, fürchten, ihr Kind zu sehr zu belasten, und entwickeln ebenfalls Schuldgefühle.

Wir haben psychologischen Theorien viel zu verdanken. Sie haben uns die Augen dafür geöffnet, dass auffälliges Verhalten und Störungen sowohl bei Kindern als auch bei Erwachsenen kein ›böser Wille‹ sind. Sie haben uns die Not gestörter Menschen gezeigt und uns geholfen, mehr Verständnis zu entwickeln. In den meisten Büchern setzen sich Psychologen für die Kinder ein. Weil sie Kinder für empfindlich und verletzbar halten, leihen sie ihnen ihre Stimme und erklären uns die kindlichen Gefühle. Das ist sehr wichtig.

Psychologen engagieren sich mehr für das Kind als für die Mutter

Doch über die Not der Mütter wird dabei meistens zu wenig gesagt. Corinne Rickenbacher-Fromer schließt ihren Aufsatz über das Mutterbild in der Gesprächspsychotherapie mit der Feststellung:

Traurig mutet jedoch an, dass eine Theorie, die so sehr auf der Einfühlung in die Entwicklung der Menschen aufbaut, diese Einfühlung den Müttern verweigert. Das aufklärerische Ideal der autonomen und selbstbestimmten Persönlichkeit schließt Mütter … aus. (2001, S. 127)

Selbst in der praktischen Erziehungsberatung und in der Therapie ist das Engagement der Fachleute für die Kinder meist höher als für die Mütter. Oft haben mir Psychologinnen und Therapeutinnen gestanden, dass sie, bevor sie selbst Mutter wurden, strenger mit Müttern umgegangen sind. Bevor sie nicht selbst Erfahrungen als Mutter machten, konnten sie sich nicht vorstellen, wie schnell man als Mutter an die eigenen Grenzen stößt und wie oft man sich anders verhält, als man es sich eigentlich vorgenommen hat.

Feminismus und Mutterschaft

Jede Frauenbewegung steht vor dem gleichen Dilemma: Sie setzt sich ein für Bildung, Berufstätigkeit, gleiche Rechte und politischen Einfluss von Frauen und muss sich gleichzeitig fragen, wie dies mit den mütterlichen Aufgaben einer Frau zu verbinden ist. Die bürgerliche Frauenbewegung in Deutschland um 1900 fand eine klare Lösung. Es gab zwei Lebensmöglichkeiten, zwischen denen die Frauen zu wählen hatten. Entschieden sie sich für die Berufstätigkeit, dann verzichteten sie konsequenterweise auf Ehe und Kinder. Wurden sie ›Hausmutter‹, dann hatten sie für Mann und Kinder zu sorgen und verzichteten demgemäß auf eine Berufstätigkeit. »*Die meisten betrachteten es als ein Privileg, nicht erwerbstätig sein zu müssen.*« (Schenk 2001, S. 201) Die Vereinbarkeit von Familie und Beruf war zu jener Zeit noch kein Thema. In der neuen Frauenbewegung der 70er Jahre dagegen gab es gerade hierüber viele Diskussionen, und es bildeten sich zwei entgegengesetzte Positionen heraus.

Feminismus als Protest der Töchter gegen Mütter und Mutterschaft

> *Die Mutterschaft ist, so wie sie heute verstanden wird, das stabilste Glied in der Fessel der Frauen. Im Namen der … Fähigkeit, gebären zu können, werden Frauen dazu verurteilt, ihr Leben lang für andere zu kochen, zu putzen, zu waschen, zu trösten. Aus der Fähigkeit zur biologischen Mutterschaft folgert unsere Gesellschaft die Pflicht zur sozialen Mutterschaft.*
>
> (Alice Schwarzer 1975, S. 218)

Die Frauen, die sich in der neuen Frauenbewegung engagierten, kamen meist aus linken Studentengruppen, hauptsächlich aus dem SDS (Sozialistischer Deutscher Studentenbund). Dort hatten sie sich eingesetzt und sozial kämpfen gelernt. Umso größer war ihre Enttäuschung, als sie feststellten, dass sie als Frauen nicht einmal in diesen Gruppen vollständig gleichberechtigt waren.

Aus Protest dagegen gründeten sie fortan reine Frauengruppen. Ihr Ziel war die Gleichheit von Mann und Frau, die Aufhebung jeglicher Art von Unterdrückung, und vor allem die berufliche Selbstverwirklichung der Frau. Dies bedeutete gleichzeitig eine Absage an die traditionelle Frauenrolle, für die Mutterschaft der wichtigste Lebensinhalt war.

Der Wunsch nach Selbstbestimmung bezog sich nicht nur auf den beruflichen Werdegang, sondern auch auf den privaten Bereich. Frauen wollten sich den Männern nicht mehr unterordnen und verachteten ihre Mütter, wenn sie es taten.

Protest gegen den Lebensstil der eigenen Mutter

Untergeordnet bis zur Selbstaufgabe hast du dich, du hast deinen Willen aufgegeben, bis von dir nur noch die depressive, leidende und klagende Frau übrig blieb, das ist es, was ich dir am meisten übel nehme. Immer hast du meinem Vater nachgegeben. (Meulenbelt 1986, S. 52)

Eine Mutter, die sich in der üblichen patriarchalischen Familie unterordnet, kann nach Meinung der Feministinnen für ihre Tochter kein Vorbild zur Selbstverwirklichung werden. Ja, sie hemmt die Tochter in ihrem Wunsch, sich von alten Rollenzwängen zu befreien. Die Tochter fühlt sich von der Mutter verraten, wenn diese sich dem Vater anpasst und damit die Rollenverteilung unterstützt, gegen die ihre Tochter rebelliert. Anja Meulenbelt glaubt, dass es das Leben ihrer Mutter war, das die Tochter *»zum Feminismus getrieben hat«* und zu dem Vorsatz, *»den ich mit so vielen der ersten Feministinnen teilte«*, nicht so zu werden wie die Mutter (S. 25).

Für die Feministinnen war klar, dass Frauen vor allem durch die Mutterschaft in Abhängigkeit von den Männern geraten. Alice Schwarzer sagt dazu:

Protest gegen ungewollte Schwangerschaft und den Paragraphen 218

Anstatt der biologischen Mutter die soziale Mutterschaft maximal zu erleichtern, wird sie für Frauen zur persönlichen Bürde, denn in ihrem Namen werden Frauen zur Gratisarbeit im Haus gezwungen und geraten so in ökonomische Abhängigkeit. (1975, S. 220)

Um dies zu vermeiden, kämpften die Feministinnen gegen ungewollte Schwangerschaft und für das Recht, kinderlos zu bleiben.

Es entstand eine Bewegung gegen den Paragraphen 218, der Abtreibung verbot. Alice Schwarzer, die bekannteste deutsche Feministin, organisierte jährlich eine Aktionswoche gegen den Paragraphen 218. Sie wollte damit die Regierung zum Nachdenken bewegen. Die Frauen dachten sich Parolen aus wie: *»Kinderzimmer, Heim und Herd sind kein ganzes Leben wert!«* oder *»Das Weib sei willig, dumm und stumm, diese Zeiten sind jetzt um!«* oder *»Müssten Männer Kinder kriegen, wäre Abtreibung längst ein Sakrament«* (Die Zeit, 29.3.1974). Großes Aufsehen erregte eine Aktion im Jahre 1971, bei der 374 Frauen in der Zeitschrift Stern öffentlich bekannten: *»Ich habe abgetrieben!«* Das war damals provokativ und auch mutig, denn auf Schwangerschaftsabbruch stand eine Freiheitsstrafe von bis zu drei Jahren.

Als Vordenkerin der deutschen Feministinnen gilt Simone de Beauvoir mit ihrem Buch ›Das andere Geschlecht‹. Dieses Buch erschien in Deutschland zwar schon 1951, wurde aber erst in den 70er Jahren aktuell. Es ist ein umfangreicher, engagiert geschriebener Bericht über die jahrhundertealte Abhängigkeit der Frau bis zu ihren ersten Schritten in die Selbstständigkeit. Die Thesen ihres Buches untermauerte Beauvoir durch ihre Lebensführung. So nahmen Feministinnen sie als Vorbild für einen weiblichen Lebensentwurf, der sich vom Leben ihrer Mütter unterschied. Beauvoir war beruflich erfolgreich, finanziell unabhängig, sie lebte mit Jean Paul Sartre zusammen, den sie aber nicht heiratete, und sie bekam keine Kinder.

Das Vorbild Simone de Beauvoir

In der Ehe, in Hausarbeit und Mutterschaft sah sie Hindernisse für die weibliche Selbstverwirklichung. Hausarbeit ist nach Simone de Beauvoir eine stumpfsinnige Tätigkeit, die die Frau daran hindert, ihr eigenes Leben zu leben. »*Der Haushalt erlaubt der Frau tatsächlich eine endlose Flucht vor sich selber.*« (S. 431) Im gleichen Atemzug wendet sie sich gegen Schwangerschaft und Mutterschaft. Beides wird als »*Selbstentfremdung*« (S. 44) und »*Abseitsstehen bei der Gestaltung der Welt*« (S. 130) gesehen. Eine Frau, die sich an ihren Kindern erfreut, bezeichnet Beauvoir als kindlich und zurückgeblieben.

Für Beauvoir und die frühen Feministinnen zählt nur die berufliche Leistung außerhalb des Hauses. Die meisten Frauen wurden in den Wirtschaftswunderjahren geboren, sie konnten sich bilden und hatten Zugang zu interessanten Berufen. Diese Chancen wollten sie sich nicht durch die traditionelle weibliche Rolle und die Mutterschaft verderben. Sie sahen in der Mutterschaft ein Instrument zur Unterdrückung der Frau. Alice Schwarzer weiß allerdings, dass es leichter ist, zu protestieren, als sein Leben von Grund auf zu ändern: »*Die äußeren Bar-*

rieren sind hoch, unsere inneren sind es nicht minder. Noch läuft unsere Identität über weibliches Dienen.« (S. 227) Typische Frauenberufe wie Erzieherin, Krankenschwester oder Sekretärin sind soziale Berufe, in denen die Frauen für andere da sind.

Wenn Frauen diesen Tätigkeitsbereich meiden und ausdrücklich ablehnen, werden sie dafür kritisiert. Bemerkenswert ist dabei, dass Frauen gerade wegen solcher Verhaltensweisen angegriffen werden, die bei Männern geachtet sind, wie Aktivität, Intelligenz und Durchsetzungsvermögen. Simone de Beauvoirs Ausspruch: *»Man wird nicht als Frau geboren, sondern wird dazu gemacht«* wurde zum Glaubensbekenntnis der Feministinnen, die sich dagegen wehrten, auf die Frauen- und Mutterrolle festgelegt zu werden.

Feminismus als neue Mütterlichkeit

> *Erschien die Mutterrolle anfangs vor allem als eine Bedrohung aller individuellen Lebensziele der Frau, so wurde sie plötzlich zu einem bewusst angestrebten Selbsterfahrungstrip von besonderer Intensität.*
>
> (Schenk 2001, S. 198)

In den 80er Jahren kam es zu einer neuen Strömung innerhalb des Feminismus. Die Frauen kritisierten Beauvoirs Einstellung zur Mutterschaft als ›männlich‹ und beriefen sich auf ihre ›weiblichen‹ Stärken. Kinder zu gebären, Kinder zu stillen und das Aufwachsen der Kinder mitzuerleben, wurde wieder als weibliche Selbstverwirklichung entdeckt. Während die frühen Feministinnen die Mutterschaft als ›Fessel‹ oder ›Falle‹ ansahen, wurde Mutterschaft in den 80er Jahren zu einer selbstgewählten, bewusst erlebten Lebensphase. »›*Motherhood is power-*

ful‹, heißt es in Anlehnung an die schwarze Befreiungsbewegung.« (Frohnhaus 1994, S. 112)

Es kam zur Bewegung der Neuen Mütterlichkeit. 1986 organisierten die Frauen der Partei der Grünen einen Mütterkongress und verfassten 1987 ein Mütter-Manifest mit dem Titel: ›Leben mit Kindern – Mütter werden laut.‹ In diesem Aufruf wurde die Wichtigkeit der Mutterrolle und das Recht der Mütter, überall mit ihren Kindern aufzutreten, festgeschrieben. Frauen zeigten ihre Mütterlichkeit, indem sie ihre Kinder öffentlich stillten und sie zu feministischen und grün-alternativen Tagungen und Kongressen mitnahmen.

Um das häusliche Alleinsein mit dem Kind zu überwinden, verbündeten sich die Frauen und schufen ›weibliche Räume‹, in denen sie sich gegenseitig in ihrem Frau- und Muttersein unterstützten. Mütterzentren wurden gegründet, man bildete Selbstbeobachtungsgruppen, um den eigenen Körper besser kennen zu lernen, und kam in Geburtsvorbereitungskursen und Stillgruppen zusammen. Die Hausgeburt als ›sanfte Geburt‹ wurde wieder entdeckt. Alles sollte natürlich sein, harmonisch und weiblich. Erfolgreiche Berufsfrauen, vor allem Akademikerinnen und Künstlerinnen, zogen sich aus dem Erwerbsleben zurück, um die Schwangerschaft und ihre Kinder genießen zu können.

Die Neue Mütterlichkeit darf nicht als Rückschritt in das konservative, traditionelle Mütterbild angesehen werden. In der traditionellen Mutterrolle lebten die Frauen isoliert und in Abhängigkeit von ihren Männern. Die neuen Mütter dagegen waren stolze und unabhängige Mütter. Sie lösten sich oft von der Kleinfamilie und dem Vater als alleinigem Ernährer. Viele zogen ihre Kinder ohne Vater auf, setzten auf die Solidarität der Frauen untereinander und forderten ein Hausfrauengehalt und Erziehungsgeld.

Das Mütter-Manifest mit seiner Idealisierung der Mütterlichkeit konnte bei vielen Frauen Schuldgefühle hervorrufen, wenn sie als Mutter nicht so begeistert und glücklich waren und nicht ständig ihre ›Kinder an der Hand‹ haben wollten. Andere Frauen fühlten sich durch die hohen Erwartungen überfordert. Durch ein

Weiblichkeitsbild, das geprägt ist von grenzenloser Mütterlichkeit, lassen sich Frauen in die ausschließliche Verantwortung von bemutternden Aufgaben drängen, die sie individuell gar nicht in der Lage sind zu erfüllen. (Frohnhaus 1994, S. 132)

Die Überbetonung der Mutterrolle als wichtigster Lebensinhalt der Frauen führte zu einer Abwertung anderer weiblicher Lebensformen wie der kinderlosen Frau oder der berufstätigen Mutter. So verwundert es nicht, dass es innerhalb des Feminismus zu Spannungen zwischen Befürworterinnen und Gegnerinnen des Mütter-Manifests kam. Jede Gruppe grenzte sich von der anderen ab und bestand auf ihrer Sicht der Welt.

Wie ist der Wechsel in der Einstellung zur Mutterschaft zu erklären? Bei den Kämpfen der frühen Feministinnen standen Mütter mit kleinen Kindern abseits. Sie hatten kaum eine Chance, mit ihren Problemen wahrgenommen zu werden. Nun rückte gerade diese Gruppe in den Mittelpunkt und wurde beinahe idealisiert. Herrad Schenk erklärt diesen Wechsel auch durch die Biographie der Feministinnen. Als Studentinnen konnten sie sich gegen den Lebensstil ihrer Mütter abgrenzen. Doch als sie älter wurden und *»als das Ticken der ›biologischen Uhr‹ unüberhörbar wurde«*, sind sie noch *»… späte Mütter geworden und als solche nicht selten ganz besonders engagierte Verfechterinnen der Neuen Mütterlichkeit«* (Schenk 2001, S. 217).

Mütter, die nicht ›Nein‹ sagen wollen

Die anti-autoritäre Bewegung seit 1968 entwickelte ihr eigenes Erziehungsziel: Erziehung ohne autoritäres Gehabe und zugleich gegen die herrschenden ›Autoritäten‹ in der Gesellschaft. Dieses Erziehungsziel entstand vor allem aus einer Ablehnung der Erziehung im Nationalsozialismus, die in der Nachkriegszeit noch lange nachwirkte. Autoritäre Erziehung in Deutschland reicht weit zurück und wurde nun als ›Struwwelpeter-Pädagogik‹ abgelehnt: Im Volksbuch ›Der Struwwelpeter‹ lernten Kinder, wie schrecklich alles endet, wenn sie ungehorsam (Paulinchen) oder unternehmungslustig sind (Hans Guck-in-die-Luft), wenn sie nicht ordentlich essen (Suppenkasper) oder nicht stillsitzen (Zappelphilipp), ja auch, wenn sie sich nicht die Haare und Fingernägel schneiden lassen (Struwwelpeter). Es gab nun ein neues Buch, den ›Anti-Struwwelpeter‹, wo Kinder gerade das Gegenteil von dem taten, was früher galt.

Die zumeist jungen Leute, die anti-autoritär sein wollten, gewannen ihr Selbstbewusstsein auch aus der allgemeinen ›Verwestlichung‹, die unsere Gesellschaft erfuhr. Amerikanische Filme, amerikanische Lebensweise, englische Popkultur, all dies wirkte ›befreiend‹. Jeans waren nicht nur ein praktisches und schickes Kleidungsstück, sie wurden zur ›Weltanschauung‹.

In den Vereinigten Staaten leitete sich ein neuer Erziehungsstil von Dr. Benjamin Spock ab, dessen Bücher das Kind als selbstständiges Wesen zeigen, dem man alles erklärt. Spock berichtet als Beispiel von einem Hosenkauf.

Eine Mutter tritt mit einem drei- oder vierjährigen Jungen herein, der neue Bluejeans braucht. Sie schaut sich das Modell an, das vorrätig ist, und es gefällt ihr. Als nächstes fragt sie ihren Sohn, etwas zögernd: ›Charlie, meinst du nicht, dass du ein Paar neue Blue Jeans brauchst?‹ Wenn es ihm einfällt, nein zu sagen, muss sie sich an die Arbeit machen und ihn dazu überreden, dass er sie doch braucht. Wenn und nachdem er zugestimmt hat, dass er sie braucht, fragt sie ihn: ›Gefallen dir diese?‹ Wenn er nein sagt, muss sie versuchen, ihn davon zu überzeugen, dass sie ihm doch gefallen … (1974, S. 271)

Heutige Mütter sind – wie unsere Gesellschaft – von beiden Richtungen beeinflusst, auch wenn manches an der anti-autoritären Bewegung aus heutiger Sicht naiv oder übertrieben erscheint. Die meisten Mütter heute möchten keine Autoritätsperson mehr sein.

Die anti-autoritäre Mutter und ihre Erziehung zum Ungehorsam

> *Wie oft haben wir die Kinder überfordert mit Entscheidungen, die sie nicht treffen konnten, mit Erklärungen, die sie nicht hören wollten, mit Unternehmungen, die nicht mal uns Vergnügen bereitet haben.*
>
> (Flessenkemper 1983, S. 83)

Dieser Ausspruch stammt von einer Mutter, deren Sohn 1968 geboren wurde. Sie war damals Studentin und Anhängerin der anti-autoritären Erziehung. Vierzehn Jahre später macht sie sich Gedanken über ihr damaliges Erziehungsverhalten.

Die anti-autoritäre Erziehung sollte aus Kindern freie und autonome Menschen machen, die ihre Bedürfnisse befriedigen, ohne Komplexe zu haben. Dazu gehört auch der sexuelle Bereich. Kinder durften, ja sollten mit ihrem Verhalten provozieren und das ausleben, was ihre Eltern noch nicht leben konnten. Man sprach

> Kinder dürfen alles, was ihre Eltern nicht durften

von einer ›Erziehung zum aufrechten Gang‹, einer ›Erziehung zum Ungehorsam‹ oder einer ›tabufreien Erziehung‹. Was bisher nicht erlaubt war, war jetzt gut und richtig. Traditionelles Verhalten – Ordnung, Gehorsam, Höflichkeit – wurde nicht mehr einfach hingenommen.

Gabriele Flessenkemper vergleicht die Erziehungsziele ihrer Eltern mit ihren eigenen:

Was waren wir seltsame Eltern: wenn unsere Eltern sich schämten, dass wir dreckig waren, uns in die Hosen machten oder ›Scheiße‹ sagten, so schämten wir uns, wenn unsere Kinder ›zu früh‹ nicht mehr in die Hosen machten, keine Lust hatten, ständig Spaghetti-Ketchup-Schlachten zu veranstalteten, an ihrer Scheiße oder ihren Genitalien nicht sonderlich interessiert waren. Wir wollten in den Kindern unsere Kindheit nachholen, durch die Kinder Verbote übertreten, die Verbote in unseren Köpfen. (1983, S. 82)

Kinder mit mehreren Müttern und Vätern

In den Jahren nach 1968 herrschte Aufbruchstimmung, vor allem in den Städten und an den Hochschulen. Alles sollte anders werden, viele engagierten sich für die bevorstehende Revolution. Mütter hatten viel zu tun. Sie liefen zur Demonstration, zum Teach-In, zum Sit-In, zur Universität und wöchentlich zum Kinderladen, um über neuere und bessere Erziehungsmethoden zu diskutieren. Da blieb wenig Zeit für die tatsächliche Erziehung ihrer eigenen Kinder. Das war auch gar nicht gewollt, denn Kinder sollten aus der Enge der Kleinfamilie befreit werden. Kein Kind sollte mehr »*Eigentum*« einer Mutter sein, sondern das »*Glück*« genießen, »*mit mehreren Müttern und mehreren Vätern aufwachsen zu können*« (Kolb 2001, S. 50). Wenn ein Kind sich doch nicht so leicht von seiner Mutter trennte, schämte diese sich, »*weil doch ein fortschrittliches Kind sich nicht an Mama klammerte, son-*

dern freudig seiner Bezugsperson entgegenlief« (Flessenkemper 1983, S. 81). In ihrem Roman ›Frühstück mit Max‹ schreibt Ulrike Kolb von Max, der in den 70er Jahren in einer Westberliner Wohngemeinschaft aufwuchs.

Ich habe das alles als ein einziges Chaos in Erinnerung, sagte Max, die Gesichter, die Freundinnen meines Vaters und die Leute aus der Wohngemeinschaft, es waren so viele, die mich in die Schule, zum Zoo und zum Fußball gebracht haben. (S. 69)

Kinder galten in jener Zeit als stark und unproblematisch. Problematisch waren die Eltern oder die Gesellschaft. Den Kindern wurde manchmal viel zugemutet. Sie sollten selbst bestimmen, was sie essen wollten, wie viel Ordnung sie in ihrem Zimmer halten wollten und wann sie zu Bett gingen. Sie sollten ihre Probleme selbst lösen und sich durchsetzen, gegen Gleichaltrige und auch gegen Erwachsene. Gabriele Flessenkemper wagte nicht einzugreifen, wenn ihr zweijähriger Sohn im Kinderladen von Vierjährigen geschlagen und gebissen wurde. Denn es galt das *»Nichteinmischungsprinzip«* (S. 81), und Eltern durften nicht Partei für ihr Kind ergreifen.

Kinder sollen selbst entscheiden

Eltern wollten ihre Kinder aus den Zwängen des bürgerlichen Lebens befreien, doch die Kinder sehnten sich nicht selten nach Ordnung und Bürgerlichkeit. Als Max von einem Klassenkameraden wegen der Wohngemeinschaft verspottet wurde, schämte er sich. Er verlangte, dass sein Vater ordentlich gekleidet – mit Anzug und Krawatte – zum Elternabend ging und hängte an die Wohnungstür ein Schild mit der Aufschrift: ›Nackt verboten!‹ Er wünschte sich sogar einen strengen Vater, so wie sein Freund einen hatte.

Ich beneidete Werner um die Ohrfeigen seines Vaters, sie schienen mir ein Beweis dafür, dass er dem Ernst des Lebens näher war als ich, ich bewunderte ihn, wenn er mit hochgerecktem Kopf Schläge empfing. (Kolb 2001, S. 125)

In der frühen anti-autoritären Erziehung sollten Kinder das ausleben, wovon ihre Eltern träumten. Richtige Erziehung konnte die Welt verändern und die Revolution voranbringen. Das bedeutete in Wirklichkeit eine Überforderung der Kinder, die innerlich – und oft auch äußerlich – allein gelassen wurden.

Die Mutter als Freundin ihrer Kinder

Heutige Eltern lehnen die überzogenen Erziehungspraktiken der 68er-Generation meistens ab. Ihre Erziehung soll nicht mehr anti-autoritär, sondern ›kindzentriert‹ sein. Das Kind steht im Mittelpunkt. Eltern passen sich ihm an, manchmal sogar bis der Unterschied zwischen den Generationen schwindet. Dann gibt es in der Familie keine Erwachsenen mehr und keine Kinder, alle sind nur noch ›Freunde‹. Der Einfluss von Dr. Spock hat überdauert.

Ein Fünftel aller Plüschtiere in Deutschland kaufen Frauen für sich selbst. In den Vereinigten Staaten gibt es für Erwachsene Schlafanzughosen mit Füßlingen, wie sie normalerweise nur für Babys angefertigt werden. (Badische Zeitung 28.11. 2005)

Mutter im Mini-Rock

Viele Mütter kleiden sich wie ihre Töchter: sie ziehen den gleichen Mini-Rock, den kurzen Pullover an, der den Nabel freigibt. Es gibt Mütter, die sich bunte Bänder in die Haare binden oder sich Zöpfe im Afro-Look flechten lassen, um als ›beste Freundin der Tochter‹ mit dieser ein Pop-Konzert zu besuchen.

Auch die Freizeitvergnügen der Kinder werden von der Mutter geteilt. Sie fährt mit Roller-Skates durch die Stadt, geht zum

Bauchtanz oder in die Disko. Es gilt als schick, jung auszusehen und sich als Mutter so zu geben und zu fühlen wie die Tochter. Mitunter findet man in Frauenzeitschriften Fotos von einer Mutter mit ihrer erwachsenen Tochter. Darunter steht die Frage: ›Wer ist die Mutter?‹ Diese Frage gilt als ein Kompliment an die Mutter, weil man ihr das Alter nicht ansieht. Als ›Freundin‹ ihrer Tochter fühlt die Mutter sich gut. Deshalb möchte sie auch nicht ›Mutter‹ genannt werden, sondern ihr Leben lang ›Elke‹ bleiben. So hieß sie, als sie jung war, und so will sie weiterhin heißen. Wird sie mit ihrem Vornamen angeredet, fühlt sie sich ihren Kindern nahe. Sie steht auf einer Ebene mit ihnen und ist keine Autoritätsperson.

Infantilisierung der Erwachsenenwelt

Heute möchte jeder so lange wie möglich jung bleiben. Auch deshalb wird der Zeitpunkt der Familiengründung immer weiter hinausgeschoben. Männer heiraten im Durchschnitt mit 37 Jahren, Frauen mit 34. Nach einer Befragung aus dem Jahre 2003 fühlt sich die Hälfte der 24- bis 29-Jährigen zu jung, um Eltern zu werden; bei den 30- bis 34-Jährigen sind es immerhin noch 17 Prozent.

Die Zeit der Jugend dehnt sich immer mehr aus. Die sexuelle Reife beginnt früher, das Erwachsenwerden dagegen immer später. Ohne feste Bindung bleiben viele Jugendliche im Hause der Eltern wohnen (›Hotel Mama‹). Ohne feste Anstellung bleiben sie von der finanziellen Unterstützung der Eltern abhängig. Wenn sie dann wirklich eine eigene Familie gründen, verhalten sie sich weiter wie Jugendliche.

Erwachsene, die jung und kindlich bleiben wollen, haben bei Marktforschern einen Namen bekommen. In den USA spricht man von ›kidult‹, dies Wort ist aus den Wörtern ›kid‹ (Kind) und ›adult‹ (Erwachsener) zusammengesetzt, Engländer sprechen von ›middle youth‹ und deutsche Sozialwissenschaftler von ›Infantilisierung der Erwachsenenwelt‹. Gegen diese Infantilisierung wehrt sich der Bund Deutscher Psychologen, der fordert: »Werdet endlich erwachsen!« (Die Zeit 11.5. 2005)

In einer Umfrage der Zeitschrift Eltern for family (9/2005) wurden Kinder zwischen 9 und 19 Jahren gefragt: »Wie findest du es, wenn deine Eltern coole Klamotten tragen und die gleiche Musik hören wie du?«

- 70 Prozent finden es nicht gut.
- 51 Prozent finden es sogar peinlich, lächerlich und ›blöd‹.
- 29 Prozent meinen, Eltern sollten sich ihrem Alter entsprechend kleiden.
- 24 Prozent fürchten, dass sie sich nicht mehr von ihren Eltern unterscheiden.

Wie erleben es Kinder, wenn ihre Eltern nicht erwachsen werden möchten?

Kinder und Jugendliche möchten ihre Eltern als Erwachsene wahrnehmen, um sich von ihnen abgrenzen zu können. Kinder brauchen Erwachsene, die eigenständig genug sind, um ihnen – den Kindern oder Heranwachsenden – Schutz und Orientierung zu geben.

Wenn die Mutter zur Freundin ihrer Kinder wird, ist sie austauschbar. Freundinnen kann ein Kind viele haben, aber nur eine Mutter. Die Mutter des achtjährigen Martin möchte nur Doris genannt werden. So spricht Martin sie mit ihrem Vornamen an. Doch seiner Lehrerin gesteht er: »Ich hätte so gerne auch eine Mama!«

Wenn Kinder wie kleine Erwachsene behandelt werden

> *… und sie fingen wieder an zu reden, und so ein Reden dauerte, dauerte. Nie hatte das Kind erlebt, dass etwas Schönes und Wichtiges und Erlösendes für es selber bei diesem endlosen Hin und Her von Sätzen herauskam.*
>
> (Wohmann 1978, S. 6)

Haben Eltern in der Familie ihren Platz als Erwachsene aufgegeben, weil sie nur noch Freunde ihrer Kinder sind, verlieren auch Kinder ihren Platz als Kinder. Sie werden von ihren Eltern wie Partner, das heißt wie kleine Erwachsene behandelt. Dann reden Eltern schon mit Dreijährigen wie mit Gleichaltrigen. Verbote und klare Anweisungen gelten als autoritär, oft werden sie durch lange Reden oder vage Bitten ersetzt.

Die Mutter der vierjährigen Clara gehört der Partei der Grünen an und lebt ökologisch korrekt. Sie möchte, dass auch ihre Tochter sich so verhält. Doch Clara soll nicht ›blind gehorchen‹, sondern die Wünsche der Mutter ›verstehen‹. Wenn Clara vergisst, das Licht in ihrem Zimmer auszumachen oder den Wasserhahn zuzudrehen, gibt die Mutter ihr nicht einfach die Anweisung: »Mach das Licht aus!« oder »Dreh den Wasserhahn zu!«, sondern sie hält ihr einen Vortrag über die Klimakatastrophe. Doch zu viele Worte machen Kinder bekanntlich ›muttertaub‹, und Clara vergisst immer wieder, das Licht auszumachen. Statt langer Reden sollte die Mutter klare Anweisungen geben, auf ihr Vorbild vertrauen und Clara mehr in die Familie einbinden. Denn Kinder möchten dazugehören. Sätze wie: »Wir machen das so!« wirken oft Wunder.

Mütter, die viel reden, möchten ihre Kinder nicht bevormunden, sondern sie zu selbstständigen Menschen erziehen. Die Mutter des dreieinhalbjährigen Hannes will ihm ein Eis kaufen. Doch Hannes soll selbst wählen, was er möchte. Als sie an der Reihe sind, liest ihm die Mutter die Namen aller Eissorten vor. Hannes überlegt: Er möchte ein Erdbeereis, nein doch nicht, lieber Schokolade, Schokolade schmeckt nicht, lieber Banane. Hannes hält den Betrieb auf. Es bildet sich eine Schlange von Kunden. Die Verkäuferin wird ungeduldig. Die Mutter schlägt schließlich Stracciatella vor. Als Hannes dann sein Hörnchen in der Hand hält, fängt er an zu weinen, er wollte doch Erdbeereis.

Wahrscheinlich weint Hannes gar nicht wegen der Eissorte, sondern wegen der Situation. Kinder haben ein gutes Gefühl für soziale Zusammenhänge. Und wurde Hannes bei diesem Erziehungsversuch nicht öffentlich vorgeführt?

Mütter, die viel reden, behaupten, ihr Kind ernst zu nehmen. Deshalb behandeln sie es wie einen Erwachsenen, nehmen es dann aber im Grunde als Kind nicht ernst. Kinder können, je nach ihrem Alter, nicht alles verstehen und auch nicht alle Entscheidungen selbst treffen. Eltern haben mehr Wissen und Erfahrung, sie können sich besser ausdrücken und haben auch die besseren Argumente. Deshalb fühlen sich Kinder manchmal den vielen Reden ihrer Mutter ausgeliefert. Sie brauchen behutsame Führung, um Schritt für Schritt mit neuen Anforderungen zurechtzukommen.

Mütter, die klare Anweisungen und Verbote durch vieles Reden ersetzen, können oft nicht durchhalten, was sie sich vorgenommen haben. Denn sie leben nicht nur mit ihrem Kind, sondern mit einer Umgebung, die oft etwas anderes wünscht. Hannes' Mutter entscheidet schließlich an seiner Stelle über die Eissorte, weil es sonst zu lange dauert. Sie ist ihrem Erziehungsstil untreu geworden und ärgert sich darüber.

Fühlen sich Kinder durch das elterliche Erziehungsverhalten überfordert, so reagieren sie mit Auffälligkeiten. Manchmal provozieren sie ihre Eltern auch, um zu erfahren, wie weit sie gehen können, und um die Stärke der Eltern zu spüren. In dem

Roman ›Paulinchen war allein zu Haus‹ beschreibt Gabriele Wohmann (1978) ein aufgeklärtes Ehepaar, Christa und Kurt, die das etwa achtjährige Mädchen Paula adoptieren und es nach dem Lehrbuch erziehen wollen. Christa und Kurt wollen alles richtig machen, sie überlegen jeden Schritt, können aber deshalb Paula nicht mehr spontan begegnen. Paula mag es nicht, *»wenn sie mit mir so einen Vorfall ausdiskutieren«*. Paula provoziert ihre Adoptiveltern immer wieder. Warum tut sie das? Eine Erklärung ist wohl, dass das Kind nur in der Auseinandersetzung mit den Erwachsenen deren Nähe spürt.

Christa und Kurt haben für Paula kinderpsychologisch geeignete Bücher gekauft. Doch Paula rührt diese Bücher nicht an, sondern liest in einem ›Trostbüchlein der Poesie‹. Das ist eine bewusste Provokation. Die Eltern finden das Trostbüchlein kitschig und möchten es ihr ausreden. Doch Paula wehrt sich.

Ist das ein Verbot, fragte das Kind. Es war stolz auf seine Frage. Die Frage war wirklich listig, fast heimtückisch, sie legte die Erwachsenen mit ihrem Verbotsverbot ganz saftig rein. Ach, ein Verbot – hör doch auf. Das *natürlich ist es nicht. Es ist ein guter Rat.* (S. 12 f.)

Was Paula auch macht, Christa und Kurt reagieren korrekt oder gar nicht. Als Paula Christa in die Hand beißt, schreit diese auf, tut aber sonst nichts. Immer wieder versucht Paula, die beiden aus der Reserve zu locken.

Das Kind brachte sie wiedermal nicht aus der Fassung. Es ist ja nicht so, dachte es, dass ich gerne geschimpft würde, bestraft und so weiter, ich würde sie bestimmt hassen, wenn sie mich schlagen würden – ja, aber dann könnte ich sie hassen. (S. 87)

Gibt es heute noch Kinderkleidung? Schon in der Wiege liegen kleine Jungen in Jeans und Oberhemd und Mädchen im Samtkleid. Die Kinderkleidung ist nur kleiner, aber nicht wirklich anders als Erwachsenenkleidung. Josephina, ein sechsjähriges Mädchen, wird eingeschult. Am ersten Schultag trägt sie ein Modellkleid aus einer Kinderboutique, ein beiges Leinenkleid, das über dem teils freien Rücken mit braunen Samtbändern zusammengeschnürt ist. Dazu passen rosa Stiefelchen. Das Mädchen wirkt in dieser Ausstattung sexy. In England hat eine Warenhauskette Oberhemden für ein- bis zweijährige Jungen genäht und aus demselben Stoff Hemden für Erwachsene. So können der Vater und sein Baby ›im Partnerlook‹ auftreten.

Kinderkleidung, Erwachsenenkleidung, Markenkleidung

Kinder werden nicht nur wie Erwachsene angezogen, sondern verlangen auch schon nach bestimmten Marken. Als ich den zweijährigen Daniel traf, hielt er mir stolz seine Schuhe hin und sagte: »Danni auch Nati«. Ich verstand ihn nicht und fragte die Mutter, was Daniel meinte. Da antwortete sie: »Daniel trägt auch Nike-Schuhe.« Sie war Sozialhilfeempfängerin, hatte diese Schuhe bei der Kleiderhilfe bekommen und bestärkte ihren Sohn in dem Glauben, die richtige Marke zu tragen. Wenn Kinder und auch wir Erwachsenen Markenkleidung tragen, geht es um Anerkennung, um das Gefühl, durch die Kleidung zu einer bestimmten Gruppe zu gehören.

Wenn Eltern ›Nein‹ sagen, wenn sich ihre Kinder eine bestimmte Marke wünschen, müssen sie mit Enttäuschung oder sogar mit Konflikten rechnen. Doch Eltern können und dürfen nicht alle kindlichen Wünsche erfüllen. Es ist ihre Pflicht, unvernünftige Wünsche abzuwehren. Der Wunsch nach Anerkennung und Zugehörigkeit kann vielleicht durch anderes als durch Markenkleidung befriedigt werden. Oft hilft es einem Kind, wenn die Familie sich geschlossen und bewusst gegen Markenkleidung entscheidet.

Sagen die Eltern zu jedem Wunsch »Ja«, erhält das Kind die Hosen, die es sich wünscht und braucht am nächsten Tag schon wieder etwas anderes. Muss ein Kind sich seine Markenkleidung dagegen selbst verdienen, liegen die Dinge anders. Das Kind hat sich dafür eingesetzt, sich etwas abverlangt, darauf gewartet, und ist dann doppelt glücklich, wenn es endlich am Ziel ist und die ersehnte Hose tragen kann. Das ›Nein‹ der Eltern kann Kinder auch zu kreativen, eigenen Lösungen anspornen. Der fünfzehnjährige Ben wollte unbedingt bunte Skater-Hosen haben. Der Mutter waren diese Hosen zu teuer. Ben sehnte sich so sehr danach, dass er sich Stoff kaufte, an einem Nähkurs teilnahm und sich selbst die gewünschten Hosen nähte. Sie waren für ihn viel wertvoller als gekaufte Hosen.

Nach einer Umfrage der Zeitschrift Der Spiegel (29.2005) sagen 82 Prozent der Befragten, dass Eltern ihren Kindern zu viel Freiraum geben, und nur 5 Prozent glauben, heutige Eltern seien zu autoritär. Der Kinderpsychologe Wolfgang Bergmann hat 35 Kinder gefragt, *»was ein guter Lehrer sei und was sie von ihren Eltern erwarten«*. Dabei kam heraus, dass Kinder meinten, dass gute Eltern und gute Lehrer ›streng‹ sein müssen. Das Wort ›streng‹ kam von den Kindern, es wurde ihnen nicht vorgegeben. Erwachsene würden das Wort ›streng‹ eher ablehnen, weil es nach Härte klingt, vielleicht sogar nach Prügelpädagogik. Doch Kinder, die die Auswüchse früherer Pädagogik nicht kennen, wünschen sich Strenge als Orientierung. Sie wünschen sich jemanden, der stärker ist als sie. Denn nur jemand, der stärker ist, kann sie beschützen. Echte Autorität bedeutet für kleine Kinder Schutz und für ältere Kinder eine Herausforderung, ihre Kräfte einzuschätzen. Bergmann schreibt:

> Kinder brauchen das ›Nein‹ ihrer Mutter

Strenge ist Schutz – allerdings muss sie gelassen und großzügig sein, sie muss die Frische einer modernen, globalen Welt atmen und nicht den Spießergeruch früherer Jahre. (2005, S. 50)

Die naturgegebenen Rollen von Eltern und Kind sollten nicht einfach aufgegeben werden. Eine Mutter, die nicht mehr Mutter sein möchte, sondern nur Freundin ihres Kindes, wagt es nicht mehr, ihr Kind zu erziehen. Doch sie muss erziehen, weil das Kind in seiner Entwicklung fortlaufend neue Abschnitte erreicht. Sie muss dabei auch öfters ›Nein‹ sagen. Es gibt heute ›Elternschulen‹ wo man lernt, wie man auf angemessene Weise ›Nein‹ sagt. (Tschöpe-Scheffler 2005)

Vollzeitmütter und berufstätige Mütter

> *Wer keine Kinder will, gilt als Handlangerin der demographischen Katastrophe; wer das Baby betreuen lässt, als Rabenmutter; wer zu Hause bleibt, als hinterwäldlerische Glucke. Egal, wie die Entscheidung ausfällt, sie ist garantiert falsch. Diesen moralischen Druck reichen Frauen einander weiter.* (Die Zeit, 12.4.2006)

Zwei ideale Mütterbilder

Seit etwa 40 Jahren gibt es in unserer Gesellschaft ein Nebeneinander von zwei sich widersprechenden Mütterbildern. Beide Bilder werden in vereinfachter Form weitergegeben und entsprechen einer bestimmten Ideologie. Weil beide Mütterbilder unvereinbar erscheinen, meinen viele Frauen, sie müssten sich für eines entscheiden.

Die Vollzeitmutter

Das traditionelle Bild von der ›guten Mutter‹ beschreibt eine Mutter, die bei ihren Kindern zu Hause bleibt und ganz in ihren Pflichten für die Familie aufgeht. Sie macht ›Muttersein‹

zu ihrem Beruf. Ihren Kindern soll es an nichts fehlen: Sie bekommen ordentliches Essen, sie werden vielfältig in ihrer Entwicklung gefördert – kurz: sie werden ›bemuttert‹.

Auch die berufstätige Mutter gilt als ›gute Mutter‹, wenn sie sich neben ihrem Beruf auch noch um ihre Kinder, den Haushalt und ihren Partner kümmert. Weil diese Frau so viele verschiedene Aufgaben gleichzeitig bewältigt, wird sie manchmal auch ›Supermutter‹ genannt. Sharon Hays (1998) beschreibt eine solche Frau:

Die berufstätige Mutter

Mühelos schafft sie den Spagat zwischen Heim und Arbeit. Diese Mutter kann mit der einen Hand einen Kinderwagen schieben und mit der anderen die Aktentasche tragen. Sie ist immer gut frisiert, … ihr Kostüm ist frei von Knitterfalten, und ihr Heim ist natürlich blitzsauber. Ihre Kinder sind makellos: Sie haben gute Manieren, sind aber nicht passiv, sondern putzmunter und strotzen vor Selbstbewusstsein. (1998, S. 174 f.)

Wenn sich Frauen streng an das eine oder das andere Mutterbild halten, werden sie leicht überfordert. Dann denkt jede Mutter für sich: »Ich schaffe es nicht!«, ohne zu ahnen, dass auch die andere Mutter meint: »Ich schaffe es nicht!« Es wird selten erkannt, dass beide Mütterbilder die gleichen Probleme hervorrufen können. Stattdessen versucht jede Gruppe, ihr eigenes Selbstbewusstsein zu stärken, indem sie sich von der anderen abgrenzt. Man sucht nicht nach Gemeinsamkeiten, sondern stellt die Unterschiede heraus. Ein solches Denken wird teilweise von der Presse gefördert, die gern übertreibt und Ausdrücke wie ›Krieg der Mütter‹ verbreitet.

Vom Neid zur Abwertung

> *Wenn wir in unseren Mitmenschen immer nur den anderen sehen, werden wir nie aufhören, ihn zu verletzen.*
>
> (Ilija Trojanow)

Vollzeitmütter und berufstätige Mütter leben in zwei verschiedenen Welten. Sie fragen sich, wer es besser macht oder wer es besser hat. So entstehen Konkurrenzgefühle und Neid auf die andere Gruppe, die so lebt, wie man selbst nicht leben kann.

Der Neid der berufstätigen Mütter

Vollzeitmütter genießen nach Ansicht der berufstätigen Mütter das Privileg, sich nur auf einen Bereich konzentrieren zu dürfen. Auch berufstätige Mütter hätten gerne eine freiere Zeiteinteilung und die Möglichkeit, länger bei bestimmten Tätigkeiten zu verweilen. Oft erwähnen berufstätige Mütter, wie gerne sie mit ihren Kindern Plätzchen backen würden. Der Duft frisch gebackener Plätzchen oder ein dampfender Suppentopf ist etwas, was wir von Kindheit an mit Mütterlichkeit verbinden. Berufstätige Mütter können nicht immer an besonderen Entwicklungsschritten ihres Kindes teilnehmen. Vollzeitmütter sind meist zu Hause, wenn das Kind sein erstes Wort spricht, die ersten Schritte macht und sich beim ersten Wutanfall auf den Boden wirft. Berufstätige Mütter bekommen das Gefühl, dass die anderen etwas erleben, was sie selbst verpassen. Das macht sie neidisch, und Neid führt häufig zur Abwertung. Dann werden Vollzeitmütter etwa als ›Nur-Hausfrauen‹ bezeichnet. »Was machen die nur den ganzen Tag?« fragen berufstätige Frauen. »So viel Zeit möchte ich auch einmal haben!«

Berufstätige Mütter, so die Meinung der Vollzeitmütter, genießen ein höheres Sozialprestige, ihr Leben ist nicht auf die eigenen vier Wände beschränkt, und sie verfügen über eigenes Einkommen. Vollzeitmütter vermissen die Anregungen, die Berufstätigkeit mit sich bringt, nicht zuletzt den Kontakt zu anderen Erwachsenen. Vor allem Frauen, die vor der Geburt ihres Kindes im Berufsleben standen, leiden unter dem Wechsel. Eine dieser Mütter klagt: *»Ich war an Flughäfen gewöhnt, die Aussicht aufs Meer, Museen. Plötzlich saß ich in ein paar Zimmern fest, mit Legosteinen.«* (Shriver 2006, S. 86) Vollzeitmütter sind erschöpft, wenn ihr Tag von den Bedürfnissen eines Kleinkindes bestimmt wird und wenn sie sich in ihren Gesprächen nur auf kindliche Inhalte und das Niveau eines Kleinkindes einstellen müssen. Sie wünschen sich Gespräche mit anderen Erwachsenen.

Der Neid der Vollzeitmütter

Vollzeitmütter beneiden berufstätige Mütter um die vielen Anregungen, manchmal sogar um den Stress. Aus ihrem Neid kann Abwertung entstehen; sie sprechen dann von ›Rabenmüttern‹ und fragen sich: »Warum hat die sich nur Kinder angeschafft, wenn sie sich doch nicht um sie kümmert?« oder »Wie kann man bloß so egoistisch sein und nur dem eigenen Ruhm nachjagen?«

Weil Frauen besonders getroffen sind, wenn man ihnen Fehler in der Kindererziehung vorwirft, dreht sich die Diskussion zwischen beiden Gruppen um die Frage, wer die bessere Mutter ist. Vollzeitmütter werfen berufstätigen Müttern vor, sie vernachlässigten ihre Kinder. Die Kinder gerieten ›auf die schiefe Bahn‹, ohne dass die Mütter es merken, weil sie zu sehr mit ihrer Karriere beschäftigt sind. Berufstätige Mütter dagegen meinen, dass Fami-

Die Diskussion um die richtige Kindererziehung

lienmütter ihre Kinder zu sehr verwöhnen, sie unselbstständig machen und an sich binden.

Wer hat nun Recht? Niemand! Denn bei einer solchen Diskussion gibt es nur Verlierer. Anstatt sich miteinander zu verbinden, um bessere Chancen für Frauen und Kinder zu erreichen, bekämpfen sich die beiden Gruppen. Sie erkennen deshalb nicht, dass es beiden nicht gut geht, und zwar wegen der Bedingungen in unserer Gesellschaft. Zwischen berufstätigen Müttern und Vollzeitmüttern gibt es mehr Gemeinsamkeiten, als diese ahnen. Bei aller Verschiedenheit der Lebensentwürfe haben Frauen in beiden Gruppen ähnliche, wenn nicht die gleichen Probleme und Gefühle.

Mütter müssen sich ständig rechtfertigen

Eine berufstätige Mutter muss sich beweisen, dass sie trotz ihrer Berufstätigkeit eine gute Mutter ist und sich für ihre Kinder engagiert. Im Kindergarten übernehmen gerade berufstätige Mütter viele zusätzliche Aufgaben. Denn sie möchten sich nicht nachsagen lassen, dass sie keine Zeit für ihre Kinder haben. Sie rechtfertigen ihre Berufstätigkeit auch damit, dass ihr zusätzlich verdientes Geld den Kindern zugute kommt. Bessere Kleidung, pädagogisch wertvolles Spielzeug, Kurse zur Förderung der Kinder werden meist vom Gehalt der Mutter bestritten. Berufstätige Mütter weisen gerne darauf hin, dass die Kinder durch ihre Berufstätigkeit sozial im Vorteil sind. Sie werden flexibler und selbstständiger, weil sie während der Tagesbetreuung mit verschiedenen Personen auskommen müssen. Die berufstätige Mutter hat zwar weniger Zeit für sie, nimmt sich aber ganz bewusst ›Qualitätszeit‹, in der sie intensiv mit dem Kind zusammen ist. Alle Rechtfertigungsgründe der berufstätigen Mutter sollen zeigen, wie wichtig sie das Kind nimmt und dass trotz des Berufes die Bedürfnisse des Kindes an erster Stelle stehen. Auch die berufstätige

Mutter vertritt das Ideal der *»intensiven Bemutterung«* (Hays 1998, S. 196). Es ist fast unschicklich, wenn Mütter erklären, dass ihr Beruf sie glücklich macht, dass sie den Reiz beruflicher Herausforderungen suchen.

Die Vollzeitmutter muss sich dafür rechtfertigen, dass sie den ganzen Tag zu Hause ist. Sie muss zeigen, wie viele Aufgaben auf sie warten und für was sie alles die Verantwortung trägt, von der geschmackvoll eingerichteten Wohnung über die gebügelten Hemden des Ehemannes bis zu den ordentlichen Hausaufgaben des Kindes. Familienmütter können sich oft nicht entspannen. Sie gönnen sich selten eigene Zeit, um nicht als ›faul‹ und ›träge‹ angesehen zu werden. Ich kenne eine Familienmutter, die nur im Stehen isst, weil sie es nicht wagt, sich bequem hinzusetzen.

Mütter bekommen wenig Anerkennung für ihre Leistung

Alles, was Mütter für ihre Kinder tun, wird als Selbstverständlichkeit angesehen. Weil allein Frauen dazu fähig sind, Kinder zu bekommen, wird ihnen auch die ganze Verantwortung für die Kinder auferlegt. Vollzeitmütter und berufstätige Mütter leiden darunter, dass ihr Einsatz für ihre Kinder so wenig Anerkennung findet. Eine amerikanische Psychologin, die die gleiche Ausbildung wie ihr Mann hat und in den gleichen Arbeitsbereichen arbeitet, bemerkt, dass seit der Geburt des Kindes ihr Einsatz als selbstverständlich angesehen wird, während der Einsatz ihres Mannes als etwas Besonderes gelobt wird:

Während Steve jedes Mal Applaus bekam, wenn er mit Matthew zu Hause blieb, wurde ich mit ›Kinder brauchen die Mütter‹-Botschaften bombardiert. (Lerner 2003, S. 81)

Noch weniger wird der Einsatz der Vollzeitmutter geachtet. Er ist für die Umgebung eine Selbstverständlichkeit, denn die Frauen haben es ja so gewollt. Sie haben ja nichts anderes zu tun. Deshalb wagen Vollzeitmütter oft nicht, sich eine Unterstützung zu holen, denn »das bisschen Haushalt und Kinder muss ich doch alleine schaffen«. An einer Umfrage der Frauenzeitschrift Brigitte (August 2002) haben sich 5000 Frauen beteiligt. Fast zwei Drittel der Frauen ärgern sich darüber, dass die Kindererziehung als ›reines Privatvergnügen‹ angesehen wird und dass sie so wenig Anerkennung für ihren Einsatz bekommen.

Wenn Mütter unter ihrer Situation leiden, gibt es keine Kündigung wie im Beruf und keine Scheidung wie in der Ehe. Es gibt nicht einmal die Möglichkeit, sich auszusprechen, denn niemand will etwas davon wissen:

Mütter dürfen nicht klagen

Wenn heute eine Frau Kinder bekommt, hat sie das auf jeden Fall selbst gewollt … Sie darf nie klagen, denn sie hätte sich ja keine anschaffen müssen. In jedem Beruf darf man äußern, ich habe keine Lust mehr, es wird mir zu viel … Mütter dürfen das nicht. (Schneider 1995, S. 147)

Gerade Vollzeitmüttern fällt es schwer, ihre Not zu offenbaren, denn nach außen hin steht ja alles zum Besten. Man sagt ihnen: »Sie müssen nicht arbeiten, haben einen Mann, der Sie versorgt, und können sich einen schönen Tag machen.« Diesen Müttern wird suggeriert, dass sie zufrieden und dankbar sein sollten. Als eine Vollzeitmutter gefragt wird, ob sie nicht mit ihrer Freundin über ihre Probleme reden kann, verneint sie das. Sie schämt sich, befürchtet sogar, dass die Freundin sie auslacht, denn eigentlich habe sie ja gar keine Probleme. Auch eine berufstätige Mutter wagt es nicht, zu klagen und von ihrer Zerrissenheit zwischen Familie und Beruf zu erzählen. Denn dann heißt es: »Selbst schuld«. So muss jede ihre Gefühle hinunterschlucken und bleibt allein.

Kinder groß zu ziehen ist eine anstrengende Tätigkeit, und meist werden die Mütter damit allein gelassen. Vor der Geburt des ersten Kindes entscheiden sich viele Eltern, das Kind gemeinsam großzuziehen. Doch sobald das Kind da ist, verfallen viele Paare in längst vergessene Rollenmuster. Die Frau reduziert oder unterbricht ihre Berufstätigkeit, während der Mann sein berufliches Engagement erhöht. Vergleicht man die Wochenarbeitszeiten von Eltern mit einem Kind, so arbeitet die Frau zu Beginn der Schwangerschaft 29 Stunden, der Mann 32 Stunden. Achtzehn Monate nach der Geburt arbeitet die Frau nur noch 6 Stunden, der Mann aber 39 Stunden. Ist das Kind vier Jahre alt, arbeitet die Frau 9 Stunden, der Mann 42 Stunden. (Psychologie Heute, September 2003, S. 38) Je mehr Aufgaben der Mann außerhalb des Hauses übernimmt, umso mehr fehlt er bei familiären Aufgaben und bei der Hausarbeit.

Viel Stress und wenig Hilfe

Nicht nur der Ehemann zieht sich aus der Betreuung des Kindes zurück, auch die Gesellschaft unterstützt Mütter wenig. In der Brigitte-Studie (vgl. oben S. 71) beklagen drei Viertel der Mütter von Kleinkindern fehlende Betreuungsmöglichkeiten für ihre Kinder, und gut die Hälfte der Befragten wünscht sich einen Ganztagsplatz für ihr Kind. Nur 7 Prozent der Befragten sind zufrieden mit ihrer Situation. Das wirft kein gutes Licht auf die psychische Situation heutiger Mütter.

Mütter, die Karriere machen

> *Es gilt, das hartnäckige Vorurteil auszuräumen, dass eine Frau mit viel Verantwortung im Beruf keine gute Mutter sein kann.*
>
> (Dürr/Voigt 2006, S. 8)

Frauen in Führungspositionen sind selten. Seit Mitte der 90er Jahre machen in Deutschland zwar mehr Mädchen das Abitur als Jungen, aber bei den Führungskräften in der Wirtschaft nimmt der Anteil der Frauen wieder ab. Nur 11 Prozent der Angestellten im mittleren Management und 5 Prozent im oberen Management sind Frauen. Frauen in Führungspositionen sind häufiger kinderlos als Männer in den gleichen Positionen. Sie haben sich offenbar für den Beruf entschieden und dabei auf Kinder verzichtet. Mütter in Führungspositionen sind deshalb eine große Ausnahme.

Kinder sind offenbar immer noch ein Hindernis für den beruflichen Aufstieg. Doch es gibt Frauen, die beides miteinander verbinden. Wie sie das schaffen, sollte eine Befragung von 500 Karrierefrauen klären. Diese Befragung wurde von der Bertelsmann-Stiftung und vom Bundesfamilienministerium in Auftrag gegeben. Die Lebensentwürfe von elf solcher Frauen sind als Buch unter dem Titel ›Die Unmöglichen‹ veröffentlicht worden. Der Titel bringt zum Ausdruck, dass ein solcher Lebensplan für viele Menschen unvorstellbar, ja unmöglich ist. Das Vorwort zum Buch hat Ursula von der Leyen mitverfasst.

Ursula von der Leyen hat sieben Kinder und ist Familienministerin der Bundesregierung. Sie sagt: »*Ich weiß, dass ich eine Provokation bin – auch wenn ich das nicht sein möchte.*«

(Badische Zeitung 1.2. 2006) Weil viele ihr den Spagat zwischen einem anstrengenden Beruf und den Bedürfnissen ihrer Kinder nicht zutrauen oder auch nicht wahrhaben wollen, wird sie häufig angegriffen. In der Sendung ›Hart aber fair‹ des Westdeutschen Rundfunks wurde sie von Frank Plasberg gefragt: *»Haben Sie sich schon entschieden? Wollen Sie eine schlechte Mutter oder eine schlechte Ministerin werden?«* Solch eine Frage würde Männern nie gestellt werden, egal wie viele Kinder sie haben.

Die Karriere-Mutter, eine Provokation

Wie groß die Stigmatisierung von Frauen ist, die die Anforderungen einer Karriere mit den Bedürfnissen ihrer Kinder verbinden wollen, zeigt die Reaktion einer Abgeordneten der Partei ›Bündnis 90 / Die Grünen‹. Diese Politikerin verschweigt, so gut es geht, dass sie ein Kind hat. Auch in einem Interview über die Kinderfrage möchte sie anonym bleiben. Sie verschweigt ihre Mutterschaft, um nicht als ›Rabenmutter‹ zu gelten, und fürchtet darüber hinaus, beruflich weniger Erfolg zu haben. Die Trennung der beiden Welten, in denen sie lebt, erfolgt

> *nicht aus Scham, sondern aus Kalkül. Sie fürchtet als Mutter stigmatisiert zu werden: Als jemand, dessen Aufstieg nicht mehr zu fördern sei, weil sie als Mutter ja angeblich nicht voll zur Verfügung stehen könnte.* (Die Zeit 28.9.2006)

Was hilft Frauen, die Doppelbelastung zu bewältigen?

Niemand würde behaupten, dass es einfach ist, Kinder großzuziehen und einen anspruchsvollen Beruf auszuüben. Auch die betroffenen Frauen geben das zu. Die Vereinbarkeit von Familie und Karriere muss täglich neu gefunden werden. Was hilft Frauen dabei?

Wer in zwei so wichtigen Lebensbereichen präsent sein will, muss organisieren können. Alles muss geplant sein. Dennoch gibt es immer wieder unvorhergesehene Situationen. Viele Frauen sagen, sie haben für den Notfall noch einen Plan B. Dass bei einem Notfall schnell gehandelt werden muss, haben Frauen im Kontakt mit ihren Kindern gelernt.

Organisationstalent und Flexibilität

Mit Familie und Beruf doppelt belastete Frauen arbeiten diszipliniert, sie vertrödeln keine Zeit. Ursula von der Leyen koordiniert ihren beruflichen Wochenplan mit dem ihres Mannes, damit morgens und abends immer ein Elternteil bei den Kindern ist. Alle Karrierefrauen sind sich einig, dass die Kinder bei den vielen beruflichen Terminen nicht zu kurz kommen dürfen. Deshalb werden sie in den Terminkalender ihrer Mutter eingetragen. Das Fotomodell Claudia Schiffer zum Beispiel reserviert Spielstunden. Das ist für sie eine ›heilige Zeit‹, die für nichts anderes als die Kinder da ist. Allen Müttern erscheint es wichtig, für ihre Kinder ›verlässlich‹ zu sein. Katrin Göring-Eckardt sagt dazu:

Geschicktes Zeitmanagement

Wichtig ist mir immer gewesen, meine Kinder nicht zu enttäuschen. Wenn man wie ich eine Mutter ist, die häufig fort ist, muss man sich genau fragen, was man verspricht und was man davon halten kann. Ich habe mir unendlich viel Mühe gegeben, nichts zu versprechen, was ich nicht halten konnte. (Dürr / Voigt 2006, S.146)

Karrierefrauen müssen bestimmte Aufgaben anderen übertragen. Dies gilt sowohl für den beruflichen als auch für den häuslichen Bereich. Zu Hause braucht die Mutter Entlastung von der täglichen Hausarbeit, und viele Frauen haben eine

Kinderfrau oder ein Au-pair-Mädchen, damit immer jemand im Hause ist. Eine Mutter muss sich fragen, was es ist, das nur sie dem Kind geben kann, und was auch andere an ihrer Stelle können. Katrin Göring-Eckart spielt diesen Gedanken durch. Sie selbst ist zuständig für die Sicherheit ihrer Söhne und für deren Selbstvertrauen. Aber Fußball spielen oder Fahrräder reparieren können andere besser. Diese Bereiche kann sie anderen überlassen. – Natürlich bindet sich ein Kind an die Vertrauensperson, die bei ihm ist, wenn die Mutter arbeitet. Doch das wird von den Müttern nicht als Nachteil angesehen, im Gegenteil: Sie können beruhigt das Haus verlassen, weil sie wissen, dass ihr Kind nicht nur ›verwahrt‹ wird.

Aufgaben abgeben

Mütter, die Karriere machen, haben meistens einen Partner, der ihren Wunsch, beruflich weiterzukommen, unterstützt und sie auch zu Hause entlastet. 84 Prozent der befragten Frauen nennen das Engagement ihres Partners als wichtige Unterstützung für ihren Erfolg. Die Tochter der Bischöfin Margot Käßmann meint über ihren Vater:

Unterstützung durch den Partner

Ohne ihn könnte meine Mutter den Job nicht machen, nicht mit vier Kindern. Mein Vater war eine unglaubliche Stütze. Er hat sich immer sehr um uns gekümmert, hat gekocht, war stets für uns da. Aber meine Mutter war dabei nicht weniger präsent. Sie war es nur auf andere Weise. (Dürr / Voigt 2006, S. 113)

Mütter, die Karriere machen, lassen sich nicht leicht von der Meinung anderer Menschen beeinflussen. Sie sind gelassener und besitzen ein hohes Maß an innerer Freiheit. Sie haben auch den Mut, ungewöhnliche Lösungen auszuprobieren. Oft haben sie ihre Einstellung ›gelernt‹: Sie

Mut zu ungewöhnlichen Lösungen

wurden als Heranwachsende von ihren Eltern unterstützt, vielleicht hatten sie selbst eine berufstätige Mutter, oder sie waren im Ausland oder kannten andere Mütter, die Karriere und Kinder zu vereinbaren wussten.

Wie das Umfeld reagiert

> *Die Unmöglichen hatten die Wahl zwischen Karriere und Kindern – und sie haben sich für beides entschieden. Sie sind deshalb keine Heldinnen. Sie zweifeln und verzweifeln manchmal, und ihr Tag hat auch nur 24 Stunden.*
>
> (Dürr/Voigt 2006, S.12)

Die meisten Karrierefrauen sind ärgerlich, wenn sie sich immer wieder rechfertigen sollen oder wenn andere Menschen sich ungefragt in ihre Lebensplanung einmischen. Dies geschieht in allen Bereichen, in großen Firmen, in der Politik und auch in der Kirche. Als Margot Käßmann sich als junge Pastorin mit ihrem Mann eine Pfarrstelle teilen wollte, war sie mit Zwillingen schwanger. Sie hatten schon ein Kind. Die hessische Landeskirche zweifelte daran, dass eine Mutter mit drei kleinen Kindern eine solche halbe Stelle ausfüllen kann.

Silvana Koch-Mehrin, Politikerin in der FDP, berichtet Ähnliches. Als sie schwanger wurde, gingen ihre männlichen Kollegen wie selbstverständlich davon aus, dass sie mit der Politik aufhören würde. Einer bot ihr sogar an, ihre Kandidatur für das Europa-Parlament zu übernehmen (Die Zeit 28.9. 2006). Auch wenn Mütter Vorwürfe der Umwelt abweisen können, bleibt in ihrem Erleben oft ein schlechtes Gewissen. Nina Öger, Geschäftsführerin eines großen Reiseveranstalters, stellt fest: »*Wer behauptet, dass ein Leben, wie ich es führe, ohne schlechtes Gewissen zu haben ist, der lügt.*« (Dürr/Voigt 2006, S. 43)

Belastend für die Mütter ist auch, dass trotz guter Organisation der Tag nur 24 Stunden hat. Wie soll alles Notwendige auf diese Zeit verteilt werden? Weil die meisten Frauen Zeit mit ihren Kindern verbringen möchten, tun sie dies oft am Nachmittag oder sie bringen die Kinder ins Bett. Dafür müssen sie dann abends, wenn die Kinder schlafen, wieder an ihren Schreibtisch, oder sie stehen morgens schon vor der Familie auf, um noch wichtige Dinge zu erledigen. Oft fehlt es den Frauen dann an Schlaf und an Zeit für sich selbst.

Auch die Partnerschaft kommt manchmal zu kurz. Haben Mann und Frau einen eigenen Beruf und teilen sie sich die Betreuung der Kinder, so kommt es vor, dass sie sich abwechseln, aber wenig gemeinsam unternehmen. Auch Zeiten, in denen die Frau etwas für sich selbst tun kann, sind selten. Nina Öger schlägt deshalb vor, nicht nur die Kinder, sondern auch sich selbst in den Terminkalender einzutragen.

Die Lebensberichte der Frauen zeigen aber, dass sie im Beruf zufrieden sind. Manche sagen: »Je mehr ich arbeite, desto besser geht es mir!« Zwar sind sie oft müde, wenn sie nach Hause kommen, aber die Zufriedenheit mit ihrem Beruf strahlt auf das Leben in der Familie aus. Und die Zufriedenheit und das Glück mit den Kindern nehmen sie mit in ihren beruflichen Alltag. Mehrere Frauen berichten, dass sie sich vorher nicht vorstellen konnten, wie glücklich die Kinder sie machen.

Umgekehrt können Kinder die Arbeitsweise der Mutter verändern. Sie hat zu Hause gelernt, sich durch Unvorhergesehenes nicht aus der Ruhe bringen zu lassen. Viele Frauen berichten, dass sie durch ihre Kinder ihre Führungsfähigkeit, zum Beispiel im Lösen von Konflikten, verbessert haben. Auch regen die Kinder sie an, über Themen nachzudenken, die sie vorher übersehen haben.

Ursula von der Leyen wurde bei einer Wahlveranstaltung von einem Mann gefragt: »*Sie sind siebenfache Mutter; wenn ich sehe, wie viel meine Frau mit einem Kind zu tun hat – wie wollen Sie das schaffen?*« Ihre Antwort war: »*In Deutschland wird kaum je gefragt: Wie wollen* ***wir*** *das schaffen?*« (Die Zeit 26.1.2006) Damit Frauen Kinder haben können und dabei nicht auf einen Beruf verzichten müssen, brauchen sie Unterstützung. Kinder sind nicht nur eine Angelegenheit der Eltern, sondern auch unserer Gesellschaft. Informationen dazu findet man im Internet bei frauenmachenkarriere.de mit Einzelheiten zum Karrierestart, zur Existenzgründung, zur Selbstständigkeit und zur gegenseitigen Hilfe.

»Wie wollen **wir** das schaffen?«

Warum wünschen wir uns Kinder?

Familie hat mehr mit Lust und Liebe zu tun als mit Rentenversicherung.

(Bischof Huber in Die Zeit 6.4.2006)

Warum bekommen die Deutschen so wenig Kinder? Wie sollen wir in Zukunft die Renten bezahlen? Was kann der Staat tun, damit Frauen mehr Kinder bekommen? Wer ist an dem ganzen Dilemma schuld? Die Antworten sind unterschiedlich, die vorgeschlagenen Abhilfen greifen oft zu kurz. Denn kein Paar bekommt Kinder, um die Rentenkasse des Staates zu füllen oder weil andere Leute, aus was für Gründen auch immer, es von ihm verlangen.

Warum wünschen wir uns heutzutage überhaupt Kinder? Welches sind die Wünsche heutiger Frauen, und wie unterscheiden sie sich von den Wünschen früherer Generationen?

Die Stellung der Kinder in der Familie hat sich im Lauf der Zeit verändert. In früheren Jahrhunderten, vor und während der Industrialisierung, hatten Kinder eine große wirtschaftliche Bedeutung. Sie waren als Arbeitskräfte nützlich und für die Altersversorgung der Eltern unentbehrlich. Sozial abgesichert war, wer viele Kinder hatte. Wenn eine Familie keine Kinder bekommen konnte, wurde dies wie ein Fluch erlebt oder sogar als Strafe für begangene Missetaten angesehen.

Von der Altersversorgung zum Armutsrisiko

Noch zu Beginn des 20. Jahrhunderts hatten die meisten

Familien vier oder noch mehr Kinder. Heute werden in Deutschland nur noch durchschnittlich 1,3 Kinder pro Familie geboren. Auch ist die Familie, bestehend aus Vater, Mutter und Kind(ern), nicht mehr die einzige übliche und allgemein akzeptierte Form des Zusammenlebens. Nur noch ein Drittel der Haushalte in Deutschland sind traditionelle Familienhaushalte mit Eltern und Kindern. Daneben gibt es so genannte Patchwork-Familien mit Kindern von verschiedenen Eltern, es gibt nichteheliche Lebensgemeinschaften, Paare ohne Kinder und Alleinerziehende. Die Anzahl der Ehepaare ohne Kinder hat seit 1991 um etwa ein Fünftel zugenommen. Inzwischen gibt es mehr Ehepaare ohne Kinder als Ehepaare mit Kindern. Die Abnahme der Kinderzahl pro Familie hängt auch damit zusammen, dass das Leben mit Kindern für Eltern heute mit vielerlei Einschränkungen verbunden ist.

Einschränkungen durch Kinder

Während Kinder früher zum Einkommen der Familie beitrugen, sind sie heute eher ein ›Armutsrisiko‹. Kinder zu haben ist heute für viele Eltern mit Konsumverzicht verbunden. Was ein Kind im Monat kostet, können die Eltern nicht mehr für sich selbst ausgeben. Wenn man das Pro-Kopf-Einkommen kinderloser Ehepaare mit 100 Prozent festlegt, haben Ehepaare mit einem Kind nur noch 60 Prozent davon für sich zur Verfügung. Bei zwei Kindern sinkt der elterliche Anteil noch weiter. Nach Angaben des Statistischen Bundesamtes von 2003 kostet ein Kind im Schnitt 549 Euro im Monat. Die Ausgaben steigen mit dem Alter des Kindes. Für Jugendliche zwischen zwölf und achtzehn Jahren geben die Eltern durchschnittlich 655 Euro aus. Es ist anzunehmen, dass die

Finanzielle Einschränkungen

Ausgaben für ein Kind in letzter Zeit weiter gestiegen sind, doch es gibt keine aktuellen Zahlen, weil die Familienstatistik nur alle fünf Jahre erhoben wird.

Einschränkungen in der Beweglichkeit

Eltern mit kleinen Kindern können nicht mehr spontan entscheiden, was sie gerade tun möchten, zum Beispiel ins Kino gehen. Sie müssen erst dafür sorgen, dass die Kinder beaufsichtigt sind. Es ist ihnen auch nicht möglich, eine Nacht durchzufeiern oder am Wochenende spontan irgendwohin zu fahren. Kinder verlangen ein geregeltes Leben, und ihr Tag beginnt meistens, auch am Wochenende, morgens um sechs oder sieben Uhr.

Einschränkungen in der Lebensgestaltung

Wie oft wird der Schlaf der Eltern gestört, weil das Baby einfach nicht schlafen kann, weil es Fieber hat oder schlecht geträumt hat?

Abends fühlt sich eine Mutter wie platt, als wäre sie von einem Bus überfahren worden. Doch in der Nacht geht es weiter. Schlafentzug gilt zwar allgemein als Foltermethode, nur nicht für sie, da ist es schlichte Normalität. (Verene Hoenig in Buchjournal 1/2006)

Wie viele Mahlzeiten muss eine Mutter für ihre Kinder zubereiten, bis sie groß sind? Wie viel Wäsche muss gewaschen werden? Wie viel Zeit verbringen die Eltern mit ihren Kindern? Wer sieht die Hausaufgaben nach, wer fährt das Kind zum Sportverein oder zum Musikunterricht? Vor allem die Mutter bringt viel Zeit auf und kommt dabei oft selbst zu kurz. Sie ist für ihr Kind Taxifahrerin, Hilfslehrerin, Putzfrau, Freizeitgestalterin und Krisenmanagerin.

Nicht nur diese Zeit geht der Mutter verloren, sondern auch die Lebensweise, die sie führen konnte, bevor sie Mutter wurde.

Das Leben mit Kindern spielt sich in der Gegenwart ab und lässt wenig Raum für Wünsche und Träume. In einer Frauenzeitschrift (Brigitte Woman 6/2005) findet sich ein Artikel über die Suche nach dem Sinn des Lebens. Darin werden Frauen ermutigt, ihr Leben so zu leben, dass es für sie einen Sinn ergibt. Am Ende des Artikels wird aber auch erwähnt, dass so etwas oft nicht möglich ist. In Kriegs- und Krisengebieten sind Menschen mit dem Überleben und nicht mit Sinnsuche beschäftigt. Ähnliches gilt aber auch für Mütter mit kleinen Kindern, weil sie nebenher weder Ruhe noch Zeit noch Energie übrig haben.

»Du bist nur so lange eine gute Mutter, wie du keine Kinder hast«, sagte mir einmal eine Mutter in einem Beratungsgespräch. Wer keine Kinder hat, kann daran glauben, dass er alles richtig machen wird. Doch sobald die Kinder da sind, stoßen Eltern an ihre persönlichen Grenzen. Sie merken, dass sie sich nicht so verhalten, wie sie es sich vorgestellt haben. Sie hören sich schreien und schimpfen; manchmal schlagen sie ihr Kind sogar, obwohl sie das niemals gewollt haben. Sie beginnen an sich zu zweifeln, stellen sich in Frage, fühlen sich verantwortlich für alles, was schief läuft. Vorstellung und Wirklichkeit passen nicht zusammen.

Einschränkungen im Selbstbewusstsein

Machen Kinder glücklich?

Kinder sind etwas Wunderbares. Sie entdumpfen dein Leben, sie entschleunigen es, sie entglobalisieren es.

(Rellin 2006, S. 45)

Es gibt natürlich nicht nur den Frust mit der Kindererziehung, sondern auch die Lust daran. Die Freude der Eltern ist oft stärker als ›vernünftige‹, besonders wirtschaftliche Argumente. Eltern entscheiden sich immer wieder für Kinder, und viele sagen, dass ihre Kinder sie glücklich machen. Für Außenstehende ist es erstaunlich, wie schnell Eltern die täglichen Belastungen, die durch ihre Kinder für sie entstehen, vergessen. Wenn das Baby seine Mutter morgens aus der Wiege anlacht, dabei kreischt und ihr die Arme entgegenstreckt, hat sie längst vergessen, dass dasselbe Kind sie nachts geweckt und ihren Schlaf gestört hat. Sie lächelt glücklich zurück.

Was macht eine Mutter an ihrem Baby, diesem hilflosen, fordernden Wesen, so glücklich? Ein persisches Sprichwort drückt das sehr schön aus: »Wer kein Kind hat, hat kein Licht in seinen Augen.« Es gibt viele Gründe, weshalb Kinder Licht in die Augen ihrer Eltern zaubern.

Ein Kind zu bekommen ist eine neue, bisher nie dagewesene Erfahrung. Es ist ein Abenteuer. Eine Frau wünscht sich ein Kind, um *»eine neue Seite in ihrem Leben aufzuschlagen«* (Shriver 2006, S. 32) Sie möchte *»verändert werden«*, *»mitgerissen werden«* und *»eine völlig neue Sicht«* der Welt bekommen. (S. 120). Ein Kind soll ihr Gefühle ermöglichen, die sie bisher nicht kannte. Kinder sind für Eltern der Ausdruck ihrer Liebe. Sie verbinden das Paar und geben den Eltern das Gefühl, etwas vollbracht zu haben, für etwas zu leben.

> Kinder geben den Erwachsenen einen neuen Sinn

Die Arbeitswelt wird immer kälter und fremdbestimmter. Das Leben mit Kindern schafft dazu einen Gegenpol, eine andere Welt. Kinder vermitteln Lebensfreude und lassen die Eltern daran teilnehmen. Kinder können lachen, toben und so ausgelassen sein, dass auch Eltern einfach mitmachen müssen. Mit ihren Kindern können Eltern kreativ sein, sie können im gemeinsamen Spiel den Alltag vergessen. Mit Kindern wird die Welt ›verzaubert‹. Eltern können teilhaben am aufregenden Warten auf Weihnachten, am Herzklopfen bei einer Gruselgeschichte oder am ›Siegerlächeln‹ nach der ersten Radtour. Das lässt sie selbst wieder zu Kindern werden. Kinder ›entschleunigen‹ das Leben, und die kleinen Dinge werden wieder wichtig. Die Steinchen im Kiesweg ergeben eine bunte Sammlung, dem Stöckchen im Bach kann man nachschauen, und in den Wolken kann man Gestalten sehen.

> Kinder vermitteln andere Werte als die Arbeitswelt

Eltern sind nicht einsam. In ihrem Kind finden sie ein Gegenüber, das sie bedingungslos liebt, sogar unabhängig von ihrem eigenen Verhalten. Kinder stärken durch die Bedeutung, die sie ihren Eltern geben, deren Selbstvertrauen. Das Bedürfnis der Eltern nach Zuwendung, Wärme und Weichheit wird durch ein Kind befriedigt. Heutzutage kosten Kinder zwar viel Geld, aber zugleich sind sie ›kostbarer‹ geworden, weil sie für ihre Eltern gefühlsmäßig wichtiger sind als früher.

> Kinder geben das Gefühl, für jemanden da zu sein

Kinder verlangen ihren Eltern vieles ab, sie machen sie dadurch aber auch beweglicher. Sie hinterfragen das Verhalten der Eltern, und in der Auseinandersetzung wachsen beide. Ein pubertierender Junge sagte einmal provozierend zu seinen Eltern: »Seid froh, dass ihr uns habt! Ohne uns wärt ihr genau so abgestanden wie eure Nachbarn.« So können Kinder ihre Eltern verändern. Dazu passt der Buch-

> Kinder fordern ihre Eltern heraus

titel von Katherine Ellison (2006): ›Mutter sein macht schlau. Kompetenz durch Kinder‹.

Eltern vermitteln ihren Kindern die eigenen Werte und Lebenseinstellungen. Und oft führen Kinder das weiter, was die Eltern aufgebaut haben. Vieles, was den Eltern wichtig ist, bleibt im Bewusstsein der Kinder lebendig und wird an die nächste Generation weitergegeben, auch wenn es in manchen Entwicklungsphasen nicht so scheint. Die Eltern nehmen auch am Erfolg ihrer Kinder teil. Es ist ja ihr Kind, das diesen Erfolg hat. Sie können sich in ihm wiederfinden. Wenn ihr Kind das Leben meistert, haben Eltern das Gefühl, nicht umsonst gelebt zu haben.

Eltern leben in ihren Kindern weiter

Trotz aller Kosten und persönlichen Einschränkungen, die Kinder mit sich bringen, wünschen wir uns Kinder, weil wir von ihnen etwas erwarten, was es sonst im Alltag und in der Arbeitswelt nicht gibt. Kinder geben uns Mitmenschlichkeit und die Fülle des Lebens. Sie glauben an uns und vermitteln uns, dass wir einmalig, wichtig und liebenswert sind.

Was hat die ›Pille‹ mit dem Mutterglück zu tun?

Die Frage, ob Kinder glücklich machen, ist eine Frage der Neuzeit. Früher gehörte es zum natürlichen Lauf der Welt, Kinder zu bekommen. Sie waren einfach da, sie gehörten dazu. Seit etwa fünfzig Jahren besteht die Möglichkeit der Schwangerschaftsverhütung. Die Erfindung der ›Pille‹ veränderte die Einstellung der Gesellschaft zur Schwangerschaft, und sie veränderte den Blick auf das Kind. Ehepaare können heute zusammenleben, ohne Kinder zu bekommen, und dies wird auch allgemein akzeptiert. Paare können kinderlos bleiben, wenn sie es wollen. Um ein Kind zu bekommen, muss die Pille bewusst abgesetzt werden. Diese Entscheidung verlangt eine Begründung. Das ist eine ganz neue Situation.

Man denkt nicht mehr wie früher darüber nach, warum ein Kind zu einem bestimmten Zeitpunkt ungünstig wäre, sondern wird dazu gedrängt, darüber nachzudenken, ob und wann und warum man ein Kind haben möchte. (Schenk 2001, S. 50)

Die Entscheidung für ein Kind verändert seine Stellung in der Familie und darüber hinaus in der Gesellschaft. An ein bewusst geplantes Kind knüpfen sich viele Erwartungen. Seine Geburt soll sich dem Lebenslauf des Paares anpassen. Wenn die Wohnung eingerichtet ist und sich beruflicher Erfolg einstellt, wird als Krönung ein Kind gewünscht, welches dann in das geplante Leben passt.

Dass der Kinderwunsch aufgeschoben, das Für und Wider immer neu abgewogen werden kann, macht die Entscheidung schwer. Wenn man sich dann für ein Kind entschließt, lässt man nur noch die Gründe gelten, die dafür sprechen. Deshalb wird das Kind zu einem ›Wunschkind‹, das herbeigewünscht wird und an das sich viele Wünsche knüpfen. Ein besonderer Wunsch ist, dass das Kind seine Eltern glücklich macht.

Shriver (2006) beschreibt, wie es einer Mutter geht, wenn sich die Glücksgefühle nach der Geburt nicht einstellen. Die Mutter ist ermattet. Sie gibt sich Mühe, etwas zu empfinden, ja gerührt oder überwältigt zu sein. Doch es gelingt nicht. Sie sagt:

Ich kramte in mir nach diesem unbeschreiblichen Gefühl, als wühlte ich in einer übervollen Besteckschublade nach dem Kartoffelschäler, aber egal wie viel ich auch herumklapperte, egal was ich aus dem Weg räumte, es war nicht da. (S. 12)

Zuvor hatte sie von einem Freund gehört, dass seine Gefühle beim ersten Anblick seines Kindes ›unbeschreiblich‹ waren.

Wenn sie später von der Geburt ihres Sohnes erzählt, greift sie auf das Wort ›unbeschreiblich‹ zurück und leiht sich so die Zärtlichkeit ihres Freundes, um nicht leer dazustehen.

Ein Wunschkind bekommt eine besondere Stellung in der Familie. Die Familie wird ›kindzentriert‹, alles dreht sich um das Kind. Es soll ihm an nichts fehlen, es soll alle Chancen haben und glücklich sein. Die Eltern fühlen sich für sein Leben und sein Glück verantwortlich. Sie haben sich das Kind ja so sehr gewünscht. Und die Mutter hat kein Recht, darüber zu klagen, dass ihr so viel abverlangt wird. Denn niemand hat sie gezwungen, ein Kind zu bekommen. Es war ihr eigener Wille. So kann die Möglichkeit, sich ein Kind zu wünschen, seine Mutter unter Druck setzen: »*Das Wunschkind hat ein Recht auf eine gute Mutter.*« (Schenk 2001, S. 192)

Auch das Wunschkind gerät unter Druck

> *Ich wuchs wie unter einem Vergrößerungsglas auf. Alles, was ich gut machte, war viel besser und besonderer als in Wirklichkeit, und alles, was ich schlecht machte, war viel schlechter und unmöglicher, als es tatsächlich war.*
>
> (Rollin in Schenk 2001, S. 109)

Wenn sich eine Mutter vornimmt, alles für ihr Wunschkind zu tun, bedeutet das zugleich, dass sie daneben kaum noch für andere Kinder da sein kann und schon gar nicht nebenher noch andere Vorschulkinder betreuen kann. So wird das Wunschkind oft zum Einzelkind, auch deshalb, weil viele Mütter sich erst so spät für Kinder entscheiden. Jedes fünfte Kind wächst heutzutage ohne Geschwister auf. Solchen Kindern fehlt die Auseinandersetzung, aber auch die Solidarität unter Geschwistern. Sie sind ganz allein auf die Eltern, meist auf die Mutter angewiesen und dürfen es mit ihr nicht verderben, weil sie sonst niemanden haben.

Geschwister können zwar durch gleichaltrige Freunde ersetzt werden, aber die Bindung an Freunde ist nicht unwiderruflich. Freundschaften können ›gekündigt‹ werden, wenn man sich nicht mehr mag oder sich auseinander gelebt hat. Dann werden andere, neue Freunde gesucht und gefunden. Geschwister wird man nicht so einfach los, sie sind nicht austauschbar. Mit Geschwistern muss man sich arrangieren. Dazu sind manchmal große Anstrengungen nötig; das Kind muss der Schwester oder dem Bruder entgegenkommen und sich selbst zurücknehmen. Solche Erfahrungen nützen Kinder, um mit anderen Leuten auszukommen.

Schon immer haben Eltern ihre Hoffnungen, Wünsche und Träume an ihre Kinder weitergegeben. Aber früher gab es in den meisten Familien mehrere Kinder, und die elterlichen Erwartungen waren auf mehrere Personen verteilt. Was ein Kind nicht leisten konnte, wurde von einem anderen übernommen. Wenn eine Familie aber nur noch ein Kind hat, soll allein dieses den Wünschen entsprechen und darf dabei nicht versagen. Der Druck auf das Kind ist deshalb viel größer.

Der von den Erwartungen ausgehende Druck erfasst nicht nur das Kind, sondern auch die Eltern. Besonders die Mutter muss helfen, dass das Kind überall erfolgreich ist. Der Leistungsdruck durch die Schule macht manche Mutter zur Nachhilfelehrerin, mit täglichem Kämpfen um Hausaufgaben und zusätzliches Üben. Außerhalb der Schule organisieren viele Mütter den Terminkalender ihres Kindes, bringen es zum Geigenunterricht oder zur englischen Spielstunde, oder sorgen dafür, dass Freunde eingeladen werden.

Aber der größte Druck geht von den gegenseitigen Erwartungen aus. Sowohl Eltern als auch Kinder sind von der Zuwendung des Gegenübers abhängig. Jede Seite muss der anderen zeigen, dass man einander liebt und schätzt. Eltern möchten alle kindlichen Wünsche erfüllen und gehen in diesem Bestreben so weit, dass sich das Kind schließlich als Hauptlebensinhalt von Vater und Mutter erlebt. Das zeigt dem Kind, wie wichtig es genommen wird, es kann aber auch darunter leiden, wenn es merkt, dass die Eltern für wenig anderes Zeit haben. Ein sechzehnjähriges Mädchen bekommt Gewissensbisse, wenn es mit Freunden ausgeht, weil die Mutter dann allein zu Hause ist. So bleibt die Tochter daheim und erzählt der Mutter von sich. Sie sagt: »Meine Mutter hat nichts von sich zu erzählen. Wenn ich nicht erzähle, sitzen wir zusammen und öden uns an.« Sie ärgert sich später oft, weil sie sich wie ein kleines Kind benommen hat, das keinen eigenen Bereich hat. Doch sie macht es immer wieder, denn sie fühlt sich für die Stimmung und Zufriedenheit ihrer Mutter verantwortlich.

Machen Kinder doch nicht glücklich?

Kinder machen glücklich, wenn man sie nicht nur zu ›kleinen Glücksbringern‹ herabstuft. Solange Kinder die Rolle des Glücksbringers im elterlichen Leben spielen, ist ihr Leben zu einseitig. Glück stellt sich nur ein, wenn Eltern und Kinder ihr jeweils eigenes Leben meistern. Eltern dürfen nicht erwarten, dass allein ihr Kind sie glücklich macht. Sie müssen selbst etwas dafür tun. Wenn Kinder ihr eigenes Leben leben dürfen, können sie sich entfalten. Dann können Eltern über die Selbstständigkeit ihres Kindes staunen und sich daran erfreuen. Das erweitert den Blick der Eltern und bereichert ihr Leben.

Mütter und Kinder zwischen Bindung und Trennung

> *Die Mutter-Kind-Beziehung ist paradox und in gewisser Weise tragisch. Sie verlangt auf der Seite der Mutter intensive Liebe, doch diese muss dem Kind helfen, der Mutter zu entwachsen und völlig selbständig zu werden.*
>
> (Fromm in Bovey, S. 129)

Erich Fromm spricht vom Paradox der Mutterliebe: In ihr sollen sich zwei entgegengesetzte Einstellungen der Mutter zu ihrem Kind gleichzeitig verwirklichen. Die Mutter muss sowohl die Bindung zu ihrem Kind als auch die Trennung von ihrem Kind fördern. Sie möchte ihrem Kind ganz nahe sein und muss doch daran arbeiten, dass es von ihr loskommt. Sie möchte ihm alles geben, es ein bisschen verwöhnen und muss es doch disziplinieren. Sie freut sich über seine Entwicklungsschritte und stellt gleichzeitig fest, dass jeder neue Schritt ihr Kind ein Stück weiter von ihr wegführt. Beide Bereiche der Mutterliebe gehören zusammen und bedingen sich gegenseitig. Nur die Liebe der Mutter gibt dem Kind genügend Sicherheit, um sich von ihr trennen zu können. Und ohne Trennung wird die Liebe eng und erdrückend.

Nicht nur Eltern kämpfen mit diesem Paradox. Kindern geht es ebenso. Sie brauchen die Nähe ihrer Eltern, um sich als wertvoll und wichtig zu erleben; und sie müssen sich gleichzeitig von den Eltern trennen, um anders zu werden als diese, um die eigene Identität zu retten. So kann das Schwanken zwischen Bindung und Trennung beiden Probleme bereiten. Wird die Bindung zu eng, kommt es zu einem Anklammern, wird die Distanz zu groß, kommt es zu einem Wegstoßen des anderen. Da es so schwierig ist, die Balance zwischen Bindung und Trennung, zwischen Festhalten und Loslassen, zwischen Liebe und Distanz zu halten, kann es leicht zu Störungen der Mutter-Kind-Beziehung kommen. Die nun folgenden Beispiele, von der Geburt des Kindes bis zum Erwachsenenalter, zeigen, wie in jeder Entwicklungsstufe das Gleichgewicht neu gefunden werden muss.

Mütter und ihre Babys: Ein inniges und gefährdetes Miteinander

> *… Lidy, die eines Winterabends mit einem Säugling auf dem Arm durch ihr Wohnzimmer gegangen war, als käme nichts, absolut nichts auf der Welt nur annähernd an dieses Erlebnis heran.*
>
> (de Moor 2006, S. 52)

Glücksrausch

Ein Kind zu gebären ist für viele junge Mütter ein unvergleichliches, einschneidendes Erlebnis. Mütter befinden sich kurz nach der Geburt in einer körperlichen, hormonellen und psychischen Extremsituation. Ihr Körper ist erschöpft. Sie werden von Gefühlen bestürmt, die sie bisher nicht kannten. Es mischen sich Befriedigung und Erfüllung, Zärtlichkeit und Dankbarkeit, aber auch Angst vor der Verantwortung und nicht selten eine Euphorie, die einem Glücksrausch gleicht.

Eine Mutter berichtet, dass sie beim Anblick ihres ersten Kindes so überwältigt war, dass sie nur noch laut weinen konnte. Ein solcher Gefühlsausbruch war ihr fast peinlich. Deshalb rief sie dem medizinischen Personal im Kreißsaal zu: »Entschuldigen Sie, dass ich so heule, aber ich bin so glücklich!« – Astrid Lindgren erzählt von ihren Gefühlen nach der Geburt ihres Sohnes:

Mein Sohn liegt in meinem Arm. Es ist eine zarte kleine Last, man spürt sie fast gar nicht. Und doch wiegt sie schwerer als Erde und Himmel und Sterne und das ganze Sonnensystem. Wenn ich heute sterben müsste, so könnte ich die Erinnerung an diese holde kleine Last mit ins Paradies nehmen. Ich habe nicht umsonst gelebt. (Internet)

Baby-Blues

Drei bis fünf Tage nach der Entbindung erleben viele Mütter starke Stimmungsschwankungen. Im raschen Wechsel sind sie glücklich, reizbar, traurig, und sie können wegen irgendwelcher Kleinigkeiten endlos weinen. Die große Verantwortung, die sie jetzt haben, drückt sie fast nieder. Anfangsschwierigkeiten, zum Beispiel beim Stillen, gelten gleich als Beweis, dass sie es nicht schaffen, ihr Kind zu ernähren. Sie grübeln über ihre Unfähigkeit als Mutter und fühlen sich als Versager, weil sie unendlich traurig sind und nur noch weinen, obwohl sie eigentlich glücklich sein sollten.

Ausgelöst wird der Baby-Blues durch körperliche Veränderungen: durch die Hormonumstellung im Körper und das Einschießen der Milch. Seelische Schwierigkeiten kommen hinzu. Die Mutter muss für ihr Leben eine neue Rolle finden und kann sich dabei nicht auf eine klare, fest umschriebene Mutterrolle stützen. Die Zukunft erscheint ungewiss. Nach wenigen Tagen klingen die Stimmungsschwankungen ab. Sie werden gemildert, wenn den Frauen Ruhe gegönnt wird und wenn sie von einem sozialen Netzwerk getragen werden, das Verständnis zeigt und für die Mutter sorgt.

Wenn die Stimmungsschwankungen des Baby-Blues allerdings nicht abklingen, sprechen die Fachleute von einer Wochenbettpsychose. Dann braucht die Frau medizinische und therapeutische Hilfe. Informationen auch für Angehörige gibt es im Internet unter www.schatten-und-licht.de.

Ist die Bindung zwischen Mutter und Kind nur eine Frage der Hormone?

> *Aus wissenschaftlich nüchterner Perspektive betrachtet ist Mutterliebe nichts anderes als ein Trick der Natur.*
>
> (Baier 2006, S. 74)

Warum können Mütter, wenn sie ihre Kinder schützen müssen, plötzlich Leistungen vollbringen, die über ihre körperlichen Kräfte gehen? Wie schafft eine Mutter es, lange Zeiten auf eigenen Schlaf zu verzichten, wenn ihr Baby sie auch nachts braucht? Wie kann eine Frau ihr eigenes Leben aufgeben, um sich ganz den wechselnden Bedürfnissen ihres Kleinkindes unterzuordnen? Die Antwort auf alle drei Fragen heißt: Mutterliebe. Doch was ist Mutterliebe?

Neuere wissenschaftliche Untersuchungen haben ergeben, dass die starke frühe Bindung zwischen Mutter und Kind von einer Hormonausschüttung begleitet wird. Schon während der Geburt, wenn sich der Geburtskanal öffnet, entwickelt sich bei Mutter und Kind ein Hormon, das viele Namen trägt. Sein wissenschaftlicher Name ist Oxytocin. Mediziner nennen es auch »*Liebeshormon*«, »*Bindungshormon*«, »*Kuschelhormon*« oder »*Molekül der Treue*« (Baier, S. 75 f.). Eine weitere Ausschüttung von Oxytocin erfolgt, wenn das Baby beginnt, an der Brust zu saugen. Es gibt noch andere Hormone, die die Bindung zwischen Mutter und Kind positiv beeinflussen. Große Mengen von Endorphinen werden in der letzten schmerzhaften Phase der Geburt ausgeschüttet. Diese Hormone wirken schmerzlindernd, angstlösend und machen glücklich. Deshalb werden sie auch ›Glückshormone‹ genannt. Sie erleichtern der Mutter die Geburt und beeinflussen ihre Gefühle, wenn sie ihr Baby zum ersten Mal sieht.

Hormone beeinflussen die Beziehung zwischen Mutter und Kind. Doch Hormone sind nicht alles. Wir Menschen sind nicht durch körperliche Vorgänge und unsere Instinkte festgelegt, wie etwa die Tiere. Bei uns Menschen ist es viel komplizierter. Hormone erleichtern zwar das Bindungsverhalten, aber eine echte Bindung entsteht erst durch einen Lernprozess, in dem Mutter und Kind sich aufeinander zu bewegen.

Im Folgenden wird beschrieben, wie Mutter und Säugling aufeinander abgestimmt sind und mit welchen Verhaltensweisen sie sich gegenseitig bestätigen. Es wird aber auch gezeigt, wie leicht dieses Miteinander gestört werden kann. Meistens wird dabei von der Mutter gesprochen, weil sie Thema dieses Buches ist. Doch viele ihrer Verhaltensweisen und Gefühle können auch auf den Vater oder andere Personen zutreffen.

Wie die Mutter-Kind-Bindung sich entwickelt

> *In ein Baby kann man sich durchaus auf den ersten Blick verlieben, doch dieser Liebe treu zu bleiben, bedarf es eines Lernprozesses, in dessen Verlauf man nicht nur das Baby, sondern sich selbst kennen lernt.*
>
> (Brazelton 1994, S. 12)

Schon Säuglinge nehmen aktiv an ihrer Umwelt teil und beeinflussen von sich aus das Zusammenspiel mit der Mutter. Säuglinge bevorzugen menschliche Reize. Werden im Experiment einem Baby verschiedene Reize angeboten, so zieht es deutlich die menschlichen Reize vor, es sieht länger und intensiver hin und lächelt eher. Auch die Körperbewegungen des Kindes sind, wenn es mit einem Menschen Kontakt aufnimmt, weicher und runder. Solche Einzelheiten hat man erst entdeckt, als man Videoaufnahmen gemacht und genau ausgewertet hat. Ungeübte Beobachter bemerken sie nicht. Auch eine Mutter könnte sie nie beschreiben, doch sie fühlt sich von ihnen angesprochen und antwortet auf ihre Art mit Zuwendung. So läuft in dem Kontakt zwischen Mutter und Kind vieles unbewusst ab.

Das zugewandte Baby

Säuglinge sprechen mit ihrem Verhalten uns Erwachsene sofort an. Kaum jemand kann sich dem Charme eines Babys entziehen, wenn dieses ihn anschaut, anlächelt und ihm die Hände entgegenstreckt. Babys können diesen Kontakt aber auch abbrechen, indem sie sich wegdrehen oder die Augen schließen. So hat das Kind, obwohl es noch so klein ist, von Anfang an eine Möglichkeit, den Austausch mitzubestimmen.

Würde man eine Mutter im Kontakt mit ihrem Säugling filmen, diese Bilder dann einem fremden Betrachter zeigen und dazu behaupten, hier reagiere die Mutter auf einen anderen Erwachsenen, dann käme dem Betrachter das Verhalten der Mutter sonderbar vor: Sie reißt die Augen auf, zieht die Brauen hoch und öffnet den Mund weit. Immer wieder grüßt sie ihr Baby. Ihr Gesichtsausdruck wirkt übertrieben. Ihre Gesten sind ausladend und ›dramatisch‹. Alles, was sie tut, wiederholt sie immer wieder.

Die einfühlsame Mutter

Das Verhalten der Mutter erscheint sonderbar, weil es zwischen Erwachsenen nicht üblich ist. Für ihr Baby ist es aber angemessen. Durch ihre Übertreibungen im Gesichtsausdruck und in ihren Bewegungen kann sie den Säugling, dessen Aufmerksamkeit begrenzt ist, immer wieder neu ansprechen. Die Wiederholungen ihrer Handlungen helfen dem Kind, sich diese einzuprägen und sie später wiederzuerkennen.

Auch in ihrer Sprache, ja sogar in der räumlichen Entfernung, die sie zu ihrem Baby einnimmt, passt die Mutter sich ihrem Kind an. Wenn sie ihr Kind wickelt, beträgt der Abstand zwischen ihr und dem Baby 40 bis 50 cm. Dies entspricht der für den Erwachsenen günstigsten Sehentfernung. Wenn sie dann mit ihrem Baby spielt, wendet sie ihm ihr Gesicht voll zu und kommt ihm bis auf etwa 25 cm entgegen. Dies entspricht der Sehentfernung, bei der das Kind am besten sehen kann.

Fragt man die Mutter, woher sie weiß, was ihr Baby braucht, kann sie es nicht sagen. Sie weiß oft nicht einmal, was sie im Einzelnen tut. Denn das Miteinander von Mutter und Kind läuft nicht über den Verstand ab, sondern über das Gefühl. In der Fachliteratur wird deshalb von *»intuitiven didaktischen Fähigeiten«* der Mutter gesprochen (Papousek 1984, S. 162).

Das Miteinander als gegenseitiges Sich-Bestätigen

Mutter und Säugling zeigen oft gleiche Verhaltensweisen, obwohl sie doch so verschieden sind. Beide suchen den Blickkontakt, beide lächeln, beide kommen dem anderen körperlich entgegen, beide sprechen ihr Gegenüber an. Sie ahmen ihr Gegenüber nach und wiederholen immer wieder ihr Verhalten. Es gibt sogar eine ›verborgene Ordnung‹ in dem Miteinander, denn beide wechseln sich in ihren Aktivitäten und Pausen ab. Mal ist die Mutter aktiv und wendet sich dem Kind zu, um sich dann zurückzunehmen und das Kind aktiv sein zu lassen. Lächelt die Mutter, sieht das Kind sie interessiert an. Dann antwortet das Kind mit einem Lächeln, und die Mutter nimmt sich zurück und so fort (Stern 1991, S. 71).

Die Art des Miteinanders beeinflusst auch, wie sich beide fühlen und sich selbst wahrnehmen. Um uns gut zu fühlen, brauchen wir jemanden, der uns anerkennt und der das, was wir tun, gut findet. Das gilt sowohl für die Mutter als für das Kind. Deshalb gilt der Satz, den Jean Liedloff (1984) über Babys aufgestellt hat, auch für Mütter: »*Alle Babys sind gut, können dies selber jedoch nur erfahren durch Widerspiegelung, durch die Art, wie sie behandelt werden.*« (S. 48)

Wie aus einer gestörten Bindung eine innere Trennung werden kann

Lächelt ein Baby nicht zurück, ist die Mutter enttäuscht, denn nichts erwartet eine Mutter so sehr wie das Lächeln ihres Kleinkindes. Frühgeborene Kinder etwa sind oft zu schwach, um alle auf sie einströmenden Reize zu verarbeiten. Durch Blickabwendung schützen sie sich vor Reizüberflutung. Dieses Verhalten ist für das Baby sinnvoll, es handelt sich um einen notwendigen Selbstschutz. Doch seine Mutter weiß nichts davon. Sie erlebt nur, dass ihr Kind sich abwendet, sobald sie es anspricht. Das trifft sie sehr, und sie fragt sich, ob ihr Baby sie nicht mag oder ob sie etwas falsch macht.

> Wenn das Baby anders antwortet als erwartet

Auch so genannte Schreibabys verletzen die Selbstachtung ihrer Mutter. Das Kind schreit laut und unüberhörbar in die Welt hinaus, dass seine Mutter es nicht beruhigen kann. Sie erlebt das kindliche Schreien als Anklage, fühlt sich hilflos und ausgeliefert. (Finger/Simon-Wundt 2002, S. 50–63) Deshalb zieht sie sich allmählich zurück und nimmt mehr Abstand von ihrem Baby.

Mütter reagieren allerdings nicht nur mit Rückzug. Manchmal ist ihre Enttäuschung so groß, dass sie wütend und aggressiv werden. Viele misshandelte Kinder sind Kinder mit Entwicklungsproblemen oder Verhaltensauffälligkeiten, die sich ihren Eltern nicht so zuwenden können, wie diese es erwarten und brauchen.

Ein Baby braucht, um sich gut zu entwickeln, eine Mutter oder eine andere Person, die seine Kontaktversuche annimmt und sein Verhalten bestätigt. Manchmal ist die Mutter zu sehr mit anderen Dingen beschäftigt oder zu müde, um sich ihrem Baby wirklich zuzuwenden. Auch eine depressiv verstimmte Mutter begegnet ihrem Kind teilnahmslos. Vielleicht nimmt sie sein Lächeln sogar wahr, doch sie kann nicht glücklich zurücklächeln. Ihr Gesicht bleibt für das Kind ohne Antwort. Es kann sich nicht im Blick der Mutter spiegeln. Es fühlt sich nicht gesehen.

> Wenn die Mutter anders antwortet als erwartet

Es gibt auch Mütter, die ihr Kind anders sehen, als es in Wirklichkeit ist. Eine solche Mutter kann nicht auf ihr tatsächliches Kind eingehen. Seine Signale werden falsch verstanden oder gar nicht beantwortet. Was das für das Kind bedeutet, zeigt folgendes Beispiel. Der amerikanische Forscher Thomas Berry Brazelton (Brazelton und Cramer 1991) wollte wissen, wie Babys reagieren, wenn die Eltern sich nicht so verhalten, wie das Baby es erwartet. Im ersten Experiment sollten die Eltern ein unbewegtes Gesicht machen, auch wenn das Kind sie ansah oder lächelte. Im zweiten Experiment sollten die Eltern das Kind unentwegt anstarren, auch wenn das Kind sich wegdrehte. In beiden Experimenten versuchten die Babys, durch eine Steigerung ihres Verhaltens die Eltern doch noch zu der gewünschten Reaktion zu bewegen. Gelang ihnen das nicht, wendeten sie sich ab, schauten ins Leere oder schliefen ein. Andere Kinder fingen an zu strampeln und zu weinen.

Wer ist nun schuldig?

Sowohl die Mutter als auch das Kind können mit ihrem Verhalten den anderen so enttäuschen, dass es zu einer Beziehungsstörung kommt. Dann ziehen sich beide zurück. Tragisch ist dabei, dass dies gerade dann geschieht, wenn eine Seite Zuwendung braucht. Eine depressiv verstimmte Mutter zum Beispiel kann ihrem Kind kein Lächeln entlocken. Dabei hätte gerade sie ein Kind, das sie anlacht, nötig, um aus ihrer Schwermut herauszukommen. Auch einem passiven, entwicklungsverzögerten Kind antwortet die Mutter mit Rückzug und nimmt ihm dadurch die Möglichkeit, aus seiner Passivität herausgelockt zu werden.

Niemand ist ›schuldig‹ an der Störung des Miteinanders. Um schuldig zu werden, muss man den anderen bewusst schädigen. Das trifft weder auf die Mutter noch auf das Kind zu. Beide verhalten sich, so gut sie können. Doch beide haben ihre Grenzen und Schwächen, die für den anderen verhängnisvoll werden können.

Kleine Kinder können sich aus der Welt ihrer Eltern nicht lösen

> *Mit einem Kind lässt sich vieles machen. Wie kann das Kind denn wissen, was schlimm ist? Für das Kind ist normal, was die Eltern tun … Ihre Welt ist die seine. Wenn ein Kind groß wird, darf es die Welt der Eltern verlassen. Wenn es das kann.*
>
> (Overath 2005, S. 38)

Angelika Overath beschreibt in ihrem Roman ›Nahe Tage‹ (2005), wie ihre Mutter sie als vierjähriges Kind täglich zum Grab ihres Vaters mitnahm, das Mädchen auf dem Fahrrad im Kindersitz. Der Weg zum Friedhof dauerte hin und zurück jeweils eine knappe Stunde. Die Grabpflege nahm auch viel Zeit in Anspruch, sodass Mutter und Tochter ihre Nachmittage oder Sommerabende auf dem Friedhof verbrachten. Das Mädchen erinnert sich nicht daran, je mit ihrer Mutter auf einem Spielplatz gewesen zu sein. Die Friedhofsbesuche fanden bei jedem Wetter statt, nur bei Glatteis wurden sie ausgesetzt.

Für das Mädchen waren diese Friedhofsbesuche etwas Normales, sie kannte ja nichts anderes. Erst Jahre später wird sie von einer Verwandten auf die Fahrten zum Friedhof angesprochen. Die Verwandte nennt das Verhalten der Mutter sogar ›verrückt‹. Zum ersten Mal wird das, was für die Tochter bisher so vertraut und selbstverständlich war, in Frage gestellt. Nach diesem Erlebnis fragt sich die Erzählerin: »*Woher soll ein kleines Kind, … ein Kind, das erst anfängt zu leben, denn wissen, was ungewöhnlich ist?*« (S. 31)

Warum fällt es deutschen Müttern so schwer, sich von ihren Kindern zu trennen?

> *… ausgerechnet in dem Land, das der Welt das Wort ›Kindergarten‹ gegeben hat, gelten die Frauen, die diese Errungenschaft früh und ausgiebig in Anspruch nehmen, immer noch als Rabenmütter.*
>
> (Karin Deckenbach 2006, S. 9)

Es fällt auf, dass Frauen in anderen europäischen Ländern durchschnittlich mehr Kinder bekommen als deutsche Frauen, obwohl sie viel häufiger berufstätig sind. In Island zum Beispiel bekommt jede Frau durchschnittlich zwei Kinder, in Deutschland sind es nur 1,3. Dennoch sind in Island neun von zehn Frauen berufstätig. Auch in Frankreich, Dänemark und Schweden gibt es mehr Kinder und zugleich mehr berufstätige Frauen als in Deutschland. Nach dem siebten deutschen Familienbericht zeigt die deutsche Mutter *»die geringste Präsenz am Arbeitsmarkt unter allen europäischen Müttern«* (Die Zeit 13.7. 2006). Berufstätigkeit von Frauen ist also offenbar kein Grund, der Frauen davon abhält, Kinder zu bekommen.

In den anderen Ländern gibt es mehr professionelle Kinderbetreuung, mehr Krippenplätze und mehr Ganztagsschulen. Deutschland ist das einzige europäische Land, in dem Ganztagsschulen nicht selbstverständlich sind. In kinderreichen Ländern wie Frankreich, den Niederlanden und Schweden gibt es ausreichend Kindertagesstätten für Kinder unter drei Jahren. Frankreich bietet für 99 Prozent der Kleinkinder Betreuung an, die meist sogar kostenlos ist (Deckenbach 2006, S. 79). Dort können Mütter bald nach der Geburt wieder in ihren Beruf zurückkehren, während sie in Deutschland oft drei Jahre warten müssen, bis ihr Kind einen Betreuungsplatz gefunden hat.

Andere Länder investieren in die Kinderbetreuung, sodass Mütter kurze Zeit nach der Geburt ihres Kindes wieder arbeiten können. Deutschland dagegen investiert in ein Familienmodell und unterstützt Mütter, die zu Hause bleiben. Das geschieht durch Kindergeld, durch Erziehungsurlaub und durch steuerliche Vorteile. *»Nirgendwo sonst in Europa wird das Modell ›allein verdienender Ehemann und nicht erwerbstätige Ehefrau‹ so stark steuerlich begünstigt wie durch das Ehegattensplitting in Deutschland.«* (S. 37)

Hinter diesen politischen Entscheidungen für die Förderung von Familien in Deutschland steht eine bestimmte Denkweise, die man durchaus als Ideologie bezeichnen kann. Französische Mütter haben viel seltener ein schlechtes Gewissen, und es werden ihnen von der Umgebung keine Vorwürfe gemacht, wenn sie ihre Kinder in eine Kindertagesstätte geben. Man vertraut auf das Können der Fachkräfte. Deutsche Mütter und die deutsche Öffentlichkeit dagegen meinen, eine Fremdbetreuung sei für kleine Kinder schädlich. Eine Mutter geht so weit zu sagen: *»Eine Kinderfrau ist quasi Kindesmisshandlung.«* (Ebd., S. 133)

Bei einer Befragung im Jahre 2005 vertrat fast die Hälfte der Deutschen die Ansicht, eine Mutter schade ihrem Kind, wenn sie arbeiten geht. Die Abneigung vieler deutscher Frauen, Kleinkinder betreuen zu lassen und Kinder in Ganztagsschulen zu schicken, hängt wohl mit alten Mütterbildern und Geschlechterrollen zusammen. Diese werden über Generationen weitergegeben und beeinflussen noch heute das Denken und Handeln vieler Mütter.

> Schadet eine Mutter ihrem Kind, wenn sie arbeiten geht?

Natürlich steht auch für Mütter aus anderen Ländern das Wohl ihrer Kinder an erster Stelle. Doch glauben sie nicht, dass es Aufgabe der leiblichen Mutter ist, sich für ihre Kinder aufzuopfern. Viele deutsche Mütter, die ihren Beruf aufgegeben haben, begründen dies damit, dass sie ihre Kinder lieben und deshalb auch zu Opfern bereit sind. »Mein Kind braucht mich!« ist eine immer wieder gehörte Erklärung. Englische und amerikanische Mütter verhalten sich oft anders. Weil das staatliche Schulsystem so schlecht ist, müssen sie, um ihren Kindern eine gute Bildung zu ermöglichen, die Kinder auf teure Privatschulen schicken. Um die Schulen zu bezahlen, übernehmen manche Mütter zu ihrem normalen Beruf noch eine zusätzliche Arbeit. Sie opfern also ihre Freizeit mit der Begründung, dass sie ihre Kinder lieben. Barbara Vinken (2001, S. 310) stellt fest, dass nur in Deutschland Mutterliebe mit *»Dauerpräsenz [der Mutter] verwechselt«* wird, ja dass Muttersein hier fast mit *»Selbstaufgabe«* gleichgesetzt wird. Nach ihrer Meinung sollten deutsche Mütter ein normales Erwachsenenleben führen, *»statt im bestgeschützten Reservat der Welt, der deutschen Mutter-Kind-Symbiose, zu verschwinden«*.

Die schwierige Trennung von ›schwierigen‹ Kindern

> *Je mehr Unterstützung das Kind braucht, umso mehr wird die Mutter gebunden, um so größer wird der mütterliche Anteil an den Beziehungen in der Familie.*
>
> (Finger 2000, S. 36)

Manche Kinder werden von ihren Eltern als ›schwierig‹ erlebt, weil sie anders sind als andere Kinder. Sie sind auch anders als ihre Eltern sie gewünscht und erwartet haben. Die Eltern wissen nicht, wie sie mit ihnen umgehen sollen. Was braucht ein Kind mit einer chronischen Krankheit? Wie soll ein Kind mit einer körperlichen Beeinträchtigung oder einer geistigen Behinderung gefördert werden? Wie kann ein Kind mit extremen Verhaltensauffälligkeiten seine Grenzen erfahren?

Auf eine solche Situation sind die Eltern nicht vorbereitet. Sie müssen alles erst lernen. Das bleibt meist Aufgabe der Mutter. Sie kann sich aber nicht bei Freunden und Verwandten Ratschläge holen, wie man mit einem Kind umgeht, das anders ist. Es gibt keine Familientradition, kein über Generationen weitergegebenes Wissen, auf das sie zurückgreifen kann. Deshalb spricht man von einer ›traditionslosen Elternschaft‹. Viele Mütter erleben das als schwierig, fühlen sich hilflos und ausgeliefert.

Kinder mit Behinderungen lösen sich nicht von allein

> *Ich erlebe den Schritt, Leo ins Heim zu geben, als etwas, das eigentlich mir und meiner Natur widerspricht. Ich bin eine Löwenmutter und Leo ist in seiner Behinderung ein Kind, ein Mensch, der immer eine Mutter braucht. Bei meiner Tochter – die hat sich allmählich von mir gelöst – ging der Schritt von ihr aus … Diesmal muss der Schritt von mir ausgehen, das tut sehr weh.*
>
> (Heimlich / Rother 1991, S. 95)

Das Loslassen muss von der Mutter ausgehen

Kinder, die anders sind, brauchen viel Pflege, Unterstützung und therapeutische Begleitung. Weil dies meist Aufgabe der Mutter ist, muss sie lernen, wie ihr Kleinkind am besten getragen wird, welche besondere Nahrung es verträgt, welche Medikamente es wann bekommt, wie es angeregt und gefördert werden kann. Hinzu kommt, dass sie sich Sorgen um ihr Kind macht und die Verantwortung für seine Entwicklung viel intensiver erlebt als andere Mütter. Von ihrem Einsatz hängt so viel ab. Das wird ihr manchmal ganz direkt gesagt, manchmal liest sie es aus Andeutungen heraus, oder sie sagt es sich selbst. Dann quälen sie Sätze wie: »Mein Sohn wird nur laufen lernen, wenn ich mehrmals am Tage übe!« Solche Sätze setzen die Mutter unter Druck. Während andere Mütter mit ihren Kindern spielen können, muss sie mit ihrem Kind üben. Oft hat sie solche Übungen gegen den Willen des Kindes mit einem schreienden Kind durchzuführen.

Keine Mutter möchte etwas Lebenswichtiges für ihr Kind versäumen. Sie möchte sich nicht schuldig fühlen, wenn ihr Kind sich nicht weiter entwickelt. Doch sie muss sich fragen: »*Wie viele Therapien kann unsere Familie verkraften? Wen belaste ich, wer bleibt auf der Strecke, wenn ich in der neuen Therapie die letzte Chance für mein Kind sehe und alles opfere, um sie zu ergreifen?«* (Finger 2000, S. 24)

Da es meist die Mutter ist, die mit ihrem Kind übt, die Anregungen der Fachleute durchsetzt und an den Therapien teilnimmt, wird sie zur ›Spezialistin für ihr Kind‹. Sie versteht seine ungewöhnliche Art, sich zu äußern, und nur sie kann ihm so antworten, dass auch das Kind sie versteht. Sie weiß, wie es zu beruhigen ist und was es braucht, wenn es Schmerzen hat. Das erschwert es ihr, ihr Kind loszulassen. Selbst dem Vater kann sie es nicht immer übergeben, weil dieser nicht so viel über die Besonderheiten seines Kindes gelernt hat. Fremden traut sie noch weniger zu, ihr Kind zu verstehen und es angemessen zu behandeln. Weil die Mutter ihr Kind kaum anderen Personen anvertrauen kann, fehlen ihr Erholungspausen. Überhaupt beansprucht ihr Kind sie so sehr, dass sie viele andere Kontakte, welche ihr selbst helfen, aufgibt. Das Kind nimmt einen immer größeren Bereich im Leben der Mutter ein.

Aber darf sie, die ihr Kind am besten versteht, es überhaupt verlassen? Die Trennung von einem Kind mit Behinderungen ist deshalb so schwer, weil es sich meist nicht von allein löst und eigentlich immer ein Kind bleibt, das eine Mutter braucht. Das Loslassen muss von der Mutter ausgehen. Sie muss den Weg bestimmen, sie trägt dafür die gesamte Verantwortung. Oft entwickelt sie Schuldgefühle, weil sie ihr Kind, das sie doch immer beschützen wollte, weggibt. Es kommt ihr vor, als habe sie ihr Kind ›ausgesetzt‹.

Die Mutter der mehrfach behinderten Angelika hat den Gedanken, ihr Kind in ein Heim zu geben, stets von sich gewiesen. Dieser Weg wäre für sie früher, wie sie sagt, *»das Allerletzte gewesen«* (Heimlich / Rother 1991, S. 57). Auch wenn sie völlig erschöpft war und jemand diesen Gedanken aussprach, antwortete sie: »*Nur über meine Leiche!*« (S. 57) Als Angelika dann elf Jahre alt war und die Mutter spürte, dass sie es nicht mehr lange schaffen würde, sprach sie den Gedanken zum ersten Mal aus. Sie berichtet: »*Ich habe es zum Teil ausgesprochen, nur um zu sehen, dass man so etwas tatsächlich sagen kann, ohne dass die Welt einstürzt.*« (S. 56) Doch es dauerte noch drei Jahre, bis sie bereit war, Angelika in ein Internat zu geben.

Auch nachdem Angelika schon fast drei Jahre im Internat ist und so oft wie möglich nach Hause kommt, ist für die Mutter der Abschied jedes Mal von Neuem schmerzhaft. Sie klagt: »*Wenn sie zu Hause war und dann im Bus oder Taxi sitzt und ich ihr Gesicht sehe, das ist einfach schrecklich.*« Denn sie sieht in dem Gesicht ihrer Tochter »*einen kleinen Vorwurf*«. (S. 58) Dieser Vorwurf wird von Angelika nie ausgesprochen, doch die Mutter hört ihn, weil sie sich selbst vorwirft, ihr Kind weggegeben zu haben. Da helfen keine noch so guten Argumente. Die Mutter weiß, dass es ihrer Tochter im Internat gut geht und dass sie gerne dort ist. Sie weiß auch, dass sie es zu Hause nicht mehr schaffen würde. Sie erlebt, wie viel entspannter das Miteinander in der Familie ist, seitdem Angelika im Internat ist. Das Verhältnis zu Angelika hat sich ebenfalls gebessert, denn alle sind nicht mehr so ausgelaugt wie vorher. All diese Vorteile zählt die Mutter selbst auf, doch sie erreichen nur ihren Verstand.

Ihr Wissen hilft ihr nichts gegen das tiefer liegende Gefühl, versagt zu haben, weil sie Angelika weggegeben hat. Als Angelika geboren wurde, hat die Mutter sich geschworen, dass sie ihre Tochter immer beschützen werde. Dieses Versprechen konnte sie nicht halten, denn es ging über ihre Kräfte. Sie ist an ihre Grenzen gekommen und stellt fest:

Mit einem wichtigen Punkt muss ich noch fertig werden, dass ich dem, was ich als Lebensaufgabe für mich angesehen habe, nicht mehr ganz und gar gewachsen war. (S. 65)

Jede Mutter kommt irgendwann an ihre Grenzen. Dann ist

es für sie wichtig, diese Grenzen zu akzeptieren und sich selbst einzugestehen, dass man nicht vollkommen sein kann.

Oft können erst durch die Erfahrung der eigenen Grenzen andere, neue Wege gefunden werden. Angelikas Mutter zum Beispiel wollte ihre Tochter immer beschützen. Doch Schutz bedeutet in jeder Lebenssituation des Kindes etwas anderes. Als Angelika klein war, wurde sie von der Mutter umsorgt und behütet. Jetzt ist sie größer, und der Schutz der Mutter für ihr Kind besteht darin, andere Menschen zu finden, die sie auch beschützen können. Die Sorge für das Kind wird nun auf mehreren Schultern verteilt. Das ist für alle besser.

Eltern lassen verhaltensauffällige Kinder manchmal nicht los

Kindliche Verhaltensauffälligkeiten sind lästig. Sie bringen den Alltag der Eltern durcheinander, bereiten ihnen Sorgen und schlaflose Nächte. Dennoch fällt es Eltern oft schwer, sich gerade von solchen Kindern zu lösen. Wenn Kinder einen großen Bereich im Leben der Mutter einnehmen, kann diese sie schlecht loslassen. Die Lücke wäre zu groß. Außerdem können kindliche Verhaltensauffälligkeiten einen verborgenen Sinn im Leben der Eltern haben. Davon handeln die beiden nächsten Beispiele.

Claudias Eltern brauchen das Verhalten ihrer Tochter als Gesprächsstoff

Die sechzehnjährige Claudia möchte gern in einem Internat leben. Doch ihre Eltern verweigern ihr diesen Wunsch, obwohl sie genügend Geld hätten, ein Internat zu bezahlen. Sie geben an, nur sie könnten auf Claudia aufpassen, in einem Internat würde sie verwahrlosen. Dabei zeigen sich gerade zu Hause erste Anzeichen von Verwahrlosung. Claudia, bisher immer gediegen gekleidet, zerschneidet ihre Jeans, trägt fleckige Männerpullover und lässt ihre Haare verfilzen. Sie treibt sich in auffälligen Jugendcliquen herum. Sie hat auch Kontakt zu einer Gruppe drogensüchtiger Jugendlicher. Die Jugendcliquen bezeichnet sie als ›meine Heimat‹ oder ›meine Familie‹, während sie für ihre leibliche Familie nur das Wort ›Stress‹ benutzt. Tatsächlich gibt es zu Hause auch viel Stress, denn ihre Eltern sind streng, sie schimpfen häufig, und der Vater prophezeit ihr immer wieder: »Du landest noch in der Gosse!«

In Wahrheit bringt die Strenge der Eltern Claudia eher in Gefahr, als dass sie ihr hilft. So verlangen die Eltern, dass Claudia um 23 Uhr zu Hause ist. Kommt sie einige Minuten später, ist die Haustür abgeschlossen, und es wird ihr auch nicht mehr geöffnet. Da das sechzehnjährige Mädchen keinen eigenen Schlüssel besitzt, muss sie bei anderen Jugendlichen um einen Schlafplatz bitten.

In solchen Nächten rücken die Eltern, die sich sonst eher aus dem Weg gehen, näher zusammen. Dann reden sie über das provozierende Verhalten ihrer Tochter, über die Peinlichkeit, dass Claudia als einzige Jugendliche in der Nachbarschaft derartig auffällt, und sie malen sich aus, was Claudia in dieser Nacht wohl alles anstellen wird. Claudias Wegbleiben liefert den Eltern einen nie endenden Gesprächsstoff und verhindert das drohende Auseinanderbrechen der Familie. Das ist letztlich der Grund dafür, dass die Eltern sie nicht in ein Internat geben.

Peters Mutter braucht sein Verhalten, um etwas wieder gut zu machen

Der siebenjährige Peter wird in der Beratungsstelle vorgestellt, weil er den Anforderungen der Vorschule nicht gewachsen ist und sich häufig mitten im Unterricht übergeben muss.

Peter ist groß und kräftig wie ein Schulkind, bewegt sich aber wie ein Dreijähriger und verhält sich auch so. Er kann nicht spielen, spricht mit Kleinkindstimme und sagt Wörter wie ›Tutut‹ statt Zug, ›Wuwu‹ statt Hund und ›Tinni‹ statt Kind. Auffallend ist seine Anhänglichkeit. Er kann sich kaum von der Mutter trennen und beginnt zu weinen, sobald er sie nicht mehr sieht. Das passiert ihm auch jeden Morgen in der Vorschule.

Die Eltern berichten darüber hinaus, dass er sehr infektanfällig ist. Schon bei den kleinsten Anzeichen einer Krankheit wechseln sich Vater und Mutter mit Nachtwachen ab und lassen den Jungen, auch wenn er wieder gesund ist, noch lange im Bett, damit er sich richtig erholt.

Aus Peters Vorgeschichte wissen wir, dass die Eltern vor ihm schon ein Kind hatten: einen Jungen, der mit vier Jahren an einer Blinddarmentzündung starb. Die Mutter macht sich schwere Vorwürfe, die Symptome ihres Jungen nicht ernst genug genommen zu haben und dadurch vielleicht seinen Tod mit verursacht zu haben. Nach dem Tod des ersten Kindes wünschten sich beide Eltern sehnlichst wieder einen Jungen. Als Peter geboren wurde, sahen die Eltern in ihm sofort einen Ersatz für ihr verstorbenes Kind.

Nach Meinung der Eltern glich Peter vom ersten Augenblick an dem ersten Kind genau. Doch diesmal wollten sie nichts versäumen. Die Mutter erklärt: »Wir waren mit Peter besonders vorsichtig. Wir wollten nicht, dass uns noch einmal ein Kind stirbt.« So wurde Peter behütet und vor allen Gefahren beschützt. Er musste klein, schwach und anfällig bleiben, damit seine Mutter sich bis zur Selbstaufopferung um ihn kümmern konnte.

Nur wenn seine Mutter ganz für Peter da ist und alles für ihn tut, kann sie für kurze Zeit ihre Selbstzweifel überwinden. Nur dann fühlt sie sich als ›gute Mutter‹. Doch tragischerweise bewirkt ihr Verhalten genau das Gegenteil, nämlich, dass auch das zweite Kind nicht lebensfähig werden wird. (Mehr über Peter in Finger 2002, S. 145-160)

Wenn Mütter ihre Kinder nicht loslassen können, obwohl sie unter deren Verhaltensauffälligkeiten leiden, brauchen sie diese Auffälligkeiten zur Bewältigung ihres eigenen Lebens. Doch das ist meistens verfehlt. Kinder können zwar von den Problemen der Eltern ablenken, sie können sie aber nicht lösen.

Mütter müssen ihre Probleme selbst lösen

Ein siebenjähriger Einsatz für Peter hat der Mutter nicht gereicht, um wieder gutzumachen, dass sie eine halbe Stunde, eventuell einen halben Tag lang ihrem ersten Kind gegenüber nicht aufmerksam genug war. Auch wenn sie sich jahrelang für Peter aufopfert, wird sie dadurch nicht von ihren Schuldgefühlen befreit. Denn Peter kann seiner Mutter die Schuldgefühle nicht nehmen. Die Mutter muss sich ihnen selbst stellen. Sie braucht die Möglichkeit, über ihr totes Kind und ihre eigenen Grenzen zu sprechen und zu trauern. Erst dann kann sie sich mit ihrem Schicksal versöhnen und sich verzeihen, dass sie nicht perfekt ist. Eventuell entdeckt sie dann sogar, dass ihre Schuldgefühle irrational sind. Erst dann wird Peter aus der Rolle des ›Ersatzkindes‹ entlassen und kann sich seinen eigenen Entwicklungsaufgaben stellen.

Wenn die Kinder das Haus verlassen

Im Jahre 1966 tauchte der Begriff ›leeres Nest‹ in der amerikanischen Familienforschung auf. Die Fachleute stellten einen Zusammenhang her zwischen der Situation ›leeres Nest‹ – die Kinder sind ausgeflogen – und psychischen Erkrankungen der

Mutter, vor allem Depressionen, aber auch Alkoholismus. Der Zusammenhang ist aber keineswegs zwangsläufig. Mütter erleben den Auszug ihrer Kinder auf ganz unterschiedliche Weise. Manche Frauen spüren einen großen Verlust und reagieren mit depressiven Verstimmungen, andere jedoch begegnen dieser Situation mit Erleichterung und auch mit Freude, wenn die Kinder erfolgreich sind. Nach vielen Jahren der Verantwortung genießen sie die neue Freiheit.

Stimmungsschwankungen und Neigungen zu Depressionen bei Frauen im mittleren Lebensalter werden gemeinhin durch den Auszug der Kinder erklärt. Doch ist die Leeres-Nest-Situation nicht das einzige, was Frauen in dieser Zeit zu schaffen macht. Gleichzeitig muss die Frau ihre Wechseljahre und den Verlust ihrer Fruchtbarkeit verarbeiten. Beim Blick in den Spiegel sieht sie, dass sie älter wird. Dies ist in unserer Zeit des Jugendkults schwer zu ertragen. Manchmal fällt in diese Zeit auch die beginnende Pflegebedürftigkeit oder der Tod der eigenen Eltern, so dass die Mutter sich sowohl mit Problemen der Generation vor ihr als auch mit solchen der Generation nach ihr auseinandersetzen muss.

Auch in der Partnerschaft kann es zu einer Entfremdung kommen. Die Geburt des ersten Kindes und der Auszug der Kinder ist allgemein eine kritische Zeit für die Partnerschaft, weil die Rollen aller Familienmitglieder neu definiert werden müssen. Durch den Auszug fallen die Kinder als Gesprächstoff und als ›Puffer‹ zwischen den Eltern weg. Nun muss das Paar sich fragen, ob es sich überhaupt noch genug zu sagen hat. Oft gehen Partner gerade in dieser Zeit auseinander. Die Frau und Mutter muss in diesem Lebensabschnitt vieles loslassen und neue Wege für sich suchen.

Es wird allgemein angenommen, dass der Auszug der Kinder für nicht berufstätige Frauen besonders schwierig ist, weil für sie das Leben mit ihren Kindern ihre wichtigste Tätigkeit war, die ihren Alltag vollkommen ausfüllte. Doch das gilt nicht immer, denn auch berufstätige Frauen mit eigenen Interessen entdecken plötzlich, dass auch sie unter dem Auszug ihrer Kinder leiden, obwohl sie das nie erwartet hätten.

Schützt Berufstätigkeit vor dem Gefühl des ›leeren Nests‹?

Die amerikanische Psychologin Shelley Bovey (2000) hat Briefe von zweihundert Frauen zum Thema ›leeres Nest‹ ausgewertet. Eine Mutter schreibt:

Ich konnte nicht glauben, dass es mich betraf. Ich hatte vom Leeres-Nest-Syndrom gehört, doch als voll berufstätige Lektorin in der Erwachsenenbildung ging ich davon aus, dass ich die Veränderung durch erwachsene Kinder genau so durchstehen würde wie die Probleme der Menopause – zu beschäftigt, um ihnen große Aufmerksamkeit zu schenken. (S. 87)

Es ist für manche Mütter befremdend, dass sie derartig unter dem Auszug ihrer Kinder leiden, obwohl sie eigentlich viele befriedigende Tätigkeiten und Kontakte haben. Andererseits ist es für die Umgebung befremdend, dass engagierte Hausfrauen und Mütter, die sich ganz für ihre Kinder eingesetzt haben und ihnen viel Zeit geschenkt haben, nicht leiden, sondern den Auszug der Kinder begrüßen. Sie erleben das Ende des aktiven Mutterseins als Entwicklungschance für sich selbst: Sie haben einen Lebensabschnitt erfolgreich hinter sich gebracht und können sich nun dem Neuen öffnen.

Wie Mütter auf den Auszug ihrer Kinder reagieren, hängt also nicht allein von ihrer Berufstätigkeit ab. Berufstätigkeit strukturiert zwar den Alltag, gibt Anregungen und Ablenkung und lässt vielleicht die Leere nicht so spürbar werden. Dennoch muss es noch weitere Gründe geben, warum manche Frauen so unter dem Ende der aktiven Mutterschaft leiden.

Gefühle von Müttern, wenn die Kinder das Haus verlassen

> *Es ist normal, dass Kinder Eltern verlassen, aber auch wenn es normal ist, heißt das nicht, dass es nicht wehtun darf und dass dieser Schmerz nicht ausgedrückt werden darf und soll.*
>
> (Verena Kast 1991, S. 34)

Das Gefühl der Leere und des ›Überflüssig-Seins‹

Sobald die Kinder das Haus verlassen, ist das Nest leer, und auch viele Mütter fühlen sich leer. Sie sprechen davon, überflüssig zu sein, denn bisher wichtige Aufgaben ihres Lebens sind nun nicht mehr gefragt.

Wozu backen? Wozu den Tisch abräumen? Ich lasse nur so viel Platz frei, dass zwei Personen daran essen können, der Rest bleibt vollgestopft, damit es nicht zu leer wirkt. (Bovey 2000, S. 82)

Rollenunsicherheit

Die Mutterrolle besteht darin, für die eigenen Kinder zu sorgen und ihnen dabei zu helfen, ihr Leben zu meistern. Verlassen die Kinder das Elternhaus, möchten sie nach der äußeren Trennung auch innerlich unabhängig werden und verbitten sich Einmischung. Dies ist für Mütter schwer auszuhalten, weil sie glauben, am besten zu wissen, was die Kinder brauchen. Eine Mutter, die sich gut auf die Trennung von der Tochter vorbereiten wollte, begann schon, solange die Tochter noch zu Hause lebte, ein Teilzeitstudium. Als die Tochter dann auszog und mit ihrem Studium begann, war es zufällig an der gleichen Hochschule. Mutter und Tochter lebten in unterschiedlichen Lebensbereichen, sahen sich aber manchmal aus der Ferne auf dem Campus. Die Mutter freute sich, wenn ihre

Tochter mit anderen Jugendlichen fröhlich war, doch es fiel ihr unheimlich schwer,

nur entspannt zu winken und nicht zu ihr zu stürzen und ihr zu sagen, dass sie mehr Schlaf benötigte, einen Mantel anziehen oder ihre Schuhe reparieren lassen sollte. Ich konnte meine Mutterrolle nicht ausfüllen, fühlte mich überflüssig und unfähig, damit fertig zu werden. (S. 83)

Hinter der Besorgnis vieler Mütter steckt auch der Zweifel, ob die Kinder es wohl allein, ohne mütterlichen Rat schaffen. Wenn sie es aber schaffen, ist die so vertraute bisherige Mutterrolle nicht mehr gefragt. Viele Frauen wissen dann nicht, welche Rolle sie einnehmen sollen. Das verunsichert uns, denn unsere Rollen sagen uns auch, wer wir sind. Sie sind Teil unserer Identität.

Sehnsucht nach der Vergangenheit

Oft fällt es Müttern schwer, die augenblickliche Situation zu akzeptieren. Sie möchten die Uhr zurückdrehen, damit alles so ist wie früher. Ihr Kind soll weiterhin Kind bleiben, damit sie weiterhin Mutter bleiben können und in dieser Rolle nicht in Frage gestellt werden. In dem Song der Beatles ›She's leaving home‹ (1967) bricht die Mutter zusammen, als sie den Abschiedsbrief ihrer Tochter findet, die heimlich das Elternhaus verlassen hat. Obwohl die Tochter schon ein junges Mädchen ist, klagt die Mutter: »Daddy, our baby's gone!« Für sie ist ihre Tochter noch ihr Baby, deshalb kann sie auch nicht verstehen, dass sie so einfach von ihr verlassen wird. Die Mutter möchte an der Vergangenheit festhalten, in der nach ihrer Meinung alles richtig war. Die Tochter erhielt alles, was sie brauchte. Die Eltern haben sich für das Mädchen aufgeopfert und ihr alles gekauft (»we gave her everything money could buy«).

Wie kann die Tochter, der es nach Meinung der Mutter an

nichts fehlte, einfach so weggehen? Das kann die Mutter nicht verstehen, denn sie hat kein Gefühl für die Sehnsucht der Tochter nach einem anderen Leben, nach etwas, das nicht mit Geld zu bezahlen ist, nach Abenteuer und Selbstbestimmung. Sie möchte nur ihr Kind wiederhaben, das immer ihr Kind bleiben soll.

Neid auf die Möglichkeiten der Kinder

Elke Heidenreich stellt fest, dass Kinder, wenn sie endgültig das Haus verlassen, unsichtbar an die Tür schreiben: »*Jetzt seid ihr alt!*« (2000, S. 76) Das Geschriebene wird von Außenstehenden nicht gelesen, doch viele Mütter erkennen es und fühlen sich auch so. Als die Kinder noch klein waren, hat die Mutter ihnen die Welt erklärt. Sie hat die Kontakte nach draußen geknüpft und ihren Kindern geholfen, die ersten Abenteuer außerhalb des Elternhauses zu bestehen. Nun sind die Kinder groß. Sie brauchen die mütterliche Anleitung und Führung nicht mehr. Sie gehen allein in die Welt hinaus und lassen die Mutter zurück. Eine Mutter fühlt sich nur noch als »*Sprungbrett für einen jungen Abenteurer, den ich um seine Reisen beneidete und dessen Zukunft noch nicht festgelegt und verplant war*« (Shriver, 2006, S. 51).

Dass eine Mutter auf ihre Kinder neidisch ist, passt nicht zum Bild der ›guten Mutter‹, und deshalb gestehen sich Mütter solche Gefühle nur ungern ein. Doch gerade während der Zeit des Auszugs der Kinder gibt es für Mütter viele Gründe, neidisch zu sein. Ihren Kindern steht die Welt offen. Kinder heute haben viel mehr Möglichkeiten zur Selbstverwirklichung als ihre Mütter je hatten, sie gönnen sich mehr, erlauben sich, was ihre Mütter sich verboten hatten, riskieren mehr und können auch mehr gewinnen. Die Mutter dagegen spürt ihre Grenzen und die Beschränktheit ihres Lebens. Betrachtet eine Mutter, die mit dem Älterwerden hadert, wie sich ihre Tochter zu einer selbstbewussten jungen Frau entwickelt, kann sie schon neidisch werden. Der Neid auf die Kinder richtet sich nicht so sehr gegen die Kinder, sondern ist Furcht vor dem kommenden Lebensabschnitt, den die Mütter für sich noch nicht akzeptieren können.

In dem oben zitierten Beatles-Song fragen sich die Eltern: »Was haben wir falsch gemacht?« Verlassen Kinder das Elternhaus, dann grübeln viele Mütter darüber nach, ob sie ihre Kinder auf diesen Schritt genügend vorbereitet haben. Sie fragen sich, ob die Kinder auch Fähigkeiten mitbekommen haben, um in der Welt zu bestehen. Oft meinen Mütter dann, sie hätten nicht genug getan oder etwas falsch gemacht. Gibt es Probleme bei der Ablösung, wird die Frage der Mütter, was sie falsch gemacht haben, noch dringlicher.

Schuldgefühle der Eltern

In der Erzählung ›Schweigen‹ von Alice Munro (2006) verlässt die Tochter das Elternhaus, um in einem ›Zentrum für spirituelles Gleichgewicht‹ an einem Kurs teilzunehmen. Als die Mutter sie dort besuchen möchte, lässt sich die Tochter nicht sprechen, obwohl sie die Mutter brieflich eingeladen hat. Eine andere Frau unterhält sich mit der Mutter und deutet an, dass ihrer Tochter in ihrem bisherigen Leben die ›spirituelle Dimension‹ gefehlt habe. Die Tochter meldet sich nie mehr. Fünf Jahre lang erhält die Mutter nur eine Postkarte, die am Geburtstag der Tochter ankommt. Die Mutter erkennt die Handschrift der Tochter, aber einen Absender gibt es nicht. Die Mutter sucht in der gemeinsamen Vergangenheit nach Gründen für das Schweigen der Tochter. Sie macht sich Vorwürfe, ihre Tochter als Kind vielleicht überfordert zu haben, ihr den Tod des Vaters nicht richtig erklärt zu haben, sie nicht religiös erzogen zu haben. Sie überlegt:

Wenn ich sie in die Sonntagsschule gesteckt hätte und ihr

beigebracht hätte, ihre Gebete zu sprechen, wäre das vielleicht nicht passiert. Ich hätte es tun sollen. Ich hätte es tun sollen. (Munro 2006, S. 156 f.)

Der Auszug der Kinder kann besser verarbeitet werden, wenn die Mutter sich erlaubt, darüber zu trauern. Denn Trauer ist notwendig, um wirklich Abschied zu nehmen. Trauer ist viel mehr als eine zeitweilige Traurigkeit. Es ist der Weg, den man gehen muss, um mit einem schweren Verlust fertig zu werden. Doch dieser Weg ist steinig. Unterschiedliche, teils chaotische Gefühle müssen durchlebt werden. In der Geschichte ›Schweigen‹ von Alice Munro werden die Gefühle der Mutter nach dem Verschwinden der Tochter dargestellt. Dass ihre Tochter sich einfach nicht meldet, macht die Mutter fassungslos.

Trauer über den Auszug der Kinder

Sie hatte Tränenausbrüche, hin und wieder wurde sie von einem unkontrollierten Zittern gepackt, aber sie befreite sich aus diesen Zuständen mit jähen Wutanfällen, tigerte in der Wohnung umher und schlug sich mit der Faust in die flache Hand. (S. 156)

Lange Zeit hofft sie, dass die Tochter sich doch noch meldet. Wenn sie nach Hause kommt, sieht sie zuerst nach, ob das Lämpchen am Anrufbeantworter blinkt. Wenn es blinkt, versucht sie mit *»verschiedenen albernen Tricks«* wie der Anzahl der Schritte bis zum Telefon oder der Art, wie sie den Hörer abnimmt oder wie sie atmet, das Ergebnis zu beeinflussen und ihren Wunsch in Erfüllung gehen zu lassen: *»Gib, dass sie es ist.«* (S. 155) Allmählich hört die Mutter auf zu grübeln. Fotos der Tochter und Gegenstände, die an sie erinnern, räumt sie fort. *»Die Tür zu Penelopes Zimmer blieb fest zu, und im Lauf der Zeit würde es möglich sein, an der Tür vorbeizugehen, ohne einen Stich zu verspüren.«* (S. 156)

Leeres Nest – Leeres Selbst?

So unterschiedlich die Gefühle der Frauen beim Auszug der Kinder auch sind – die meisten erleben, dass ihnen etwas genommen wird. Die Kinder gehen fort und nehmen der Mutter ihren bisherigen Lebensinhalt. Bei der Durchsicht der erwähnten zweihundert Briefe stellt Shelley Bovey fest, dass vor allem gewissenhafte Frauen unter dem leeren Nest leiden. (S. 55) Wie ist das zu erklären? Nach Bovey sind dies Frauen, die gebraucht werden möchten. Wenn sie anderen Orientierung, Wärme und Liebe geben, wenn andere von ihnen abhängig sind, dann fühlen sie sich selbst wertvoll und wichtig. Mütter, die gebraucht werden möchten, sind meist Mütter, die ihre Kinder ›brauchen‹, um ihrem Leben einen Sinn zu geben. Sie sehen ihren Wert nicht in sich selbst, sondern in dem, was sie für andere sind. Solche Mütter können ihre Kinder schlecht loslassen, weil sie dann nicht mehr wissen, wer sie selbst sind. Sie haben eine *»abgeleitete Identität«* (Kast 1991, S. 65) und sehen sich nur als *»Mutter von …«*.

Ob der Auszug der Kinder für die Mutter zu einem Problem wird, hängt also weniger von äußeren Faktoren wie der Berufstätigkeit der Mutter oder von der Zeit ab, die sie mit ihren Kindern verbracht hat. Es sind eher innere Faktoren, vor allem das Selbstwertgefühl der Mutter. Oliver schreibt dazu: *»Das Problem ist nicht das leere Nest. Das Problem ist die leere Frau.«* (Oliver in Fahrenberg 1986, S. 327)

Die Mutter der Schriftstellerin Doris Lessing sah ihre Lebensaufgabe darin, das Talent ihrer Kinder zu fördern, indem sie ihre Schullaufbahn und Berufsausbildung organisierte. Als schließlich alle Kinder aus dem Haus waren, drängten sie die Mutter, ein Ehrenamt zu übernehmen, zum Beispiel beim Roten Kreuz. Doch die Mutter lehnte ab.

… sie wollte nicht für irgendeine unpersönliche Sache arbeiten, sie wollte bei ihrer Familie bleiben: es war die Pflicht einer jeden Frau, sich aufzuopfern … (Lessing 1998, S. 106)

Ihre Kinder aber sträuben sich und entziehen sich immer wieder den Versuchen der Mutter, weiter an ihrem Leben teilzunehmen und es zu regeln. Die Mutter stirbt. Doris Lessing schreibt:

Jeder weiß, sie hätte überhaupt noch nicht zu sterben brauchen, wäre da etwas Handfestes für sie zu tun gewesen; hätte sie das Gefühl gehabt, von jemandem gebraucht und benötigt zu werden. (S. 109)

Loslassen und sich selbst finden

> *Es braucht viel Selbsteinsicht und Ehrlichkeit, um auch in dieser Phase eine gewisse Dankbarkeit aufzubringen für das, was die Jugendlichen in uns beleben, letztlich auch für den Aufruhr im Familiensystem, den sie hervorbringen.*
>
> (Verena Kast 1991, S. 40)

›Loslassen und sich selber finden‹ heißt ein Buch von Verena Kast über die Ablösung von Kindern. Darin beschreibt sie den Prozess der Trauer bei der Ablösung, zeigt aber auch, wie die Ablösung eine Chance zur Neuentwicklung sein kann. Die Chance für Jugendliche ist offensichtlich. Zwar haben sie manchmal Angst vor dem Neuanfang, doch vor ihnen liegt die Entdeckung ihres eigenen Lebensweges. Die Chance für Mütter liegt weniger in der äußerlichen Entlastung als darin, die gleiche Möglichkeit zu haben wie die Jugendlichen, nämlich sich selbst zu finden und sich anders zu verstehen.

Auch in den Konflikten mit den sich ablösenden Kindern stecken *»verborgene Abschiedsgeschenke«*. Auf den ersten Blick sieht man im provozierenden Verhalten der Kinder und in den damit verbundenen Machtkämpfen kein Geschenk. Aber Kinder müssen einen Abstand zum elterlichen Verhalten gewinnen. Deshalb zeigen sie häufig gerade solche Verhaltensweisen, die die Eltern missbilligen. »*Sie leben den Schatten des Familiensystems.*« (S. 39) Das ist für Eltern zunächst einmal ärgerlich. Doch wenn sie sich dem stellen, können sie bei ihren Kindern Verhaltensweisen entdecken, die sie nie zu leben wagten oder nie leben durften.

Eine zurückgezogen lebende Mutter ärgert sich, dass ihre jugendliche Tochter so oft ausgeht. Sie schimpft mit ihr, ein solches Verhalten gehöre sich nicht. Doch dann fragt sie sich eines Abends: »Warum eigentlich nicht?« Sie sieht, wie glücklich ihre Tochter heimkommt und wie viel sie zu erzählen hat. Die Mutter entdeckt mit einem Mal ›ungeschriebene Gesetze‹, die ihr eigenes Leben einengen. Sie meldet sich in der Volkshochschule für einen Kurs über moderne Kunst an und entdeckt eine neue Welt. Verena Kast meint, dass die Zeit der Ablösung eigentlich eine wunderbare Gelegenheit für die Mutter ist, sich bewusst zu werden, wie sie gelebt hat, was sie verdrängt hat und was sie verändern möchte.

Die Abwehr von zu viel mütterlicher Nähe

Erwachsene Kinder bleiben so lange Kinder, wie ihre Eltern leben. Doch sie sind inzwischen erwachsen geworden und brauchen eine andere Beziehung zu ihren Eltern. Die innige kindliche Nähe zur Mutter passt nicht mehr. Ist es Kindern in der Pubertät nicht gelungen, sich von der Mutter zu lösen, wird es für sie mit zunehmendem Alter immer schwieriger. Manche Kinder müssen sich ›hartherzig‹ von der Mutter distanzieren, um nicht von ihr ›verschlungen‹ zu werden. Anderen gelingt die Trennung gar nicht mehr.

Distanz zur Mutter, um die eigene Identität zu retten

Aus Selbstschutz hatte ich mein Herz gegen ihren Schmerz verschlossen.

(Sophie Freud 1992, S. 362)

Sophie Freud, die Enkelin von Sigmund Freud, hatte in ihrer frühen Kindheit eine sehr enge Beziehung zu ihrer Mutter. Diese war von ihrer Ehe enttäuscht und litt unter den Kränkungen ihres Mannes. Sie wählte ihre Tochter zu ihrer Verbündeten, der sie all ihren Kummer erzählen konnte. Sophie Freud schreibt:

Meine frühesten Erinnerungen an meine Mutter sind die einer weinenden Frau, die bei mir physischen und emotionalen Trost suchte. (S. 355)

An anderer Stelle heißt es:

Sie weinte in meinen Armen, suchte meine Gesellschaft in unerwarteten Augenblicken der Einsamkeit, wenn ich gerade mit Freunden spielte, und probte ihre Vorträge unter meiner achtjährigen Leitung. (S. 14)

Sophies Mutter hatte zu ihrem Sohn wenig Kontakt; ihr bevorzugtes Kind war die Tochter, die ihr allein gehören sollte. Der Kontakt des Mädchens zum Vater wurde durch die Mutter unterbunden. Sophie musste der Mutter nicht nur im Kummer beistehen, sie sollte sich auch ›vorzeigen‹ lassen. Die Mutter nahm sie mit ins Café und auf Reisen, wo Sophie sich folgsam, entgegenkommend und höflich zu benehmen hatte. Diese Rolle spielte Sophie bis in ihre Pubertät. Doch als ihre Familie nach dem Anschluss Österreichs an Deutschland Wien verlassen musste, *»hörte ich auf, süß zu sein«* (S. 362). Sie begehrte gegen die Mutter auf und stritt häufig mit ihr. Sie war auch nicht mehr Mutters Trösterin, sondern verschloss sich gegen das Leid ihrer Mutter. Denn sie spürte, wie die Ansprüche der

Mutter sie überforderten. Es belastete sie auch, die Mutter nicht wirklich trösten zu können. Diese Verhaltensänderung machte aus Sophie in den Augen der Mutter ein ›böses Kind‹. All ihr Hass auf die Familie Freud, die Familie ihres Mannes, wurde nun auf Sophie übertragen. *»Du hast das berühmte Freudsche steinharte Herz geerbt«* (S. 362), klagte die Mutter und zog sich von der Tochter zurück.

Doch im Nachhinein erlebt die Tochter diesen Bruch als Erlösung. Denn erst diese Kränkung erlaubt ihr, den eigenen Weg zu suchen und zu finden. Sie schreibt:

Es war meine Chance, mich von ihr zu lösen und anders zu werden als sie, und obwohl es der Fluch meiner Mutter war, war es vielleicht auch ihr Geschenk an mich ihre Erlaubnis, ihr Schicksal nicht zu wiederholen. Ich klammerte mich daran als meine Rettung. (S. 363)

Diese Abgrenzung hält die Tochter ihr Leben lang durch: *»Aus Selbstschutz hatte ich mein Herz gegen ihren Schmerz verschlossen.«* (S. 362) Es fällt ihr sogar schwer, die Mutter auf dem Sterbebett zu berühren und liebevoll anzusprechen. Sie kann selbst nicht glauben, *»dass es so schwierig ist, ein paar herzliche Worte zu einer alten und sterbenden Frau zu sagen«* (S. 363).

Distanz zur Mutter, um die Sehnsucht nach Nähe zu verdecken

> *Du hast Geheimnisse, glaube ich, die dein Verstand behüten muss; du brauchst ihn sehr, deshalb wird er so spitz.*
>
> (Frisch 1961, S. 86)

Hinter der Distanz zwischen Mutter und erwachsener Tochter kann auch der Wunsch nach Nähe versteckt sein. Doch diesen Wunsch mögen sich beide – aus Angst, selbst verletzt zu werden – nicht eingestehen. Einen solchen Zusammenhang beschreibt Elke Heidenreich in ihrer Geschichte ›Die schönsten Jahre‹ (2000). Seit ihrem fünfzehnten Lebensjahr wohnt eine Tochter nicht mehr bei ihrer Mutter, sondern in einer anderen Stadt. Wenn sie ihre Mutter besucht, übernachtet sie im Hotel. Beide schaffen es nicht, einen friedlichen Abend miteinander zu verbringen. Welches Thema sie auch anschneiden, sie sind stets verschiedener Meinung. Werden die Auseinandersetzungen zu persönlich, kann die Tochter vorgeben, müde zu sein, und sich ins Hotel zurückziehen. Dort stellt sie enttäuscht fest:

Ich ging dann nach oben, versuchte mich in die Zeitung zu vertiefen und nicht an meine Mutter zu denken, die in ihrer Wohnung jetzt einen genauso idiotischen einsamen Abend verbrachte wie ich hier im Hotel. (S. 8)

Die Distanz zwischen beiden ist groß, die Beziehung kalt:

Beim Abschied küssten wir rechts und links die Luft zwischen unseren Gesichtern und berührten uns nicht. Ich kann mich nicht erinnern, wann meine Mutter mich je in den Arm genommen, gestreichelt, getröstet, berührt hätte. Als Kind hat sie mich oft geohrfeigt. Das waren die einzigen Berührungen zwischen uns. (S. 14)

Die Mutter wollte diese Tochter, das Kind eines ungeliebten Mannes, nie haben. Die Ablehnung tut der Tochter weh, doch das kann sie sich nicht eingestehen. Sie schützt sich, indem sie selbst mit Ablehnung reagiert. Beide greifen sich an und wünschen sich dabei genau das Gegenteil, nämlich Nähe und Zuwendung. Doch keine mag – aus Angst, verletzt zu werden – den ersten Schritt tun.

… die Wand, die seit meiner Kindheit zwischen uns wuchs, war hoch, aber nicht stabil. Sie wackelte und drohte bei jedem Besuch, bei jedem Gespräch, eine von uns beiden zu erschlagen, wenn wir zu fest daran rüttelten … keine der alten Rechnungen ist beglichen. Alle Wunden bluten noch. (S. 19)

Erst auf dem Sterbebett kann die Tochter der Mutter sagen, dass sie gut aussieht. Dabei merkt sie erschreckt, dass sie ihre Mutter noch nie gelobt hat und ihr noch nie etwas Nettes gesagt hat. Sie wagt es auch nur, weil die Mutter jetzt nicht mehr antworten kann. Gleichzeitig wünscht sie sich, dass auch die Mutter Zuneigung zeigt. Sie wünscht sich,

… an ihrer Stelle reglos und ohne Chancen dazuliegen, damit sie zu mir von Liebe spräche, mich lobte, Nähe zeigte, wenigstens ein einziges Mal. (S. 18)

Distanz zur Mutter, um die eigene Herkunft zu verbergen

Die Hauptfigur des Romans ›Der menschliche Makel‹ von Philip Roth (2002) ist der hellhäutige Schwarze Coleman Silk, *»der so hellhäutig war, wie ein Neger nur sein konnte«* (S. 121). Als Jugendlicher wird er in einen jüdischen Sportverein aufgenommen. Dort entwickelt er sich zu einem erfolgreichen Boxer. Sein Trainer kennt seine Herkunft, doch weil niemand einen Schwarzen in einem jüdischen Boxverein vermutet, sehen alle in ihm den jüdischen Boxer ›Silky Silk‹. Er braucht nur nicht zu widersprechen, und schon ist er ein Weißer.

Dennoch geht er auf die Universität für Schwarze, um den Lebenstraum seines Vaters zu erfüllen. Dessen Tod markiert eine Wende. Jetzt schreibt er sich an einer weißen Universität ein. Denn er möchte anders leben als sein Vater, anders auch als der Vater es für ihn erträumt hat. Er möchte frei sein:

So frei, wie sein Vater unfrei war. Frei nicht nur von seinem Vater, sondern von all dem, was sein Vater erdulden musste. Frei von Bürden. Von Demütigungen. Von Hindernissen. Von den Wunden und den Schmerzen und den Verstellungen und der Scham. (S. 128)

Er studiert Altphilologie, und da er sehr intelligent und strebsam ist, wird er schließlich Professor für Altphilologie.

Zu seiner Lebensplanung gehört es auch zu heiraten, eine weiße, »*nicht jüdische*« (S. 153) Jüdin, mit »*wirren unbezähmbaren Haaren*« (S. 150). So würden die krausen Haare ihrer Kinder durch das Haar der Mutter erklärt. Er erzählt seiner zukünftigen Frau nichts von seiner Herkunft, sondern beschreibt eine jüdische Kindheit, die er bei seinen Freunden im jüdischen Boxverein abgelauscht hat. Deshalb muss er auch seine Herkunftsfamilie verheimlichen.

Dies aber bedeutet die Trennung von seiner Mutter – der schwerste Schritt auf seinem Weg, sich neu zu erfinden. Denn er weiß, wie sehr es der Mutter weh tut, dass gerade dieses Kind, das sie am meisten liebt, sich von ihr lossagt. Sie liebt ihn über alles:

Vom Augenblick seiner Geburt an erzeugte sein bloßer Anblick Gefühle in ihr, gegen die sie sich nicht wehren konnte und die nichts damit zu tun hatten, ob er dieser Gefühle würdig war. (S. 159)

Er erlebt sich als grausam: »*Er war dabei, sie zu ermorden.*« (S. 160) Sie würde ihre Enkel nie kennen lernen. Die Mutter malt sich aus, wie sie ihre Enkel heimlich auf dem Bahnhof oder im Zoo beobachtet, sie bietet ihrem Sohn sogar an, unter falschem Namen als Babysitter oder Putzfrau bei ihm zu arbeiten, nur um ihre Enkel in die Arme nehmen zu können. Doch Coleman weigert sich. Er will nicht an seine Kindheit erinnert werden, möchte nicht von dem »*geradezu pathologischen Phänomen namens Mutterliebe*« (S. 160) bezwungen werden und möchte nicht »*all die Worte hören, die sie nicht sagte, die aber vernehmbarer im Raum standen als alle, die sie aussprach*« (S. 160). Er weiß, dass er das, was er seiner Mutter angetan hat, »*niemals wiedergutmachen*« (S. 161) kann, und dennoch tut er es, damit er seine Herkunft hinter sich lassen und sein Schicksal selbst in die Hand nehmen kann.

Die Mutter fühlt sich von ihrem Sohn verraten. Sie nennt

ihn »*Coleman Brutus*« (S. 161), und gleichzeitig versteht sie ihn. Denn diesen ihren Lieblingssohn hat sie immer verstanden. Sie sagt:

Ich nehme an, dieser Besuch bei mir ist so schwer wie irgendwas, aber sieh dir an, wie ruhig du dasitzt. Und zwar weil du weißt, dass das, was du tust, sinnvoll ist. Ich weiß, dass es sinnvoll ist, denn du würdest niemals ein Ziel verfolgen, das nicht sinnvoll ist. (S. 162)

Sie spricht fast zwei Stunden lang, um das, was passiert ist, zu verstehen. Sie sucht nach Anzeichen dafür in seiner Kindheit, in ihrem Leben, und bleibt am Ende doch fassungslos zurück.

Der Sohn hat sich getrennt, und die Mutter weiß, dass sie dies nur überstehen kann, indem sie ihrerseits einen Schlussstrich zieht. Sie muss sich von ihrem Lieblingskind lösen. Deshalb lässt sie ihren anderen Sohn Coleman anrufen mit der Aufforderung, sich nie mehr zu melden. »*Kein Kontakt. Keine Anrufe. Nichts. Nie.*« (S. 167)

Wenn die Trennung nicht gelingt

Wie verhängnisvoll eine enge Bindung zwischen Mutter und Tochter sein kann, beschreibt Elfriede Jelinek in ihrem Roman ›Die Klavierspielerin‹ (1983). Es gibt keinen Dritten in der Beziehung zwischen der Mutter und ihrer Tochter Erika. »*Erika trat auf, der Vater ab.*« (S. 7) Erika wurde nach zwanzigjähriger trostloser Ehe geboren, in der der Vater psychisch erkrankte und nach der Geburt des Kindes in eine Anstalt gebracht wurde. Die ganze Energie der Mutter gilt nun ihrer Tochter. Sie möchte aus ihr »*eine weltbekannte Pianistin*« machen. Deshalb muss sie das Leben der Tochter regeln und kontrollieren. Die Tochter ist inzwischen vierzig Jahre alt und eine von ihren Schülern respektierte Klavierlehrerin.

Doch jeden Tag aufs Neue findet sich die Tochter auf die Sekunde pünktlich dort ein, wo sie hingehört: Zuhause. (S. 10)

Dann sitzen beide vor dem Fernseher, zwischen sich eine Schale mit Süßigkeiten.

Erika erlebt sich eingesperrt, *»wie ein Insekt in Bernstein«*. Sie hat keine eigene Geschichte und *»macht keine Geschichten«* (S. 20), denn die Mutter kontrolliert jeden Bereich ihres inzwischen erwachsenen Kindes. *»Die Tür zu Erikas Zimmer hat kein Schloss, und kein Kind hat Geheimnisse.«* (S. 9) Die Mutter schläft im Bett daneben und achtet darauf, dass sie nachts die Hände nicht unter die Decke steckt. Wenn die Tochter protestiert, erklärt die Mutter jede Einmischung mit der Liebe zu ihrem Kind. Es entsteht eine Hassliebe zwischen Mutter und Tochter, zwischen einer alternden Mutter, die nicht will, dass ihre Tochter erwachsen wird und einer erwachsenen Tochter, die sich nicht von ihrer Mutter lösen kann.

Sie weiß, diese mütterliche Umschlingung wird sie restlos auffressen und verdauen, und doch wird sie von ihr magisch angezogen. (S. 147)

Eine Lösung scheint unmöglich. So bleiben Erika nur ›Fluchtwege‹, ein heimliches Leben, aber auf perverse und selbstzerstörerische Weise.

Der erste Fluchtweg besteht in zwanghaftem Kleiderkaufen. *»Jetzt hat sie eine Kleiderleiche mehr, die aber immerhin ihr Eigentum ist.«* (S. 15) Mit dem Kleiderkauf grenzt die Tochter sich gegen die Mutter ab und provoziert sie zugleich, indem sie Geld vertut, statt es für eine gemeinsame Eigentumswohnung zu sparen. Der zweite Fluchtweg ist ihre Grausamkeit. Als Klavierlehrerin bricht sie den Willen ihrer Schüler und quält sie mit Kritik und übertriebenen Anforderungen, so wie die Mutter es mit ihr macht. Sie gibt weiter, was sie empfangen hat.

Der dritte Fluchtweg ist ihr Voyeurismus. Nach dem Unterricht geht sie heimlich in den Park und beobachtet verstohlen Liebespaare oder sieht sich Peep-Shows an. Als heimliche Beobachterin erfährt sie von einem Leben, das ihr versagt ist. Der vierte Fluchtweg besteht darin, sich selbst Schmerzen zuzufügen, um sich zu spüren und sich ihrer Lebendigkeit zu vergewissern. Der letzte Fluchtweg besteht darin, die Beziehung zu einem jungen Klavierschüler, der sie liebt, so zu zerstören, dass nur noch Gewalt übrigbleibt und er sie am Ende vergewaltigt.

Wenn Mütter ihre Kinder zu sehr lieben

> *Ida Kästner wollte die vollkommene Mutter ihres Jungen werden … All ihre Liebe und Phantasie, ihren ganzen Fleiß, jede Minute und jeden Gedanken, ihre gesamte Existenz setzte sie, fanatisch wie ein besessener Spieler, auf eine einzige Karte, auf mich.*
>
> (Erich Kästner 2004, S. 136)

Die Liebe gilt den Träumen der Mutter, nicht dem Kind

Der Schriftsteller Erich Kästner hatte eine Mutter, die ganz für ihn da war. In seinem 1957 entstandenen Buch: ›Als ich ein kleiner Junge war‹ (2004) beschreibt er humorvoll seine Kindheit und Jugend. Nur ein Kapitel wirkt traurig. Kummer hat der kleine Erich, weil er sich als ›Spielkarte‹ in der Hand der Mutter erlebt, die mit ihm im Leben gewinnen will. Die Mutter sieht nicht ihren wirklichen Sohn mit seinen Stärken und Schwächen; sie lebt nur für ihren eigenen Wunsch, eine gute Mutter zu sein und sich durch ihren Sohn bestätigt zu sehen. Das Wohlergehen der Mutter wird damit in die Hände des Sohnes gelegt. Das ist eine schwere Bürde. Er sagt:

Der Traum von der guten Mutter

Da sie die vollkommene Mutter sein wollte und war, gab es für mich, die Spielkarte, keinen Zweifel. Ich musste der vollkommene Sohn werden. (S. 136)

Weil die Mutter nur für ihren Sohn lebt, hat sie keine Kraft mehr für andere Kontakte.

Sie war gut zu mir, und darin erschöpfte sich ihre Güte. Sie schenkte mir ihren Frohsinn, und für andere blieb nichts übrig. Sie dachte nur an mich, weitere Gedanken hatte sie keine. (S. 137)

Eine solche Haltung macht die Mutter nicht beliebt. Sie wird von Außenstehenden als kalt und hochmütig abgelehnt. Das macht sie einsam und unglücklich. Niemand wendet sich ihr zu, niemand kümmert sich um sie, sie hat keine Freunde. Der einzige, der Zuwendung geben kann und muss, ist der Sohn. Doch das überfordert ihn.

Erich Kästners Mutter möchte die wichtigste Person in seinem Leben sein. Deshalb konkurriert sie sogar mit ihrem Mann um die Gunst ihres Sohnes. Ich kenne eine Mutter, die mit ihrem Mann stets darum stritt, wer zuerst das Kinderzimmer betreten durfte, um das Baby zu begrüßen. Sie glaubte, das Baby müsse immer zuerst sie sehen, denn sie sei ja die Mutter, zu der es auch die intensivere Bindung entwickeln müsse.

Der Traum vom besonderen Kind

Wir haben alle etwas über Mütter von Wunderkindern gehört: von Pianisten im Vorschulalter, von süßen Ballettratten und kleinen Filmstars. Die Auftritte der Kinder werden von den Müttern vorbereitet und begleitet. Sie leben für die Karriere ihrer Kinder, kein Weg ist ihnen zu lang, kein Opfer zu groß, und manchmal spinnen sie sogar Intrigen, um ihrem Kind zu helfen.

In der Nacht, bevor ihr fünfjähriger Sohn auf dem Klavier vorspielen soll, fährt eine Mutter heimlich zur Musikschule, um am nächsten Tag keine Zeit mit Suchen zu verlieren, damit ihr Kind nicht abgelenkt wird. Eine andere Mutter kauft sich jahrelang kein neues Kleidungsstück, weil alles Geld für die

Ballett-Garderobe ihrer Tochter und für den teuren Privatunterricht ausgegeben wird. Wunderkinder sollen oft der Mutter einen Traum erfüllen, den sie selbst nicht verwirklichen konnte.

Der Dichter Rainer Maria Rilke ist – wie Erich Kästner – eine Spielkarte in der Hand seiner Mutter. Seine Mutter erzieht ihren Sohn als Mädchen, lässt ihm lange Locken wachsen, kleidet ihn in Mädchenkleider und gibt ihm Mädchenspielzeug. Nach dem Tod ihrer ersten Tochter Ismene wünscht sie sich wieder ein Mädchen. Außerdem entspricht ein Mädchen mehr ihrem Wunsch nach Glanz, feiner Kleidung und Luxus. Mit einer Tochter kann sie in eine Scheinwelt eintauchen und dabei der Realität ihrer nicht standesgemäßen Ehe entfliehen. Als Rainer geboren wird, nennt sie ihn mit zweitem Vornamen Maria.

Der Junge wurde von seiner Mutter geliebt, wenn er sich mädchenhaft verhielt. Wenn er doch einmal ruppig wie ein Junge war, entzog sich die Mutter ihrem Kind. Um ihre Nähe zurückzugewinnen, ließ Rainer sich Zöpfe flechten und klopfte an die Tür der Mutter. Wollte die Mutter wissen, wer draußen war, rief er mit verstellter hoher Stimme: *»Die Ismene bleibt bei der lieben Mama, der René (Rainer) ist ein Nichtsnutz, ich habe ihn fortgeschickt. Die Mädchen sind doch viel herziger.«* (Skasa-Weiß 1966, S. 232) Um die Liebe der Mutter zu behalten, verstellte er sich und setzte sich als Jungen selbst herab.

Zu viel mütterliche Liebe ist meist mit übersteigerten Erwartungen an das Kind verbunden, welches in eine bestimmte Richtung gedrängt wird. Mütter meinen dann, sie täten alles für ihr Kind, sehen es aber nicht als eigenständiges Wesen, sondern mehr vor dem Hintergrund ihrer eigenen geheimen Wünsche. In Amélie Nothombs Roman ›Robert des noms propres‹ (2002) wünscht eine Mutter sich, dass ihr Lieblingskind Ballett-Tänzerin wird. Alles tut sie für ihre Tochter. Doch das Mädchen ist mit den Anforderungen der Ballettschule an der Pariser Oper überfordert, es wird magersüchtig und krank.

Die Mutter übersieht all diese Symptome, lobt ihre Tochter sogar für die Gewichtsabnahme, nur um ihren Traum nicht aufgeben zu müssen. Als die Tochter dann körperlich zusammenbricht und ihr das Tanzen vom Arzt verboten wird, bricht auch die Mutter zusammen. Sie zieht sich in ihr Bett zurück und will das Mädchen nicht mehr sehen. Fünf Monate verbringt die Tochter im Krankenhaus, aber die Mutter besucht sie nicht ein einziges Mal. Sie begegnet ihrem vorher so geliebten Kind nur noch mit Verachtung. Enttäuscht wirft sie ihr vor: *»Du hast mich verraten. Du weißt, wie sehr ich davon geträumt habe, dass du Tänzerin wirst.«* (S. 178)

Eine Mutter, die zu viel liebt, sieht nicht ihr Kind mit seinen Bedürfnissen und Wünschen. Sie sieht vielmehr ihr selbstgesetztes Ziel und übersieht dabei die Probleme und Schmerzen ihres Kindes. Diese Haltung entspricht genau einer Mutter, die ihr Kind zu wenig liebt. – Damit ein derart verhängnisvolles Miteinander nicht entsteht, müssen Mütter sich selbst anerkennen und etwas für sich tun, das nicht mit dem Muttersein zusammenhängt. Dann haben sie es nicht mehr nötig, dass ihre Kinder ihre Sehnsüchte erfüllen.

»Ich wollte nur dein Bestes!«

Natürlich willst du für deine Kinder nur das Gute, aber ob die Kinder das auch gut finden, ist doch eine ganz andere Frage, und das muss man lernen zu akzeptieren.

(Rellin 2006, S. 43)

Der Satz: »Ich wollte nur dein Bestes!« ist ein typischer Mutter-Satz, und vom Standpunkt der Mutter aus gesehen stimmt er auch. Denn meistens wollen Mütter das Beste für ihre Kinder. Doch wie kann eine Mutter wissen, was das Beste ist? Sie ist zu einer Zeit groß geworden, die sich von der Zeit, in der ihre Kinder aufwachsen, sehr unterscheidet. Deshalb kommt es oft vor, dass Mütter ihren Kindern etwas geben möchten, was sie selbst vermisst haben. Das kann sogar manchmal das Gegenteil von dem sein, was die Kinder sich wünschen. Dann bekommt die Tochter schwarze Lackschuhe, obwohl sie sich Wanderstiefel wünscht, und der Sohn wird im Tennisclub angemeldet, obwohl er viel lieber hinter dem Haus Fußball spielen möchte.

Die afro-amerikanische Autorin Toni Morrison beschreibt die Verwirrung eines schwarzen Mädchens, das zu Weihnachten die weiße Puppe bekommt, von der ihre Mutter ihr Leben lang geträumt hat:

> Beschenkt die Mutter ihre Tochter – oder sich selbst?

Das große, besondere, liebevolle Geschenk war immer eine große blauäugige Babypuppe. An dem glucksenden Tonfall der Erwachsenen merkte ich, dass ihrer Meinung nach mit der Puppe mein Herzenswunsch erfüllt wurde. Ich stand verwirrt vor diesem Ding und seinem Aussehen. (1993, S. 19)

Das Mädchen kann diese weiße Puppe nicht lieb haben. Es fühlt sogar *»einen physischen Abscheu und heimliche Angst«* (S. 19). Irgend etwas muss aber doch an dieser Puppe sein, wenn die Erwachsenen sie als den Wunschtraum eines jeden schwarzen Mädchens ansehen. So beginnt das Kind, die Puppe zu untersuchen, um *»das Liebenswerte, das Schöne, das Begehrenswerte an ihr zu entdecken, das mir entgangen war, aber anscheinend nur mir«* (S. 20). Die Untersuchung endet mit der Zerstörung der Puppe, was die erwachsenen Frauen ihrer Umgebung zum Weinen bringt.

Das Gefühl jahrelanger unerfüllter Sehnsucht machte sich in ihren Stimmen breit. Ich wusste nicht, warum ich diese Puppe zerstörte. Aber ich wusste, dass mich nie jemand gefragt hatte, was ich mir zu Weihnachten wünschte. (S. 20)

Die Tragik in dieser Familie ist, dass die Mutter ihre Tochter mit sich selbst verwechselt.

In dem Beispiel von Toni Morrison ging es um ein Weihnachtsgeschenk, doch auch im Zusammenleben kommt es vor, dass eine Mutter ihrem Kind etwas gibt, was sie sich selbst immer gewünscht hat. Claudia beispielsweise ist im Heim groß geworden. Wenn sie nachmittags frei hatte, fuhr sie mit ihrem Fahrrad in die Gegend, in der Einfamilienhäuser standen, und blickte heimlich in die Gärten. Dort sah sie oft spielende Kinder. In ihrem Lieblingshaus gab es drei Kinder, sie hatten einen Sandkasten, eine Schaukel, Bälle und Springseile. Am besten gefiel ihr der große Gartentisch mit den vielen Stühlen. Meist saß die Mutter dort, nähte oder las, manchmal brachte sie den Kindern eine Erfrischung nach draußen. Dann saßen alle zusammen, unterhielten sich und lachten.

Wem gilt die Zuwendung?

Wie gerne hätte Claudia dabeigesessen, doch sie konnte nur aus der Ferne zusehen und sich in die Familie hineinträumen. Als sie selbst Mutter wurde, erinnerte sie sich wieder an die Familie, die sie als Kind durch die Gartenhecke beobachtet hatte. Genau so wollte sie leben. Sie wollte mit ihren Kindern am Tisch sitzen und lachen. Sie wollte die beste Freundin ihrer Kinder sein und alles mit ihnen teilen. Als ihre Kinder Fahrrad fahren lernten, kaufte Claudia sich auch eines und machte mit ihnen Radtouren. Als die Kinder die Rollschuhe entdeckten, fuhr auch Claudia auf Rollschuhen. Sogar den Unterrichtsstoff wollte sie mit ihnen teilen: Mussten die Kinder ein Gedicht auswendig lernen, lernte auch Claudia das Gedicht auswendig.

Sie nahm sich sogar vor, später mit ihnen fremde Sprachen zu lernen.

Doch ihre beiden Töchter, acht und zehn Jahre alt, haben genug von Mutters Engagement. Sie fühlen sich bei so viel Nähe eingeengt. Sie wollen nichts mehr mit der Mutter unternehmen, sie regen sich auf, wenn die Mutter ihnen bei Tisch etwas anbietet. Oft finden sie ihre Mutter lästig und stöhnen: »Mama, du nervst!« Die Mutter kann den Protest ihrer Töchter nicht verstehen. Sie war als Kind viel allein und wäre so gern von ihrer Mutter begleitet und verwöhnt worden. Doch sie hatte keine Mutter. Ihre Töchter dagegen haben ihre Mutter ständig um sich und wünschen sich das Gegenteil.

Mütter und Kinder leben in verschiedenen Welten. Eine Mutter kann deshalb oft nicht gleich erkennen, was für ihr Kind das Beste ist. Es ist für sie unbegreiflich, wenn ihr Kind sich beschwert, denn sie meint es doch so gut. Sie rechtfertigt sich mit dem Satz: »Ich wollte nur dein Bestes!« Doch eigentlich müsste der Satz lauten: »Ich wollte nur mein Bestes für dich!«

Wenn Mütter ihre Kinder zu wenig lieben

Ich saß am Tisch und verfasste Briefe an sie, mit dem ersten eigenen Vorrat an Abc … Sie lagen auf ihrem Teller, in ihren Schuhen, ein Ostereierspiel versteckter Papiere, um Antwort wurde gebeten, sie traf nicht ein. Die Mutter war wie immer zerstreut und fern …

(Meckel 2005, S. 28)

Manche Mütter haben andere Interessen als das Muttersein. Mit diesen sind sie so beschäftigt, dass sie kaum auf ihre Kinder achten und deren Zuwendung nicht wahrnehmen.

Andere Gründe liegen in der Persönlichkeit der Mutter oder des Kindes. Manchmal sind Mütter enttäuscht, wenn sie Wünsche und Erwartungen an ihr Kind haben, die dieses nicht erfüllen kann. Manchmal sind es nur sein Geschlecht oder sein Aussehen, die es der Mutter schwer machen, ihrem Kind mit Liebe zu begegnen. Auch Depression oder Krankheit der Mutter kann das Mutter-Kind-Verhältnis stören.

Interessen der Mutter, die sie vom Muttersein ablenken

Im Kinderzimmer bedeutet Schminke nichts. Die schöngemachte Mutter verführt kein Kind. Sie schwebt davon, entzieht sich einmal mehr.

(Meckel 2005, S. 44)

Normalerweise kann eine Frau Mutter sein und neben dem Muttersein auch ihren Beruf ausüben. Aber es gibt auch Mütter, die in ihrem Leben keinen Platz für ihre Kinder haben, weil anderes sie zu sehr beschäftigt. Sie haben andere Interessen als das Muttersein. Sie sind zum Beispiel eher Frauen oder Geliebte als Mütter, oder eher Berufstätige als Mütter. Es können auch Interessen sein, die nebensächlich scheinen, aber für die Mutter viel bedeuten. Das kann die Stellung im Golfclub oder in der Kirchengemeinde sein oder die Pflege interessanter sozialer Kontakte.

Auch eine verbotene Liebesbeziehung, die geheim gehalten werden muss und deshalb um so leidenschaftlicher ist, kann die Mutter ihre Kinder vergessen lassen. Kinder passen so wenig dazu, dass auch wir als Leser einer solchen Geschichte die Kinder vergessen. Wer weiß schon, dass Flauberts Romanfigur Madame Bovary, die sich nach der großen Welt sehnt, eine kleine Tochter hatte? Dieses Kind Berthe ist meistens bei der Amme, wird dort gefüttert, aber nicht gefördert, was die Mutter auch nicht stört. Sie holt Berthe nur zu sich, wenn ihr Geliebter gegangen ist, um die Leere zu füllen. Dann zeigt sie vor ihren Gästen, dass sie Berthe pflegt und ihr Kind umhegt. Doch wenn sie allein sind, wendet sich die Mutter von ihrer Tochter ab. Wenn Berthe sich ihr dann nähert, schiebt sie sie weg oder stößt sie so heftig von sich, dass sich das Kind wehtut.

Madame Bovary findet Berthe hässlich und ekelt sich, wenn ihr Speichel aus dem Mund läuft. Sobald sie einen neuen Liebhaber hat, vergisst sie ihre Tochter, und das Kind verwahrlost. (Eliacheff/Heinrich 2004, S. 62–68) Für Madame Bovary ist ihre Tochter wie eine Puppe, die man vorzeigt, um damit Prestige zu erlangen, die man aber auch in die Ecke werfen kann, wenn man sie nicht mehr braucht. Dass Berthe eigene Wünsche und Bedürfnisse hat, sieht die Mutter nicht.

Jede intensive und zeitraubende Beschäftigung der Mutter

mit etwas anderem als mit ihrem Kind kann zu einer Passion werden, die sie daran hindert, ihr Kind so zu lieben, wie dieses es braucht. Die Mutter der Malerin Käthe Kollwitz zum Beispiel trauerte so sehr um ihr totes erstgeborenes Kind, dass ihr keine Kraft blieb, ihr lebendes Kind wahrzunehmen und zu lieben.

Wenn Kinder Erwartungen nicht erfüllen

Manche Mütter können ihre Kinder nicht so lieben, wie diese es brauchen, weil sie die Art der Kinder ablehnen. Manchmal ist es nur das Geschlecht, wie in dem Jugendbuch ›Hechtsommer‹, wo die Tochter erfährt, dass die Mutter lieber einen Sohn gehabt hätte. Sie sagt:

… ich hatte doch selbst gehört, wie sie einmal zu Gisela sagte, dass sie sich so sehr einen Jungen gewünscht hätte. Der hätte dann Jan heißen sollen, aber ich sei ja nur eine Anna geworden. ›Stell dir vor‹, hatte sie zu Gisela gesagt … jetzt muss ich das alles noch einmal erleben, was ich selbst als Mädchen erlebt habe … die Zickigkeit … das Trotzen … die Lügerei … und alles … ach, ich wünschte, sie wäre ein Junge geworden!‹ … ich erinnere mich genau, wie weh das tat, das zu hören. Ich wusste von da an, ich würde es meiner Mutter nie recht machen können. Ich war ja nur ein Mädchen, obwohl ich alles konnte, was Jungen können. (Richter 2004, S. 75)

Auch körperliche Auffälligkeiten, mangelnde Begabung oder Behinderungen des Kindes können der Mutter den Zugang zu ihrem Kind erschweren. Das Kind ist nicht so, wie die Mutter es erwartet hat. Sichtbare Auffälligkeiten des Kindes kann sie als Kränkung empfinden, sodass sie sich mit ihrem Kind in der Öffentlichkeit nicht zeigen mag.

Das Kind weckt unangenehme Erinnerungen

Manchmal hat das Kind gar keine Auffälligkeiten, aber die Mutter erlebt es so. Es fällt Müttern oft schwer, ihr Kind zu mögen, wenn es sie an einen Menschen erinnert, an den sie nicht erinnert werden möchten. Das kann der geschiedene Partner sein, der kriminell gewordene Bruder, oder auch die hübsche Schwester, in deren Schatten sie ihr Leben lang gestanden hat. Gefühle, die den anderen galten, werden auf das Kind übertragen. Eine Mutter, die unter den Aggressionen ihres Bruders gelitten hat, kann hinter jeder Selbstbehauptung ihres Kleinkindes ihren Bruder wiederentdecken. Sie zieht sich dann zurück und vermeidet den Kontakt zu ihrem Kind. Das Baby erlebt eine Mutter, die sich von ihm abwendet und nicht ansprechbar ist, und macht mit Geschrei auf sich aufmerksam. So entwickelt es genau die Verhaltensweise, die seine Mutter nicht ertragen kann. Dies entspricht einer häufigen Fehlentwicklung in der Mutter-Kind-Beziehung. Gerade Verhaltensweisen, die eine Mutter ihrem Kind abgewöhnen möchte, werden von dem Kind entwickelt, weil es mit diesem Verhalten Mutters Aufmerksamkeit oder ihre Nähe erlangt.

Eltern entdecken ihre eigenen Schwächen im Kind

Eltern verzeihen ihren Kindern diejenigen Fehler am schwersten, die sie selbst haben. Denn dann spiegelt das Kind die eigene Unzulänglichkeit, an die sie nicht erinnert werden möchten. Eine Mutter, die unter ihrer Schüchternheit leidet, wünscht sich ein kontaktfreudiges, fröhliches Kind. Hat sie aber eine schüchterne kleine Tochter, steht sie den Schwierigkeiten ihres Kindes hilflos gegenüber. Sie weiß keinen Ausweg, ist betroffen, oft auch verletzt und reagiert aufgrund ihrer Not manchmal sogar aggressiv.

Früher war eine uneheliche Geburt für die Mutter eine Schande. Sie wurde als ›gefallenes Mädchen‹ betrachtet und von Kirche und Gesellschaft verachtet. Die Existenz ihres Kindes war für sie selbst und für ihre Umgebung ein sichtbarer Beweis ihres ›Fehltrittes‹. Wäre das Kind nicht da, wäre alles viel einfacher. So dachte auch die Mutter von Lena Christ, die ihre Leidensgeschichte als uneheliches Kind aufgeschrieben hat. Ihre ›Erinnerungen einer Überflüssigen‹ erschienen im Jahre 1912. Die Mutter kann ihr ›ledig geborenes Kind‹ nicht lieben, im Gegenteil: sie hasst es geradezu. Sie möchte das Kind nicht sehen und gibt es in den ersten acht Lebensjahren den eigenen Eltern. Nur einmal besucht sie die Eltern in dieser Zeit, doch auch dann nimmt sie keinen Kontakt zu ihrer Tochter auf: »*Sie stand da, sah mich kaum an, gab mir keine Hand und sagte nur: ›Bist auch da!‹*« (S. 18) Als das Mädchen acht Jahre alt ist, die Mutter inzwischen geheiratet hat und ein bürgerliches Leben führt, nimmt sie die Tochter zu sich, jedoch vor allem als Arbeitskraft. Als Lena eine ehelich geborene Schwester bekommt, nehmen die Demütigungen noch zu.

Lena ist elf Jahre alt, da wendet sich der Priester, der die Beichte abnimmt, an die Mutter. Er habe von sexuellen Spielen zwischen Lena und anderen Mädchen erfahren. Lena wird verprügelt, und die Mutter schreit: »*Verecka muasst ma! Wart, dir hilf i!*« (S. 47) Das Mädchen wird von seiner Mutter für etwas bestraft, das auch ihre ›Sünde‹ war, nämlich unerlaubte sexuelle Regungen. Sie schlägt ihr Kind, bis »*ihr der Schaum vor den Mund tritt*«. Mehreres kommt zusammen: Der Hass auf ihr Kind und den eigenen ›Fehltritt‹, die Enttäuschung über ihr eigenes Leben, und schließlich die Angst, ihrer Tochter könnte es genauso ergehen wie ihr selbst.

Was fehlt Kindern, wenn ihre Mütter sie zu wenig lieben?

> *Warum fand sie kein gutes Wort für mich? Ich war doch ihr einziges Kind. Wenn ich sie umarmen wollte, schob sie mich lachend zur Seite. »Du drückst mir die Luft ab! Sei doch nicht immer so ungestüm!«*
>
> (Richter 2004, S. 74)

Sophie Freud lebt bei ihren leiblichen Eltern, und doch fühlt sie sich wie ein Waisenkind,

das durch die Straßen streunt auf der Suche nach einer Mutter, die mich akzeptieren könnte und mich kennenlernen möchte. Waisenkinder sind Menschen, die sich Liebe durch harte Arbeit verdienen müssen, statt sie bedingungslos zu erhalten. (1992, S. 11)

Lena Christ (1912) bezeichnet sich als eine ›Überflüssige‹. Christoph Meckel glaubt, dass er für seine Mutter ein *»unbekannter Mensch«* (2005, S. 50) sei, und Anja Meulenbelt fühlt sich von ihrer Mutter *»im Stich gelassen«* (1986, S. 27).

Friedrich C. Delius wirbt um seine Mutter, indem er bei Tisch ihren Blick aufzufangen versucht, damit sie ihn ansieht. Doch sie erwidert seinen Blick nicht. Falls ihr Lächeln zufällig in seine Richtung geht, weiß er: *»Mit dem Lächeln aber meinte sie nicht mich, jedenfalls nicht mich alleine«*, sondern sie lächelt um der Gerechtigkeit willen für ihre vier Kinder gleichzeitig. *»Sie schien nicht zu merken, welche Nahrung ich mehr brauchte als Brot, ihre Stimme, ihre Augen, eine Umarmung.«* (Delius 1994, S. 22)

Vier Autoren beschreiben mit unterschiedlichen Bildern, wie der Mangel an mütterlicher Zuwendung ihr Selbstwertgefühl beeinträchtigt. Sie fühlen sich allein, im Stich gelassen, überflüssig. Häufig glauben sie sogar, alles sei ihre Schuld.

Wenn der persönliche Zuspruch fehlt

Ob ein Kind sich wohlfühlt, hängt nicht davon ab, wie viel Zeit die Mutter mit ihm verbringt, sondern wie sie ihm begegnet. Ein Kind braucht seine Mutter nicht den ganzen Tag, es braucht aber den ›Glanz in ihren Augen‹. Der anerkennende Blick seiner Mutter flößt dem Kind Mut ein und gibt ihm Kraft, im Alltag zu bestehen und Neues zu wagen. Christoph Meckel meint, dass jedes Kind ein Recht auf Kosewörter hat. Für ihn sind Kosewörter »... *Namen, die die Zärtlichkeit erfindet. Wie Wintermäntel warm gefütterte Namen.*« (S. 79) Seine eigene Mutter war so sehr mit anderen Dingen beschäftigt, dass sie ihre Kinder unterschiedslos ›Hase‹ oder ›Kind‹ nannte.

Wenn Kindern dieser ganz persönliche Zuspruch fehlt, können sie nur schwer Selbstvertrauen entwickeln. Sie klammern sich häufig an ihrer Mutter, obwohl oder gerade weil diese sie wegstößt. Sophie Freud nennt solche Kinder geradezu Waisenkinder: »*Waisenkinder sind ... Menschen, die immer Mütter brauchen, weil sie zu wenig Fürsorge bekamen.*« (S. 11)

Warum zerbricht Käthe Kollwitz nicht an der Lieblosigkeit ihrer Mutter?

Käthe Kollwitz ist eine sozial engagierte Künstlerin. Sie will mit ihren Bildern den Beobachter wachrütteln. Für sie wird die Kunst »*zu einem Ventil oder einer Möglichkeit, das Leben zu ertragen*« (1989, S. 741). Wichtige Themen in ihrem Werk sind die Not der arbeitenden Bevölkerung, der Tod und die Mutterschaft.

Alle drei Themen haben etwas mit ihrem Lebenslauf zu tun. Durch ihren Mann, einen Arzt im Berliner Arbeiterviertel Prenzlauer Berg, lernt Käthe Kollwitz viele leidende Menschen kennen. Sie malt diese Menschen aus Betroffenheit und Mitgefühl. Es werden anklagende Bilder, mit denen sie die Not der Armen sichtbar macht.

Ihre Bilder vom Tod und vom Sterben gehen darauf zurück, dass Käthe Kollwitz als Kind erlebt, wie ihr Bruder Benjamin stirbt. Zwei Geschwister waren schon vor ihrer Geburt gestorben. Als junge Frau begegnet sie durch die Arbeit ihres Mannes häufig dem Tod in ihrer Umgebung. Doch das Schwerste ist für sie der Tod ihres 18-jährigen Sohnes im Ersten Weltkrieg. Obwohl Käthe Kollwitz zahlreiche Bilder zu diesem Thema malt, kann sie bis ins Alter nicht davon lassen: *»Zum Tod muss ich noch Blätter machen. Muss, muss, muss!«* (S. 624)

Das dritte große Thema ihres Lebens ist die Mutterschaft. Immer wieder malt sie Mutter und Kind: Mütter, die sich ihrem Kind zuwenden, die abweisend oder desinteressiert aussehen, Mütter, die um ihre toten Kinder trauern.

Kindheit

Käthe Kollwitz wächst in einer religiösen Gemeinschaft auf, die ihr Großvater gegründet hatte. Diese Gemeinschaft ist geprägt durch strenge Verhaltensregeln und durch die Forderung nach Selbstbeherrschung. Auf dem Grabstein des Großvaters ist der Spruch eingemeißelt: *»Der Mensch ist nicht zum Glück geboren, sondern dass er seine Pflicht erfülle.«* (S. 270) Das Äußern von Gefühlen gilt als Schwäche – eine große Belastung für das temperamentvolle Kind.

Als ihr kleiner Bruder Benjamin stirbt, fühlt sich die sechsjährige Käthe schuldig, weil sie zum Zeitpunkt seines Todes in ihrem kindlichen Spiel einen Altar für die Göttin Venus baut und nicht zu dem Gott ihrer Eltern betet. Sie versteht den Tod des Bruders als Warnung und Strafe Gottes. Jahrelang quält sie sich mit Schuldgefühlen, sagt den Eltern aber nichts. (Vgl. Finger 2005, S. 113)

Käthe hat eine Mutter mit einer depressiven Grundstimmung, die am Leben ihrer Tochter kaum Anteil nimmt, sich vielmehr vor allem dem toten erstgeborenen Sohn verbunden fühlt. Ihren Kummer über den Tod ihres Kindes darf sie nicht zeigen und muss ihre Gefühle unterdrücken. Das bedeutet für die Tochter, dass ihr die Mutter nie wirklich nahe sein kann, sondern etwas von der »*Entferntheit einer Madonna*« (S. 721) hat. Als das jüngste Kind Benjamin stirbt und der Sarg zum Friedhof gebracht wird, schaut ihm die Mutter nach. Käthe erinnert sich: »*Die Mutter stand am Fenster und sah dem Wagen nach. Ich hatte sie so schrecklich lieb, aber ich ging nicht zu ihr hin.*« (S. 722) Das Mädchen macht sich Sorgen um ihre Mutter, die so wenig in der Wirklichkeit lebt, dass sie »*mit ferngerichtetem Blick*« am Haus der Familie vorbeiläuft. Sie fürchtet, ihre Mutter würde sich verirren, nicht mehr nach Hause finden und ihre Kinder auf immer verlassen.

Der Kampf um mütterliche Zuwendung

Warum ist Käthe an der Teilnahmslosigkeit ihrer Mutter nicht zerbrochen? Sie kämpft dagegen an, indem sie die Nähe zur Mutter immer wieder herstellt. Käthe berichtet, dass sie stets das Bedürfnis hat, sich der Mutter anzuvertrauen. Sie erzählt der Mutter ihren Tagesverlauf, um sie zur Mitwisserin zu machen und so ihre Teilnahme an ihrem Leben zu erzwingen. Käthe ist häufig krank und bemerkt, dass sie durch ihre Krankheit der Mutter näher kommt. »*Die Mutter wusste, dass ich unter Bauchschmerzen auch Kummer versteckte. Sie ließ mich dann neben sich sitzen, ganz dicht.*« (S. 720)

Weil Käthe bei der Mutter so wenig erreicht, sucht sie ihre Nähe, indem sie die Mutter imitiert. Sie übernimmt ihre Körperhaltung und sogar ihre Stimmung, was einen Verzicht auf eigene Lebendigkeit bedeutet. Allerdings hält sie das nicht lange durch – dazu ist sie zu lebhaft und zu neugierig. Im Zeichnen findet sie einen Bereich, in den sie sich flüchten kann. Sie bekommt Anerkennung von ihrem Vater, der ihr Papier mitbringt und ihre Bilder sammelt. Ihre jüngere Schwester Lise sitzt ihr Modell und hilft ihr, indem sie eine Haltung so lange einnimmt, bis Käthe sie richtig nachbilden kann.

Obwohl sich Käthe Kollwitz mit ihrer Kunst von der Mutter befreien kann, fällt auf, wie viele Mutterbilder sie malt. Die Künstlerin malt Menschen, um sich ihnen zu nähern. »*Sie erschuf sich also das, was ihr vorenthalten blieb.*« (Benz 1997, S. 53) Ihr Beispiel zeigt, dass Kinder nicht immer an schwierigen Lebensumständen zerbrechen, sondern sie können ›Schutzfaktoren‹ entwickeln, die ihnen helfen, das Leben zu meistern.

Schutzfaktoren für Kinder

- Charakter und Intelligenz des Kindes
- Phantasie und Kreativität des Kindes
- Unterstützung durch die Umgebung

Schuldgefühle der Mutter

> *Mutterschaft macht dich kämpferisch und mutig wie eine Tigerin, die ihre Jungen verteidigt … und überfällt dich gleichzeitig mit Schuldgefühlen, dass du es nicht besser machst.*
>
> (Libby Purves 1994, S. 42)

Mutterschaft verändert: Frauen entwickeln ungeahnte Kräfte. Sie setzen sich ganz für ihre Kinder ein und fragen sich gleichzeitig, ob es auch wirklich genug ist, was sie für ihre Kinder tun. Bei solchen Gedanken sind Schuldgefühle nicht weit. Fast jedes kindliche Verhalten kann bei einer Mutter Schuldgefühle auslösen. Ist das Kind schwierig oder auffallend angepasst und lieb? Ist es vorlaut oder schüchtern? Kommt es in der Schule nicht mit, oder ist es ein Überflieger mit den dazugehörenden Problemen? Sogar bei körperlichen Krankheiten oder Behinderungen fragen sich manche Mütter »***Was*** mache ich falsch?«

Viel seltener wird gefragt, ***ob*** sie überhaupt etwas falsch machen und wieviel die Persönlichkeit des Kindes oder das Umfeld zu dem Problem beitragen. Für viele Mütter versteht es sich fast von selbst, dass sie etwas falsch gemacht haben, wenn ihr Kind Probleme hat. Schuldgefühle gehören fast automatisch zum Muttersein, und sie sind sehr belastend. Sie können das Selbstwertgefühl der Mutter so sehr beeinträchtigen, dass sie sich selbst nicht mehr leiden kann. Und sie stören das Miteinander von Mutter und Kind.

Warum können Mütter sich nicht von Schuldgefühlen lösen? Gibt es vielleicht einen geheimen Grund, daran festzuhalten? Bei Schuldgefühlen kommt vieles zusammen. Sie sind wie ein Knäuel unterschiedlicher, teils sich widersprechender Gefühle.

Schuldgefühle sind weiblich und treffen vor allem Mütter

Zeig mir eine Frau, die keine Schuldgefühle hat, und ich beweise dir: Es ist ein Mann.

(Jong in Simpson 2006, S. 53)

Frauen neigen häufiger zu Schuldgefühlen und haben eher ein schlechtes Gewissen als Männer. Dabei werden Frauen, wenn wir die Regeln unserer Kultur zugrunde legen, viel seltener schuldig.

Dieses doppelte Missverhältnis des Schuldigwerdens und Sich-Schuldig-Fühlens, das zwischen Frauen und Männern herrscht, fällt in unserer Gesellschaft offensichtlich niemandem auf. (Mulack 1993, S. 11)

Schon in der Schöpfungsgeschichte wird Eva von Adam für den Sündenfall verantwortlich gemacht. Als Adam von Gott zur Rede gestellt wird, sagt er: »*Das Weib, das du mir zugesellt hast, das hat mir von dem Baume gegeben; da habe ich gegessen.*« (1 Mose 3,12) Wer entschuldigt sich heute zuerst, wenn sich ein Paar streitet? Meistens die Frau.

Woher kommt es aber, dass Frauen sich so häufig schuldig fühlen? Es muss mit ihrer Erziehung und den Erwartungen zusammenhängen, die an sie gerichtet sind. Kleine Jungen dürfen sich gegen ihre Umgebung wehren, ihnen werden Selbstbehauptung und Aggressionen zugestanden. Kleine Mädchen dagegen sollen sich anpassen. Für sie ist es wichtig, gut mit anderen auszukommen. Sie werden schon früh dazu erzogen, sich nach anderen zu richten und die Wünsche der anderen ernst zu nehmen. Mädchen haben in ›Betragen‹ immer bessere Schulnoten als Jungen.

Im Erwachsenenalter führt das dazu, dass Frauen ihr eigenes Verhalten öfter in Frage stellen als Männer. Sie sind stärker vom Urteil anderer abhängig und leichter verletzbar. Martina Rellin glaubt deshalb,

… dass wir Frauen uns ruhig die eine oder andere wirklich tolle Männereigenschaft … abgucken sollten, wozu zweifelsohne gehört, voll hinter dem zu stehen, was man tut, sich das Leben nicht mit unnötigen Zweifeln schwerzumachen, sich zu sagen: Es ist schon ok, was du tust. (2006, S. 8)

Warum können Frauen so schlecht sagen: »Es ist schon ok, was ich tue«? In der Partnerschaft und in der Familie haben Frauen andere emotionale Aufgaben als Männer. Frauen leisten ›Beziehungsarbeit‹. Sie fühlen sich verantwortlich und werden verantwortlich gemacht für das Miteinander und das Klima in der Familie. Um dieses Miteinander nicht zu gefährden, neigen sie dazu, ihre Selbstbehauptung und ihre Aggressionen zu unterdrücken. Sie passen sich an. Wenn es zu Problemen im Zusammenleben kommt, erleben Frauen dies als ihr persönliches Versagen und entwickeln Schuldgefühle.

Sobald Frauen Mütter werden, gibt es noch mehr Gelegenheit für Schuldgefühle. Denn nun sind sie für das Wohlergehen eines hilflosen Wesens verantwortlich. Diese Aufgabe ist so anders als alles, was die Frau bisher erlebt hat, und sie beherrscht ihr ganzes Denken und Handeln.

Das Problem für Väter liegt darin, zu erkennen, dass sie Väter sind und sich darein zu fügen. Das Problem für Mütter ist genau umgekehrt: sich davor zu bewahren, in dieser Rolle verloren zu gehen. (Purves 2004, S. 43)

Haben Schuldgefühle einen verborgenen Sinn?

Wie Müttern Schuld zugesprochen wird

Wenn Kinder Auffälligkeiten zeigen, wird häufig die Mutter dafür verantwortlich gemacht. Laien und viele Fachleute sind gleichermaßen davon überzeugt, dass die frühe Mutter-Kind-Beziehung einen Menschen sein Leben lang prägt. Aber wieviel bewirkt die erbliche Veranlagung? In der psychologischen Forschung werden dazu Zwillinge beobachtet. Christoph Eichhorn (2003, S. 9) berichtet über ein männliches Zwillingspaar, das nach der Geburt getrennt wurde und zu Adoptiveltern in verschiedenen Ländern kam. Als Erwachsene entwickelten beide ein zwanghaftes Verhalten (Waschzwang, Ordnungszwang, Zwang zu Pünktlichkeit). Beide brauchten therapeutische Hilfe, und jeder gab eine andere Erklärung für sein zwanghaftes Verhalten. Der eine Zwilling berichtete, wie ordnungsliebend und pedantisch seine Ziehmutter war. Er habe dieses Verhalten von ihr gelernt. Der andere hatte eine Ziehmutter, die er im Nachhinein eine ›Schlampe‹ nannte. Sein zwanghaftes Verhalten sei eine Reaktion auf die Unordnung seiner Ziehmutter. Man sieht, dass es gar nicht darum geht, wie die Ziehmütter sich tatsächlich verhielten – die Verantwortung für das Verhalten ihrer Kinder wird ihnen auf jeden Fall zugeschoben.

Mütter beschuldigen sich selbst

> *Niemand hätte so hart über mich urteilen können, wie ich es selbst tat. Ich ging alles durch, was ich seit ihrer Geburt getan und unterlassen hatte, um herauszufinden, wodurch ich diese Tragödie verursacht haben könnte oder was ich hätte tun können, um sie zu verhindern.*
>
> (Eine Mutter nach dem Selbstmordversuch ihrer Tochter, in: Lerner 2003, S. 122)

Der englische Psychiater Donald W. Winnicott kennt die Schuldgefühle von Müttern und ist in seinen Gesprächen mit Eltern besonders vorsichtig, um ihnen keine Schuldgefühle einzuflößen:

Ich gebe mir größte Mühe, mich so auszudrücken, dass es nicht nach Kritik klingt … Und doch kommen die Leute ständig und sagen: ›Immer, wenn ich Sie reden höre, fühle ich mich schlecht.‹ (1994, S. 111)

Mütter scheinen sich immer schuldig zu fühlen, selbst wenn es dazu gar keinen Grund gibt. In einer englischen Zeitschrift (Psychologies, Oktober 2005) berichtet eine junge Mutter mit zwei Vorschulkindern, wie sie ihre eigene Krebserkrankung erlebt:

Wenn meine Kinder doch jemanden anderen als mich als Mutter hätten, müssten sie dies alles nicht erleben. Ich beschuldige mich nicht. Es war nicht meine Schuld. Und dennoch kam der Krebs von mir. Es war der Teil von mir, der versagt hatte.

Phyllis Rodriguez hat ihren Sohn Greg am 11.9.2001 verloren. Er arbeitete im World Trade Center, als ein Flugzeug hineinraste. Die Mutter hatte nicht immer eine einfache Beziehung zu ihrem Sohn. Als Jugendlicher protestierte er gegen den Lebensstil seiner Eltern, später wechselte er von einem Gelegenheitsjob zum nächsten. Seine erste feste Anstellung fand er im Computerbereich im World Trade Center. Die Mutter wird mit dem Tod ihres Sohnes nicht fertig. Sie spricht von ihren »*irrationalen Schuldgefühlen*« und fragt sich, ob ihr Sohn zu einem früheren Zeitpunkt eine feste Stelle an einem anderen Ort bekommen hätte, wenn sie ihn nur anders erzogen hätte. (Die Zeit 4.1.2007)

Auch Mütter von Kindern mit Behinderungen quälen sich mit Schuldgefühlen. Sie suchen nach Gründen, warum sie kein Kind bekommen haben, wie sie es sich gewünscht haben. Eine Mutter sagte mir einmal: »Ich weiß, dass die Behinderung meines Kindes eine Laune der Natur ist. Ich habe sie nicht verursacht, und dennoch frage ich mich ständig, was ich falsch gemacht habe. Ich durchforste meine Vergangenheit bis in meine Kindheit, um einen Grund dafür zu finden, dass mir das passiert ist.«

Warum leiden Mütter so sehr unter Schuldgefühlen, obwohl es nicht nötig wäre? Gibt es einen anderen Grund dafür als die Schuldzuweisung durch die Gesellschaft? Wir müssen noch weiter suchen.

Die Frage nach der Schuld, ein Selbstschutz

> *Schuld verleiht große Macht. Und sie vereinfacht die Sache, nicht nur für Zuschauer und Opfer, sondern am meisten für die Sünder …*
>
> (Shriver 2006, S. 99)

Auch guten Menschen kann im Leben Böses geschehen. Das ist eine beunruhigende Tatsache, die wir am liebsten nicht wahrhaben möchten, daher suchen wir nach Gründen für Schicksalsschläge. Eine Frau wird vergewaltigt, und man kennt den Schuldigen. Aber hat sie nicht selbst dazu beigetragen? Anderes Unglück kann einen Menschen treffen, ohne dass es einen Schuldigen gibt, etwa eine unheilbare Krankheit oder auch die Geburt eines behinderten Kindes. Da kann die Frage aufkommen: Was haben die nur falsch gemacht? In Amerika wird eine solche Haltung ›blaming the victim‹ genannt: Das Opfer wird getadelt, damit das Schreckliche nicht mehr ganz so bedrohlich und unverständlich wirkt. Auch die Schuldzuweisung an Mütter mit auffälligen oder behinderten Kindern gehört in diesen Bereich.

Jonas ist ein Junge voller Bewegungsdrang und mit einer

schlechten Koordinationsfähigkeit. Wo er auftaucht, geht schnell etwas kaputt. Nicht nur die Eltern, sondern auch die Nachbarn leiden unter diesem Verhalten. Eines Tages beschwert sich die Nachbarin, dass Jonas ihre Blumentöpfe umgeworfen hat. Gleichzeitig fragt sie die Mutter, ob sie Jonas als Kleinkind gestillt habe. Als die Mutter dies verneint, anwortet die Nachbarin: »Ich habe gehört, dass gestillte Kinder viel ruhiger sind als Kinder, die nicht gestillt wurden. Ich werde mein Kind auf jeden Fall stillen.« Die Nachbarin ist hochschwanger. Sie befürchtet, auch so ein schwieriges Kind zu bekommen. Die Schuldzuweisung an Jonas' Mutter ist für die Nachbarin eine Art Selbstschutz – sie grenzt sich ab gegen den Gedanken, dass es auch sie treffen könnte. Eine solche Haltung macht das Leben einfacher.

Schuldzuweisungen verletzen die Mutter. Gerade Mütter von behinderten oder verhaltensauffälligen Kindern leisten enorm viel, um ihre Kinder durch den Alltag zu bringen und um das Miteinander in der Familie zu organisieren. Die Kinder bringen ihre Mütter oft an den Rand der Verzweiflung. Doch das wird von der Umgebung kaum wahrgenommen. Außenstehende neigen eher dazu, die Kinder zu bedauern und Schuld bei der Mutter zu suchen.

Die Mutter eines magersüchtigen Mädchens schreibt:

Am meisten belasten diese ungerechten Kritiken. Niemand will wissen, wie viele Nächte man wachgelegen hat, wie viele Gespräche von der Tochter abgewürgt worden sind, wie oft man von ihr belogen wurde, wie die Familie daran zerbricht usw. usw. Ich schäme mich nicht zu sagen, dass meine Tochter magersüchtig ist, aber ich bin immer sehr getroffen, wenn ich dann immer wieder diese Vorwürfe höre, gegen die Mutter, gegen mich. (Kunze 2006, S. 91)

Während Schuldzuweisungen von außen noch zu verstehen sind, ist es auf den ersten Blick kaum verständlich, warum Mütter sich oft selbst beschuldigen. Was kann dahinter stecken? Wenn sich etwas ereignet, was uns tief bewegt und was uns gefühlsmäßig verletzt, suchen wir nach Gründen. Wir können die Situation nur ertragen, wenn wir eine Erklärung finden. Die Suche nach der Ursache ist auch die Suche nach der Schuld. Eltern, die sich selbst beschuldigen, schützen sich damit vor dem Gefühl, einfach nur dem Schicksal ausgeliefert zu sein. Wenn wir sagen, es sei unser Fehler, bleibt die Illusion erhalten, dass im Leben alles seine Richtigkeit hat und dass wir Kontrolle über das eigene Leben haben. Solange wir meinen, unser Schicksal verdient zu haben, können wir weiterhin in einer ›gerechten Welt‹ leben.

> Selbstbeschuldigung, um an eine gerechte Welt glauben zu können

Wie Schuldgefühle das Miteinander beeinträchtigen

> *… das Unglück eines Kindes gibt dir immer das Gefühl, du seist schuld. Du bist alles, was deine Kinder haben, und ihre Überzeugung, dass du sie beschützen wirst, ist ansteckend.*
>
> (Shriver 2006, S. 402)

Schuldgefühle der Mutter als Schutz für das Kind

Kinder aufzuziehen macht Spaß und ist gleichzeitig eine der schwierigsten Aufgaben überhaupt. Kleine Kinder sind völlig von ihren Eltern abhängig. Sie vertrauen ihren Eltern bedingungslos. Sie fühlen sich von ihnen behütet und beschützt. Aber wir wissen, dass Mütter ihre Kinder nicht immer vor Unglück bewahren können, auch wenn sie sich hundertprozentig einsetzen. Sie stoßen immer wieder an Grenzen, und deshalb sind Schuldgefühle fast unvermeidlich. Man könnte hier von ›gesunden‹ Schuldgefühlen sprechen, denn sie entstehen aus Verantwortung gegenüber dem Kind. Die Aufmerksamkeit gilt dem Kind und seinen Bedürfnissen, sie ist geleitet von dem Wunsch, dem Kind gerecht zu werden. Eine Mutter, die leicht Schuldgefühle hat, passt mehr auf und kümmert sich mehr um das Kind. Selbst Mutters Schuldgefühle werden für die Kinder zu einem *»Puffer gegen die ganze große Welt«* (Rayner in Winnicott 1994, S. 117).

Schuldgefühle als Ausdruck unterdrückter Wut

Das gesunde Schuldgefühl kann allerdings leicht ›umkippen‹, wenn das Denken der Mutter nicht mehr dem Kind und seinen Bedürfnissen gilt, sondern darum kreist, wie sie selbst als Mutter angesehen wird. Dann fragt sie sich eher: »Bin ich eine gute Mutter?«, anstatt zu fragen: »Was braucht mein Kind?« Doch Kinder verhalten sich nicht immer so, dass die Mutter auf sie stolz sein kann. Sie haben ihre eigenen Vorstellungen und ihren eigenen Willen.

Fast jede Mutter kennt die Kämpfe vor dem Süßigkeitenregal im Supermarkt, freche Antworten in der Straßenbahn oder öffentliche Wutanfälle, bei denen sich das Kind laut schreiend auf den Boden wirft. Diese Situationen erleben Mütter als ›Spießrutenlaufen‹, denn sie fühlen sich durch ihr Kind bloßgestellt und blamiert. Sie schämen sich vor den zuschauenden Erwachsenen. Die Blicke der anderen, die ihre ›Niederlage‹ miterleben, machen die Mutter wütend auf ihr Kind. Doch eine gute Mutter darf nicht wütend auf ihr Kind sein, sondern sollte ihm stets liebevoll begegnen. Wo bleibt die Wut, wenn sie nicht geäußert werden darf? Sie kann nur heruntergeschluckt werden und wendet sich dann gegen die eigene Person, und zwar in Form von Schuldgefühlen.

Die Mutter schämt sich, weil sie so wütend auf ihr Kind ist. Diese Gefühle bewahren sie davor, aggressiv zu werden, und schützen das Kind vor ihrem Zorn. Die Schuldgefühle der Mutter retten das Kind vor Übergriffen, sie beeinträchtigen aber auch das Miteinander von Mutter und Kind. Das folgende Beispiel soll dies verdeutlichen.

Schuldgefühle machen unaufrichtig

> *Ehe du mich ganz und gar verdammst, flehe ich dich an, endlich zu begreifen, wie sehr ich mich bemüht habe, eine gute Mutter zu sein. Aber zu versuchen, eine gute Mutter zu sein, ist vielleicht ebenso weit entfernt davon, wirklich eine zu sein, wie der Versuch, sich gut zu amüsieren, davon, sich wirklich zu amüsieren.*
>
> (Shriver 2006, S. 277)

Dieser Ausspruch stammt von der Mutter des fast sechzehnjährigen Kevin, der mit seiner Armbrust in der Schule sieben Kinder und zwei Erwachsene getötet hat. In dem Roman von Lionel Shriver: ›Wir müssen über Kevin reden‹ (2006) sucht die Mutter in Briefen an ihren Mann nach einer Antwort auf die Frage, wie es zu dieser Tat gekommen ist. Das Buch gibt keine Antwort, sondern zeigt die verzweifelte Suche der Mutter nach Erklärungen, ihre Selbstanklagen und ihre Schuldgefühle.

Schuldgefühle hat die Mutter nicht erst seit der Tat ihres Sohnes, sondern von Anfang an. Denn es gibt kein harmonisches Miteinander von Mutter und Kind. Die Mutter ist nicht so glücklich, wie sie es sich gewünscht hat. Das Verhalten ihres Babys ist für sie unverständlich und fremd. Doch sie kann mit niemandem darüber reden, weil ihr Mann blind ist für die Auffälligkeiten und teilweise grausamen Verhaltensweisen seines Sohnes. Er spielt sie als kindliche Unarten herunter und beschuldigt seine Frau, in die Spielereien ihres Sohnes etwas Schlimmes hineinzusehen.

Die Mutter ist doppelt und dreifach belastet: Das Verhalten ihres Sohnes macht ihr Sorgen, und ihre Reaktion darauf bereitet ihr Schuldgefühle. Außerdem hat sie seit Kevins Geburt ihren Mann verloren, denn der lebt nur noch für das Kind, betrachtet sie immer kritischer und beschuldigt sie immer häufiger, Kevin nicht zu lieben. Dabei bemüht die Mutter sich sehr, Kevin zu lieben. Sie möchte ihm innerlich nahe sein, doch das gelingt ihr nicht. Damit ihr Sohn dennoch nicht zu kurz kommt, spielt sie ihm ihre Zuwendung vor. *»Diese große Zärtlichkeit, die ich schließlich einfach nachäffte, hätte mit Sicherheit ohne Extraeinladung durch die Tür kommen müssen.«* (S. 129 f.) Sie legt sich ein Programm zurecht, um ihm ihre Liebe zu zeigen: Dreimal täglich drückt sie ihn, mindestens zweimal täglich lobt und bewundert sie ihn und versichert ihm, dass sie ihn liebt.

Doch gespielte Zärtlichkeit ist keine Zärtlichkeit. Dadurch kommen Mutter und Sohn sich nicht näher, sondern entfernen sich immer mehr voneinander. Ihre *»gebetsmühlenmäßig abgespulten Zuwendungsformeln«* wirken leer, und sie verachtet sich selbst dafür. Je mehr sie sich bemüht, umso mehr lehnt sie sich innerlich ab. Sie fühlt sich wie eine *»emotionale Gesetzesbrecherin«* (S. 130) und entwickelt immer mehr Schuldgefühle.

Offensichtlich ist sie in einem Teufelskreis gefangen. Sie kann sich ihrem Sohn nicht so zuwenden, wie sie es sich erträumt hat. Das erfüllt sie mit Schuldgefühlen. Um diese Gefühle zu verringern, zwingt sie sich zu Zuwendungsgesten. Doch sie bewirken nichts, außer dass die Mutter sich selbst verachtet und noch mehr Schuldgefühle entwickelt.

Ich weiß, dass du das bezweifelst, aber ich habe mir sehr große Mühe gegeben, eine leidenschaftliche Beziehung zu meinem Sohn aufzubauen … Je mehr ich mich bemühte, desto bewusster wurde mir, dass allein schon meine Anstrengung eine Abscheulichkeit war. (S. 129)

Nur ein einziges Mal fühlt die Mutter sich als ›richtige Mutter‹. Das passiert in dem Augenblick, als sie all ihre guten Vorsätze vergisst und ihren Sohn in einem Wutanfall so durchs Zimmer stößt, dass er sich verletzt. Später berichtet sie:

Zwei Sekunden lang fühlte ich mich heil und ganz und wie Kevin Khatchadourians richtige Mutter. Ich fühlte mich ihm nahe. Ich fühlte mich wie ich selbst … und ich fühlte, dass wir uns endlich etwas zu sagen hatten. (S. 278)

Schuldgefühle machen unsicher

> *Dass Eltern ihr Kind richtig behandeln möchten, ist natürlich nichts Neues. Neu ist, dass wir große Angst haben, unser Kind falsch zu behandeln.*
>
> (Bettelheim 1977, S. 11)

Eine Mutter, deren sechzehnjähriger Sohn depressive Verstimmungen hat, sagt: »Ich habe mir so viel Mühe mit der Erziehung gegeben und immer gedacht, ich mache es gut. Was ist das Ergebnis all meiner Bemühungen? Mein Sohn liegt auf dem Bett und starrt Löcher in die Luft! Ich weiß nicht mehr, was richtig oder falsch ist. Habe ich in dem Glauben, alles richtig zu machen, doch Fehler gemacht? Wie soll es weitergehen? Soll ich ihn in Ruhe lassen, bis er sich wieder bekrabbelt? Soll ich ihn mit interessanten Angeboten locken?

Soll ich ihn vom Bett herunterreißen und ihn zwingen, etwas zu tun?«

Die Fragen der Mutter zeigen, dass sie den Glauben an ihre Erziehungsfähigkeit verloren hat und sich nichts mehr zutraut. Täglich probiert sie etwas anderes aus und hat doch das Gefühl, dass sie es nicht richtig macht. Dadurch kann sie ihren Sohn nicht erreichen, denn der Sohn nimmt nicht nur ihre Handlungen wahr, sondern auch ihre Gefühle. Ihr Sohn bräuchte Führung und eine sichere Hand. Die Mutter jedoch fürchtet, ihr ›sensibles‹ Kind noch mehr zu belasten.

Erziehungsunsicherheit ist weit verbreitet. Dies zeigt auch das Interesse der Medien an diesem Thema. Im Frühjahr und Sommer 2005 erschienen in vielen Zeitschriften, nicht nur in Frauenzeitschriften, Artikel über die Unsicherheit bei Eltern. Große Magazine (Stern, Psychologie heute, Brigitte, Der Spiegel) machten daraus sogar ein Titelthema. Man sprach vom ›Erziehungsnotstand‹, von der ›Erziehungskatastrophe‹, von Kindern als ›kleinen Tyrannen‹ und von der ›Ohnmacht der Eltern‹.

Stimmt es, dass wir einen ›Erziehungsnotstand‹ haben? Die Zahlen des Wissenschaftlers Klaus Hurrelmann von der Universität Bielefeld stimmen nachdenklich. Nach seinen Forschungen sind ein Drittel der Eltern mit der Erziehung überfordert.

Ein weiteres Drittel kommt mal besser, mal schlechter zurecht, ist aber Kandidat für gelegentliche Hilfe und Unterstützung. Und nur noch ein Drittel ist souverän bei der täglichen Erziehungsarbeit und hat eine tolle Beziehung zum Nachwuchs. (Der Stern 21.4. 2005, S. 61)

Solche Einschätzungen führen zu dem Schluss, dass Eltern die Erziehung wieder lernen müssen. Elternkurse und Elternschulen werden eingerichtet, im Fernsehen zeigen die ›Super-Nanny‹ und andere Experten, wie richtige Erziehung geht.

Doch Eltern brauchen mehr als die Weitergabe von Techniken, sie brauchen ein anderes Bild von sich selbst und andere Rollenerwartungen. Solange Mütter sich mit Schuldgefühlen quälen, helfen Erziehungstechniken wenig. Denn Schuldgefühle zerstören auf einer viel tieferen Ebene das Miteinander von Mutter und Kind.

Schuldgefühle machen wehrlos

Schuldgefühle sind keine guten Erziehungsratgeber.

(Eichhorn 2003, S. 11)

Mütter mit Schuldgefühlen geben ihren Kindern mehr nach, als diesen gut tut. Eine berufstätige Mutter entwickelt Schuldgefühle, weil sie zu wenig Zeit für ihr Kind hat. Um ihr Gewissen zu beruhigen, kauft sie ihm alles, was es sich wünscht, und denkt bei sich: »Wenn es schon so oft auf mich verzichten muss, soll es ihm sonst an nichts fehlen.«

Mütter mit Schuldgefühlen sind wehrlos, und viele Kinder nutzen dies aus. Mit Sätzen wie »Alle anderen dürfen das!« oder »Du bist die Einzige, die das verbietet!« will das Kind seinen Willen bekommen. Je mehr Schuldgefühle die Mutter hat, um so eher wird sie dem Kind nachgeben.

Schuldgefühle machen unsensibel für das Leid des Kindes

Da sie überzeugt ist, dass sie für das Leid ihres Kindes die Schuld trägt, will sie das Leid erst gar nicht sehen.

(Filliozat 2006, S. 110)

Die neunjährige Anna kommt auf Druck der Lehrerin in die psychologische Beratungsstelle. Ihre Mutter wäre nie auf die Idee gekommen, Anna dort vorzustellen, denn sie findet, dass mit Anna alles in Ordnung ist. Die Lehrerin dagegen weiß nicht, wie sie dem Kind begegnen soll, und ist verunsichert. Anna ist nach Aussage der Lehrerin ein sehr ängstliches Mädchen. Ihre Angst ist so groß, dass die Lehrerin zögert, ihr etwas abzuverlangen, denn sie fürchtet immer, Anna zu verletzen. Jeden Morgen steht Anna schon eine halbe Stunde vor Schulbeginn auf dem Schulhof, damit sie nur nicht zu spät kommt. Ruft die Lehrerin sie im Unterricht auf, wird sie bleich und bringt manchmal kein Wort heraus. Ihre Schulleistungen sind altersentsprechend, ihre Aufsätze dürftig, obwohl sie viel mehr leisten könnte, denn sie ist begabt. Der Lehrerin tut das kleine Mädchen leid, sie möchte ihm helfen.

Im Unterschied zur Lehrerin erlebt die Mutter Anna als lebhaft und mutig. Dass sie keine besseren Schulleistungen bringt, spielt sie herunter. Sie erklärt: »Anna ist ja erst in der zweiten Klasse, sie war immer ein Spätentwickler. Das mit den Schulleistungen wird bestimmt noch kommen.« Dass die Mutter die Ängste ihrer Tochter nicht erkennt, passt nicht zu ihrem sonstigen Verhalten. Sie ist von Beruf Sozialpädagogin und eigentlich eine feinfühlige Frau: Sie arbeitet in der Altenpflege, und in ihrem Beruf zeigt sie Verständnis und Einfühlungsvermögen für alte Menschen. Was hindert sie daran, dasselbe Einfühlungsvermögen ihrer Tochter gegenüber zu zeigen? Die Mutter ist Anna gegenüber nicht hart und herzlos. Sie kümmert sich um ihr Kind, beide unternehmen viel miteinander und haben dabei viel Spaß. Doch Annas Ängste scheint die Mutter nicht zu bemerken.

Aus der Lebensgeschichte der Mutter wissen wir, dass ihre Mutter starb, als sie im Vorschulalter war. Sie bekam eine strenge Stiefmutter, die das Mädchen innerlich ablehnte. Vor dieser Frau hatte sie Angst, durfte es aber nicht zeigen, damit die Stiefmutter nicht böse wurde. Die Stiefmutter und auch der leibliche Vater wünschten sich ein fröhliches Kind. So war sie mit ihren Ängsten allein und nahm sich schon als Kind vor, wenn sie je Kinder bekäme, würde sie ihnen nie Angst machen. Sie würde eine liebevolle Mutter sein und ganz auf die Kinder eingehen. Nach ihrer Vorstellung schützt eine liebevolle Mutter ihre Kinder davor, Angst zu haben.

Es gibt also zwei Gründe, weshalb die Mutter die Ängste ihrer Tochter übersieht: Um als Kind gefühlsmäßig zurechtzukommen, musste die Mutter ihre eigenen Kinderängste unterdrücken. Das war für sie damals sinnvoll und notwendig; keine Ängste zu empfinden war ihr Selbstschutz. Der zweite Grund liegt darin, dass Annas Ängste der Mutter Schuldgefühle bereiten. Nach ihrer festen Überzeugung haben Kinder einer liebevollen Mutter keine Angst. Wenn ihre Tochter dennoch Ängste zeigt, ist sie selbst vielleicht doch keine liebevolle Mutter. Dann muss sie ja etwas falsch gemacht haben. Das kann und darf nicht sein. Deshalb sieht sie bei den Ängsten ihrer Tochter lieber weg.

Sind andere eine bessere Mutter als ich?

Wenn er heimkommt und seine Tochter weinend antrifft, versinkt er in endlosem Schweigen. Er misst ihren Puls, herzt sie, versucht, sie zum Lachen zu bringen. Alles, was er tut, ist ein Vorwurf an Marie (die Mutter). Als wolle er sagen, sie komme nicht zurecht.

(Michel 2006, S. 41/42)

Der Vater, die Schwiegermutter, ein Babysitter oder auch Therapeuten können einem Kind ein Verhalten entlocken, das es bei der Mutter nicht zeigt. Das hinterlässt bei der Mutter Selbstzweifel, manchmal auch Schuldgefühle oder sogar Wut und immer wieder die Frage: »Warum?«

Wenn die Schwiegermutter das Baby besser beruhigen kann

Die Mutter eines Schreibabys erzählte mir: »Ich habe Pia getragen, ihr vorgesungen, sie geschaukelt, im Kinderwagen durch den Wald geschoben, und nichts half. Sie schrie und schrie. Dann kam meine Schwiegermutter zu Besuch. Sie beugte sich über Pias Bettchen und sagte: ›Aber Kindchen, was machst du denn?‹ Sie nahm Pia hoch, sang ihr das gleiche Lied vor, das ich vorher gesungen hatte. Pia sah sie mit großen Augen an, lächelte, schluchzte noch einige Male und schlief dann in den Armen meiner Schwiegermutter ein. Ich bin ins Badezimmer gelaufen und habe auf die Handtücher gebissen, um nicht vor Wut zu schreien. Warum schafft meine Schwiegermutter das und ich nicht? Jetzt hat sie mir mal wieder so richtig gezeigt, dass sie so viel besser ist als ich. Und ich muss ihren arroganten Blick ertragen, der mir vermittelt: ›Siehst du, so macht man das!‹ Auch auf Pia war ich wütend, weil sie mich so blamiert hat. Am liebsten wäre ich einfach weggelaufen.«

Die Mutter weiß nicht, dass manchmal schon ein Wechsel der Bezugsperson das Kind aufhorchen lässt und damit aus dem Kreislauf des Schreiens herausholt. Die Schwiegermutter kam von außen, während Mutter und Kind sich während der langen Zeit des Schreiens in ihrer gegenseitigen Anspannung immer wieder angesteckt haben. Die Schwiegermutter ist nicht besser als die Mutter, sie ist nur unbefangener.

Eine andere Mutter wundert sich, dass ihr kleiner Sohn sich den ganzen Tag darauf freut, nachmittags von der Babysitterin besucht und später von ihr ins Bett gebracht zu werden. Sie fragt sich: »Warum lässt er sich von ihr fröhlich ins Bett bringen, während er bei mir tobt und schreit? Mag er die Babysitterin vielleicht lieber als mich?« Dieser Gedanke tut ihr weh. Sie grübelt darüber nach, ob sie etwas falsch macht. Doch wahrscheinlich macht sie gar nichts falsch, und die Babysitterin kann auch nicht besser mit Kindern umgehen. Sie ist jedoch gefühlsmäßig nicht so betroffen wie die Mutter, wenn das Kind protestiert, und deshalb kann sie gelassener mit dem Kind umgehen. Die Babysitterin ist nur kurze Zeit da und hat nichts anderes zu tun, als sich auf das Kind einzustellen. Die Mutter dagegen muss viele andere Dinge erledigen, es kommen Telefonanrufe, die Einkaufsliste ist noch zu schreiben, das Essen vorzubereiten und vieles mehr. Deshalb können Außenstehende manchmal besser mit unseren Kindern umgehen. Auch wenn Kinder in die Beratungsstelle zur Entwicklungsförderung kommen, geschieht es oft, dass die Therapeutin mit dem Kind mehr Erfolge hat als die Mutter.

Wenn das Kind bei Fremden glücklich ist

Mütter brauchen sich nicht zu sorgen, wenn Außenstehende oder Fachleute mit ihrem Kind auf Anhieb gut zurechtkommen. Kontakte zu anderen Menschen sind eine Bereicherung für das Kind, denn jede fremde Person gibt dem Kind etwas anderes als die Eltern. Im Alltag bedeutet es außerdem eine Entlastung für die Mutter, wenn noch andere Personen sich um das Kind kümmern.

Warum können Außenstehende oft besser mit einem Kind umgehen?

- Ihr Kontakt mit dem Kind ist zeitlich begrenzt.
- Sie können sich in der begrenzten Zeit ganz dem Kind widmen.
- Sie können dem Kind unbefangen begegnen.
- Seine Fehler und Probleme treffen sie nicht persönlich.

Bei Fachleuten kommt hinzu:

- Sie haben Techniken für den Umgang mit Kindern gelernt.
- Sie sehen ihren Umgang mit dem Kind als berufliche Herausforderung.

Warum sind Mütter schlechte Lehrerinnen für ihre Kinder?

> *Bei den Hausaufgaben schreie ich ihn manchmal an. Nachher tut es mir so leid, dass ich den ganzen Abend hinsitzen und heulen könnte. Ich weiß doch, dass es ihm schadet.*
>
> Eine Mutter in der Erziehungsberatung

Bei der Erziehungs- und Schulberatung haben mir Mütter oft berichtet, wie schwierig das ›gemeinsame Lernen‹ mit ihrem Kind ist. Es kommt dabei zu Spannungen, ja zu Gefühlsausbrüchen, manchmal schreien sich Mutter und Kind an oder beide weinen. Die eigene Mutter ist für ein Kind oft eine schlechte Nachhilfelehrerin, selbst dann, wenn sie von Beruf Lehrerin und im Umgang mit ihren Schülern durchaus erfolgreich ist.

Der Grund liegt in der Familiensituation. Die eigene Mutter fühlt sich natürlich getroffen, wenn ihr Kind Fehler macht. Sie zeigt dies durch ihr Verhalten, direkt oder auch indirekt, wenn sie sich zusammennimmt, um nicht zu schimpfen. Das Kind spürt das. Die Anspannung der Mutter signalisiert ihrem Kind, dass viel von seiner Leistung abhängt. Es geht nicht allein darum, ob es Vokabeln kann, sondern auch darum, ob der Einsatz der Mutter sich gelohnt hat. So entscheidet die Leistung des Kindes nicht nur über sein persönliches Fortkommen, sondern auch über den Erfolg der Mutter. Wenn so viel davon abhängt, wird auch das Kind verunsichert und angespannt. Es traut sich weniger zu und leistet weniger.

Die Mutter des zehnjährigen Simon ist berufstätig, und Simon verbringt den Nachmittag bei seiner Großmutter. Wenn die Mutter von der Arbeit nach Hause kommt, beginnt für beide die Zeit des gemeinsamen Lernens. Die Mutter klagt: »Er freut sich nie, wenn ich nach Hause komme. Es kann sogar vorkommen, dass er ›Oh, je!‹ stöhnt, wenn er mich sieht.«

Gemeinsames Lernen kann das Miteinander beeinträchtigen

Auch die achtjährige Tanja hat eine Mutter, die viel mit ihr lernt. Als sie in der psychologischen Untersuchung aufgefordert wird, ihre Familie in Tieren zu malen, fällt ihr kein Tier ein, das die Mutter darstellen könnte. Immer wieder fragt sie: »Gibt es ein Tier, das tritt und schubst?« Natürlich tritt die Mutter Tanja nicht, aber sie drängt das Mädchen bei den gemeinsamen Übungen, sich anzustrengen, was Tanja so vorkommt, als würde sie von der Mutter getreten und geschubst.

Das gemeinsame Lernen bewirkt nicht nur, dass das Kind seine Mutter negativ erlebt, sondern auch umgekehrt, dass die Mutter ihr Kind negativ sieht. Wenn das Kind trotz des mütterlichen Einsatzes keine Fortschritte macht, fragt sich die Mutter, ob das Kind nicht lernen will, ob es absichtlich ›bockt‹ oder ›sich dumm stellt‹. Manche Mütter glauben sogar, dass ihr Kind sie ärgern will. Dann sagen sie: »Das lasse ich mir nicht bieten!« und erhöhen den Druck auf ihr Kind. So wird aus dem Lernen ein Machtkampf, bei dem es am Ende nur Verlierer gibt.

Haben Mutter und Kind verschiedene Arbeitsrhythmen, kann das gemeinsame Lernen für beide zur Qual werden. Olivers Mutter ist beruflich sehr erfolgreich und schnell. Sie kann sich nur schwer auf das langsame Tempo ihres Sohnes einstellen, das bei schwierigen Übungen noch langsamer wird. Sie seufzt: »Oliver ist mit einer schnell denkenden und schnell handelnden Mutter geschlagen.« Damit sie bei den gemeinsamen Hausaufgaben »nicht platzt«, strickt sie, einen Pullover nach dem anderen.

> Gemeinsames Lernen kann das Selbstwertgefühl der Mutter beeinträchtigen

Katharinas Mutter fragt sich: »Was mache ich nur den ganzen Tag? Ich lerne mit Katharina, und es kommt nichts heraus. Wozu bin ich überhaupt da?« Diese Mutter stellt sich selbst so sehr in Frage, weil auch ihr Mann es tut. Er macht sie für die schlechten Leistungen ihrer Tochter verantwortlich. Er sagt: »Du musst mit Katharina üben und trainieren. Du hast doch den ganzen Tag Zeit.«

Gemeinsames Lernen kann zum Drama werden, nicht weil die Mutter ihrem Kind nichts beibringen kann, sondern weil sich beide zu nah sind. Dann geht es bei den gemeinsamen Übungen nicht nur um den Lernstoff, sondern auch um Beziehungsprobleme.

Eltern werden durch das Schreien ihres eigenen Babys mehr getroffen als durch das Schreien eines fremden Kindes. An das Schreien fremder Säuglinge können Erwachsene sich mit der Zeit gewöhnen. Schreit dagegen das eigene Kind, findet keine Gewöhnung statt. Die Nähe zwischen Eltern und Kind, ihre Beziehung zueinander, ist bereichernd und beglückend, macht aber andererseits auch anfälliger für Störungen.

Emotionale Nähe macht verwundbar

In England wurden in einem Forschungsprojekt Mütter mit ihren Säuglingen einerseits und Kinderpflegerinnen mit Säuglingen andererseits beobachtet. Dann wurde das Verhalten beider Gruppen verglichen. Dabei fand man, dass Mütter sehr viel mehr Freude und Zärtlichkeit gegenüber ihren Kindern zeigten, aber auch weitaus mehr Ärger und Wut. Die Spannbreite der Gefühle von Müttern ist viel größer als die von Kinderpflegerinnen in der gleichen Situation. Eltern werden von ihren Kindern eher bewegt. Sie reagieren intensiver und erleben eine Störung dadurch viel negativer. Wegen ihrer gefühlsmäßigen Bindung an das Kind kommt es schneller zu Konflikten. »*Wir müssen erkennen, dass eine Liebesbeziehung alle Gefühle steigert, die negativen wie die positiven.*« (Schaffer 1978, S. 96)

Wenn Mütter ihre Kinder misshandeln

Von Schuld kann nur gesprochen werden, wenn eine Tat absichtlich und im Wissen ihrer Folgen erfolgt. Viele Mütter erschweren ihrem Kind das Leben, obwohl sie sich bemühen, alles richtig zu machen. Sind sie deshalb an der unglücklichen Lage ihres Kindes schuld? Wir können diese Frage nicht beantworten.

Wann machen sich Mütter schuldig?

Vielleicht kommen wir weiter, wenn wir das Wort ›Schuld‹ durch das Wort ›Not‹ ersetzen. Es gibt viele Gründe für die Not der Mutter, eine Not, die so groß ist, dass die Mutter sogar ihrem eigenen Kind Schaden zufügt. Manche Mütter leiden unter einer psychischen Krankheit, bei der ›fremde Gedanken‹ ihr Handeln bestimmen – wie unter einem Zwang. Andere Mütter sind als kleine Mädchen misshandelt und gequält worden und geben nun weiter, was sie selbst erlitten haben. Es gibt auch Mütter, die als Selbstschutz eine Apathie entwickeln, die keine Gefühle für die Schmerzen der anderen zulässt. Auch vorübergehende Belastungen können der Mutter die Kraft rauben und sie so unter Druck setzen, dass sie ein Ventil für ihre Anspannung sucht. Das trifft dann meist – als das schwächste Glied der Familie – das Kind.

In den folgenden Beispielen handeln die Mütter nicht aus böser Absicht, und oft können sie auch nicht die Folgen ihres Tuns abschätzen. Deshalb sind sie nicht schuldig. Dennoch laden sie Schuld auf sich. Sie sind ›schuldlos schuldig‹.

Misshandelnde Mütter fühlen sich oft wertlos

> *Die Gefahr, mein Kind zu schlagen, ist dann am größten, wenn ich mich selbst wertlos fühle und mich am liebsten selbst schlagen möchte.*

Dieser Ausspruch stammt von einem Vater aus einem amerikanischen Programm zur Unterstützung misshandelnder Eltern. Eine Mutter hätte genau das Gleiche sagen können. Eltern, die ihre Kinder misshandeln, wollen ihnen im Grunde nichts Böses tun. Doch sie erwarten häufig zu viel von ihren Kindern.

Kindesmisshandlung hat viele Gesichter. Sie umfasst sowohl körperliche Gewalt gegen das Kind, als auch ›nur‹ Vernachlässigung. Darunter verstehen wir, dass das Kind nicht die notwendige Pflege und Fürsorge erhält. Auch psychische Gewalt und seelische Grausamkeit gehören dazu.

Häufig soll das Kind seinen Eltern etwas geben, was sie selbst nie bekommen konnten. Deshalb fällt es ihnen schwer, ihr Kind als eigenständiges Wesen mit eigenen Bedürfnissen, Gefühlen und Rechten zu sehen. Die Eltern können sich in ihr Kind nicht einfühlen und bemühen sich nicht, es zu verstehen. Fachleute sprechen von einer ›Empathiestörung‹. Aufgrund dieser Störung werden viele Verhaltensweisen ihres Kindes und vor allem ihres Säuglings, der sich noch nicht artikulieren kann, falsch gedeutet. In zufälligen Handlungen und Bewegungen des Kindes sehen sie eine Absicht. Da sie so verunsichert sind, fürchten sie, dass ihr Kind sie mit seinem Verhalten herabsetzen und erniedrigen möchte. Und genau das, was sie am meisten fürchten, lesen sie aus den kindlichen Äußerungen heraus.

> Misshandelnde Eltern haben oft unerfüllte Bedürfnisse

Das Schreien des Säuglings wird dann als eine Anklage erlebt, das Wegsehen des Kindes als Abwehr verstanden. Sogar eine harmlose Babyfaust kann als Drohung erlebt werden. Eine Mutter, die wegen der Aggressionen ihres Vorschulkindes in die Beratungsstelle kommt, erzählt: »Er hat mir schon aus der Wiege heraus gedroht.« Das Gefühl, vom eigenen Kind abgelehnt zu werden, ist für eine Mutter die schlimmste Kränkung, die sie sich vorstellen kann. Besonders schlimm ist es für eine Mutter, die nicht an ihren eigenen Wert glaubt. Gerade unsichere Mütter lesen in ihr Kind etwas hinein.

Die Tragik bei dieser Beziehung besteht darin, dass die Mutter von einem selbst liebesbedürftigen Kind Liebe und Zuwendung erwartet. Doch das Kind kann seiner Mutter nicht geben, was diese sich wünscht. Es hat ja selbst so viele Bedürfnisse und Ansprüche. So wünscht sich jeder vom anderen mehr, als dieser geben kann. Das bestätigt auch der Vater aus dem amerikanischen Programm. Er sagt: »Tief in meinem Innern wünschte ich mir ein Kind, das mich für einen wundervollen Menschen hält. Doch kein Kind kann mir das Gefühl von Selbstsicherheit und Anerkennung geben, wenn ich nicht an mich selbst glaube. So musste ich lernen, mich selbst zu mögen.«

Kann man Kindstötung verstehen?

Warum tötet die eine Mutter ihr Kind, die andere in einer ähnlichen Situation aber nicht? Diese Frage haben die Experten auch nach 30 Jahren Forschung nicht beantwortet. Sie haben Theorien formuliert und sich Antworten genähert, doch ein Stück Unerklärbarkeit ist geblieben.

(Hilbk)

Berichte über Kindestötungen lösen heftige Emotionen aus. Es ist uns unheimlich, dass eine Mutter, die ihrem Kind das Leben geschenkt hat, ihm das Leben nimmt. Ihr Verhalten macht Angst. Deshalb ist der Wunsch, sich abzugrenzen, so groß und der Ruf nach Vergeltung so laut. In der Bevölkerung heißt es dann manchmal: »Mit der sollte man machen, was sie mit ihrem Kind gemacht hat.« Nach einer Untersuchung des Meinungsforschungsinstituts Emnid wünschen sich 55 Prozent der Deutschen, dass für Kindermörder die Todesstrafe wieder eingeführt wird (vgl. Hilbk, S. 17).

Was Fachleute nicht erklären können, können Mütter selbst erst recht nicht erklären. Viele sagen nach der Tat: »Das war nicht ich!« oder »Das kann ich nicht gewesen sein!« Eine Mutter stellt entsetzt fest: »Da hauste ein Monster in mir!« Das Gefühl, seine eigenen Handlungen nicht verstehen zu können, verunsichert. Man kann sich selbst nicht mehr trauen. Fast die Hälfte der Kindermörderinnen leidet während der Tat unter einer psychischen Störung. Die Frauen erkennen erst später, was sie getan haben. Dann quälen sie sich mit Schuldgefühlen und versuchen vergeblich, die Person zu verstehen, die sie damals waren.

Wer diese Frauen besucht in ihren Gefängnissen und zuhört, wie sie von der Tat erzählen, findet nicht die Monster, als die Schlagzeilenmacher sie abbilden. Stattdessen Mütter, die selber noch versuchen, die Person zu entschlüsseln, als die sie in den Akten vermerkt sind. (S. 18)

Zwei Fälle

> *Gibt es ein größeres Inferno, als zu töten, was man über alles liebt?*
>
> (Sabine Rückert)

Im Folgenden werden Mütter vorgestellt, die ihre Kinder getötet haben. Ich möchte mit der Darstellung dieser Fälle zeigen, dass diese Frauen keine Monster sind. Es wird auch beschrieben, wie sie vor und nach der Tat gelitten haben. Diese Frauen haben Schuld auf sich geladen – manche, ohne wirklich schuldig zu sein.

Unter dem Titel ›Tödliche Mutterliebe‹ berichtet Sabine Rückert von der jungen Mutter Susanne, die ihre zwei Wochen alte Tochter Louisa tötet. Die Mutter des kleinen Mädchens hat sich sehr auf ihr Kind gefreut. Mit Engagement bereitet sie sich und ihre Umgebung auf das Kind vor. Doch mit der Geburt verändert sich die sonst so stabile Frau. Sie fürchtet ständig um das Leben ihres Kindes. Nachts wacht sie an seinem Bett, und tagsüber wagt sie kaum zur Toilette zu gehen, aus Angst, ihrem Kind würde etwas passieren. Sie gönnt sich selbst keine Ruhe, sondern ist stets um das Kind besorgt. Ihre anfangs noch verständliche Sorge entwickelt sich immer mehr zu psychotischen Ängsten. Sie behauptet, ihre Muttermilch sei schlecht, und fürchtet, das Kind damit zu vergiften. Immer wieder glaubt sie, das Kind nicht richtig versorgen zu können und eine schlechte Mutter zu sein. In diese Gedanken steigert sie sich immer mehr hinein. Hinzu kommen Schlaflosigkeit, Zwangsideen und die Angst, abgehört zu werden.

Susanne tötet ihre Tochter in der Wochenbettpsychose

Als sie eines Abends ihrem Mann flüsternd ihre Ängste mitteilt, Louisa nicht gut versorgen zu können und eine schlechte Mutter zu sein, entgegnet er barsch: »Blödsinn, das stimmt doch alles nicht!« Da springt sie auf, stößt einen Schrei aus und wirft Louisa zu Boden. Durch die Heftigkeit des Wurfes fällt sie selbst hin, sie kniet neben ihrem Kind auf dem Boden und schreit: »Das war ich nicht! Das wollte ich nicht!« Später, als die Sanitäter um das Leben des Kindes kämpfen, sagt sie: »Ich war das nicht. Es war ein schwarzer Schleier über mir.« Sie wird in die Psychiatrie aufgenommen. Den Gedanken, für den Rest ihres Lebens dort zu bleiben, findet sie nicht schlimm, und sie sagt: »Das Schlimmste, was ein Mensch erleben kann, hatte ich erlebt.« Sie quält sich mit Schuldgefühlen und fragt ihren Seelsorger: »Wie kann Gott mir das verzeihen?« (Rückert, S. 12)

Sie hatte etwas getan, was nicht zu ihr passte, weil sie zum Zeitpunkt der Tat unter einer Wochenbettpsychose litt. An einer Wochenbettpsychose nach der Entbindung ihres Kindes erkranken zwei von tausend Frauen. Es gibt in ihrer Vorgeschichte keinen Hinweis auf diese Erkrankung. Die Symptome schwanken zwischen Angstzuständen, Verwirrtheit, Schlaflosigkeit, Wahnvorstellungen, depressiven Verstimmungen und immer wieder der Angst, dem Kind zu schaden. Wegen dieser so unterschiedlichen Symptome ist es oft schwer, eine klare Diagnose zu stellen. Auch die Abgrenzung gegenüber dem Baby-Blues (vgl. oben S. 93) ist nicht immer eindeutig.

Auch Marianna ist kein Monster. Sie lebt in geordneten Verhältnissen, arbeitet als Altenpflegerin und ist mit einem Ingenieur verheiratet. Ihr zweijähriges Wunschkind, Dennis, entwickelt sich gut. Er ist ein fröhliches Kind, und auch die Mutter ist fröhlich und lacht viel. Doch eines Abends geht sie mit ihrem Sohn in den Wald, ersticht ihn und verletzt sich selbst schwer. Die Mutter kann gerettet werden, doch für Dennis kommt jede Hilfe zu spät.

> Marianna ersticht ihren Sohn, um ihn zu retten

Marianna litt unter Verfolgungswahn. Sie fühlte sich bedroht, sprach aber nicht darüber, da sie fürchtete, jeder könne ein Komplize der Verfolger sein. Ihre Angst steigerte sich so sehr, dass sie keinen Ausweg mehr sah außer dem Selbstmord. Ihren Sohn nahm sie bewusst mit in den Tod, um ihn vor den Verfolgern zu retten und nicht hilflos zurückzulassen.

Schlimme Kindheitserlebnisse können das Muttersein beeinträchtigen

Wer als Kind misshandelt oder missbraucht wurde, fühlt sich wertlos, beschmutzt und oft sogar selbst schuldig. Solche Kinder durften nie erleben, dass sie und ihre Bedürfnisse ernstgenommen werden, und sie können deshalb auch andere mit ihren Bedürfnissen nicht ernstnehmen. Als Erwachsene können sie kein Gefühl für ihre Kinder entwickeln, und sie durchschauen oft nicht, was sie ihnen antun. Wer nie gestreichelt, nie in den Arm genommen wurde, wer bei Ängsten nicht beruhigt und nach bösen Träumen nicht getröstet wurde, der kann nicht wissen, wie man so etwas macht.

Was eine Frau als kleines Mädchen nie erfahren hat, kann sie als Mutter nicht an andere weitergeben. Und was das kleine Mädchen andererseits erfahren musste, war möglicherweise so schlimm, dass es damit nicht leben konnte. So wurden die Erlebnisse ›vergessen‹, um den Schmerz nicht mehr zu spüren. Alle Gefühle wurden abgespalten, und zurück blieb nur ein gefühlloser Automat. Wer dann nur noch gefühllos ›funktioniert‹, kann sich in das Leid anderer nicht hineinversetzen.

Misshandelte Kinder mussten am eigenen Leib erfahren, wie wenig Kinder in der Familie gelten. Sie stehen in der Familienhierarchie ganz unten. Diese Haltung übernehmen sie oft ihren eigenen Kindern gegenüber. Neben dieser allgemeinen Herabsetzung erhalten misshandelte Kinder noch eine persönliche Botschaft, die ungefähr heißt: »Du bist nichts wert, du bist ein Versager, du bist der letzte Dreck.« Diese Botschaft haben sie verinnerlicht. Das ist keine Basis, um mit dem Leben zurechtzukommen. Sie trauen sich nichts zu, können sich kaum dazu aufraffen, ihren Alltag zu bewältigen, und sind extrem kränkbar. Wie sollen sie da für die schwierige Aufgabe des Mutterseins Zuversicht und Sicherheit entwickeln?

Eine Frau berichtet, wie sie die Misshandlungen ihrer Kindheit überstehen konnte:

Ich tat das, was Menschen in ausweglosen Notsituationen gern tun. Ich drehte das Geschehene um, ich wendete das Negative zum Positiven. Prügel waren fortan keine Strafe mehr, sondern etwas Schönes. (Schmollack 2004, S. 138)

Während die Mutter auf sie einschlägt, träumt sie sich *»an fremde Orte, an denen es warm und weich und friedfertig* *war«*. Geprügelte Kinder können auch ein Gefühl der Überlegenheit entwickeln, wenn sie nicht weinen, sondern ›ganz cool‹ alles über sich ergehen lassen. Damit kränken sie den prügelnden Elternteil und erleben sich selbst als Gewinner der Situation.

Während der Misshandlung kann das Kind auch eine Nähe zu seinen Eltern spüren, die es sonst nie bekommt. Besonders schlimm vernachlässigte Kinder, für die sich niemand wirklich interessiert, spüren, dass die Eltern ihnen gefühlsmäßig nahe sind, wenn sie auf sie einschlagen. Es tut zwar weh, aber es ist echt, gerade im Unterschied zu vorgespielter kalter Freundlichkeit. So kann es sein, dass Kinder ihre Eltern immer wieder provozieren, weil sie diese Nähe brauchen.

Misshandelte Kinder lernen in ihren Familien, dass Misshandlungen ein Muster darstellen, mit dem Konflikte überwunden werden sollen. Wenn sie dann erwachsen sind, greifen sie auf das ihnen bekannte und vertraute Muster zurück, obwohl sie früher selbst darunter gelitten haben. Eine Frau, die als Kind misshandelt wurde, beschreibt diesen Rückfall: *»Ich verabscheue dieses Muster, doch ich kenne es und fühle mich darin nicht verraten.«* (Schmollack 2004, S. 147)

Idealisierung der Eltern

Kinder sind auf ihre Eltern angewiesen. Sie glauben an ihre Eltern und sind davon überzeugt, dass diese ihnen im Grunde nicht schaden wollen. Nur so gelingt es misshandelten Kindern, die Demütigung, die ihnen angetan wird, zu verarbeiten. Es ist schwer zu verstehen, dass Kinder ihre Eltern, die ihnen so viel Schlimmes antun, nicht ablehnen, sondern sie idealisieren. Beobachtungen von Opfern in ausweglosen Situationen wie im Konzentrationslager oder bei längerer Geiselnahme können uns helfen, das kindliche Verhalten zu verstehen.

Der amerikanische Psychologe Bruno Bettelheim (1980), selbst ein Gefangener in einem deutschen Konzentrationslager, beobachtete an seinen Mitgefangenen, die schon länger im Lager lebten, eine auffallende Wesensveränderung. Diese Gefangenen übernahmen mit der Zeit das Verhalten und die Wertvorstellungen der Bewacher. Sie verachteten schwächere Gefangene, sahen in den stundenlangen Appellen eine sportliche Herausforderung und rühmten sich, ebenso hart zu sein wie die SS. Manche übernahmen sogar deren rassische Vorstellungen, selbst wenn diese sich gegen sie selbst richteten. Viele behaupteten auch, dass bestimmte, meist hochrangige Offiziere es gut mit ihnen meinten, ja sogar versuchten, ihnen zu helfen, von den anderen aber daran gehindert wurden. Hinter dieser Wahrnehmungsverzerrung steckt der Wunsch der Gefangenen, trotz aller Demütigung und dem Gefühl des Ausgeliefertseins ihr Bild von sich selbst zu schützen. Es wäre für sie unerträglich, von ›gewöhnlichen Sterblichen‹ geschlagen und verletzt zu werden.

Warum idealisieren Opfer die Täter?

Dieses von Bettelheim erstmals beschriebene Verhalten der Opfer wurde später ›Stockholm-Syndrom‹ genannt, da sich bei einem Banküberfall in Stockholm 1973 bei den Geiseln allmählich Sympathie für die Täter entwickelte. Gerade Kinder von misshandelnden Eltern sind in einer ähnlichen ausweglosen Situation. Sie verändern die Situation in ihrem Kopf, um psychisch überleben zu können.

Häufig wird berichtet, dass Eltern die traumatischen Erlebnisse ihrer Kindheit wie unter einem Zwang mit den eigenen Kindern wiederholen. Dann hört man den Satz: »Wer selbst misshandelt wurde, misshandelt immer wieder!« Nach neueren Untersuchungen geben jedoch ein

Werden Misshandlungen ›weitergegeben‹?

Drittel der als Kinder misshandelten Eltern ihre Gewalterfahrungen nicht an ihre Kinder weiter.

Kontakte zu anderen Menschen helfen, die Weitergabe zu verhindern. Viele misshandelnde Mütter leben allein oder mit einem teilnahmslosen Partner. Sie haben niemanden, der Stress-Situationen entspannen und bei Gefahr eingreifen könnte. Auch professionelle Hilfsangebote sind meist nicht bekannt. Die Mütter glauben auch nicht, dass sie eine Unterstützung brauchen, oder sie wagen nicht, darum zu bitten.

Um die Weitergabe von Misshandlungen zu vermeiden, ist es auch wichtig, dass Mütter nicht beschönigen oder ›vergessen‹, was sie als Kinder erlitten haben. Es hilft, darüber zu sprechen und jemanden zu finden, der einem zuhört und glaubt. Dann können alte Verletzungen verarbeitet werden und müssen nicht an die eigenen Kinder weitergegeben werden. Manchmal spüren Mütter, dass sie in Gefahr sind, ihr Kind zu verletzen. Wenn sie es dann schaffen, sich an andere Menschen oder eine Beratungsstelle zu wenden, kann ihnen geholfen werden.

Die Mutter eines Schreibabys hat in ihrer Wut und Not ihr Kind ins Bett geworfen und ist dann aus dem Haus gerannt. Nachdem sie sich etwas beruhigt hat, meldet sie sich in einer Beratungsstelle. Dort erzählt sie: »Ich habe immer Mütter verachtet, die ihre Kinder misshandeln. Doch jetzt habe ich erlebt, wie nahe ich davor war, das Gleiche zu tun.« Diese Mutter fand Gelegenheit, ihre Not auszusprechen, und lernte, anders mit ihrem Kind umzugehen.

Eine andere Mutter kommt in die Beratungsstelle mit der Bitte: »Helfen Sie mir, ich habe Angst, meine Kinder zu misshandeln.« Sie ist in einer beruflichen Extremsituation, alleinerziehend mit drei kleinen Kindern. Das Verhältnis zwischen Mutter und Kindern hat sich so zugespitzt, dass es nur noch ›Krach und Tränen‹ gibt. In diesem Fall wurden beide Seiten für eine bestimmte Zeit getrennt. Die Kinder kamen in eine Pflegefamilie, die Mutter konnte währenddessen ihre beruflichen Probleme lösen. Dennoch hielten die Mutter und ihre Kinder miteinander Kontakt. In familientherapeutischen Sitzungen lernten alle, anders miteinander umzugehen. Als sie später wieder zusammenzogen, bestand für die Kinder keine Gefahr mehr.

Wenn Kinder Elternaufgaben übernehmen

Viele kleine Kinder übernehmen gerne mütterliche Aufgaben. Sie kommen sich groß vor, wenn sie dasselbe tun wie ihre Mutter. Wenn der zweijährige Janosch sieht, wie die Mutter fegt, wischt oder kocht, läuft er hin und ruft: ›Helpen!‹ Eifrig bietet er seine Hilfe an, obwohl er das Wort ›helfen‹ noch gar nicht richtig aussprechen kann. Am liebsten schiebt er den großen Gartenbesen hin und her. Das gibt ihm ein Gefühl von Macht und Wichtigkeit und ist viel spannender für ihn als mit Bauklötzen zu spielen. Janoschs ›Hilfe‹ entlastet die Mutter nicht, sie macht ihr manchmal sogar mehr Arbeit, da sie seine begrenzten Fähigkeiten in ihre Arbeitsabläufe einbauen muss.

Werden die Kinder größer, möchten sie manchmal die Mutter mit ihrer Hilfe überraschen. Katrin und Maja sind sechs und sieben Jahre alt. Sie wissen, dass ihre berufstätige Mutter heute eine Prüfung hat. Sie möchten der Mutter eine Freude machen, wenn sie von der Prüfung zurückkommt. Deshalb entscheiden sie sich, die Küche zu schrubben. Als die Mutter kurz danach nach Hause kommt, steht die Küche unter Wasser. Die Mutter freut sich über den guten Willen ihrer Töchter und hilft, alles wieder in Ordnung zu bringen. Andere Kinder helfen der Mutter tatsächlich und entlasten sie von bestimmten Arbeiten. Sie erledigen Einkäufe für sie, räumen die Spülmaschine aus oder hängen die Wäsche auf. Doch es ist stets eine Hilfe unter Mutters Anleitung.

Es kann aber auch sein, dass die Mutter ihre Kinder nicht

anleiten kann, weil sie selbst nicht ihren Alltag regeln kann. Eine Mutter kann körperlich oder psychisch so krank sein, dass sie keine Kraft mehr hat, ihre mütterlichen Pflichten zu erfüllen. Dann müssen ihre Kinder eigenständig mütterliche Aufgaben übernehmen.

Kinder als Mutter der Mutter

In Deutschland lebt etwa eine halbe Million Kinder unter achtzehn Jahren in Familien, in denen ein Elternteil an einer psychischen Erkrankung leidet (Pressemeldung des Deutschen Bundestages vom 27.11.2006). Eine solche Erkrankung betrifft die ganze Familie und verunsichert und belastet die Kinder. Eine Erkrankung der Mutter ist für das Kind schwerwiegend, nicht nur weil es nicht mehr wie bisher betreut wird, sondern auch, weil sich das Kind auf die mütterliche Zuwendung nicht mehr verlassen kann.

Häufig wird in der Familie nicht über die Krankheit der Mutter gesprochen. Ein Drittel der Kinder sind über die Erkrankung eines Elternteils gar nicht aufgeklärt, zwei Drittel haben nur ungenaue Vorstellungen. Die Kinder stellen Vermutungen an und meinen oft, die Schuld liege auch bei ihnen selbst. Vorschulkinder glauben dann, dass die Mutter so durcheinander ist, weil sie böse waren oder sich zu wenig um die Mutter gekümmert haben. Gerade kleine Kinder können sich noch nicht vorstellen, dass die Mutter in einer anderen Welt lebt als sie. Bei ihnen besteht die Gefahr, dass sie in die Weltsicht der Mutter hineingezogen werden und ihre Ängste und Wahnvorstellungen teilen.

Oft wird die Krankheit auch als ›ein Familiengeheimnis‹ behandelt, das nicht an die Öffentlichkeit dringen soll. Wenn ein Kind in seiner Not dennoch über das ungewöhnliche Verhalten der Mutter spricht, kann es sich anschließend schuldig fühlen, weil es glaubt, die Mutter verraten zu haben. Kinder, die sich niemandem anvertrauen können, finden auch keine Entlastung. Sie müssen dann vieles mit sich ausmachen und schämen sich für ihre Familie. Kinder von Alkoholikerinnen müssen früh erwachsen werden, um die Mutter bei vielen Tätigkeiten zu vertreten. Meist ist es das älteste Mädchen, das diese Aufgabe übernimmt. Sie sorgt für die jüngeren Geschwister, sie führt den Haushalt, bringt die leeren Flaschen fort und vertuscht vor der Außenwelt das Problem der Mutter.

Kinder von psychisch kranken oder alkoholabhängigen Müttern sind häufig überfordert. Denn sie sind Kinder, müssen aber schon die Aufgaben von Erwachsenen bewältigen und tragen für andere die Verantwortung. Sie fühlen sich oft sozial ausgegrenzt, isolieren sich aber auch selbst von Gleichaltrigen, da sie sich zu sehr für ihre häusliche Umgebung schämen. Außerdem fürchten sie ständig, dass noch Schlimmeres passieren könnte, oder dass sie selbst so werden könnten wie ihre Mutter. Viele inzwischen erwachsene Kinder psychisch kranker Eltern berichten, wie einsam sie sich als Kind gefühlt haben. Ihre eigenen Bedürfnisse nach unbeschwertem Kindsein, nach Schutz und Beistand wurden nicht erfüllt. Enttäuschend war für sie auch, dass ihr großer Einsatz keine grundsätzliche Besserung brachte.

Kinder brauchen eine kindgerechte Aufklärung über die Art der Krankheit. Dann können sie alles besser einordnen, und nur dann brauchen sie sich nicht schuldig zu fühlen. Kindliche Beobachtungen sollte man außerdem ernst nehmen. Das Kind verbringt viel Zeit mit der Mutter, es kann wichtige Informationen geben, und es wird entlastet, wenn es von seinen Beobachtungen erzählen darf. Die Krankheit solle kein Geheimnis bleiben: Kindergarten und Schule sollten informiert sein, damit auffälliges kindliches Verhalten besser verstanden wird.

Wenn die Krankheit nicht mehr verschwiegen werden muss, kann geholfen werden. Anfallende Aufgaben können dann unter Erwachsenen verteilt werden, und das Kind braucht sie nicht mehr heimlich zu verrichten. Dann ist es auch leichter, jemanden außerhalb der Familie zu finden, mit dem das Kind reden und zu dem es gehen kann, wenn es zu Hause zu schlimm wird.

Für ältere Kinder gibt es in manchen Städten Kindergruppen. Dort erhält das Kind Informationen und kann Fragen stellen. Mit diesen Gruppen wird das Gefühl des Ausgegrenztseins überwunden, denn hier trifft das Kind andere Kinder, die in ähnlichen Verhältnissen leben. Ihnen gegenüber kann es sich öffnen und fühlt sich verstanden.

Das Leben der Kinder sollte so normal wie möglich verlaufen. Dazu gehören Freunde und die Möglichkeit zu Kontakten außerhalb des schwierigen familiären Umfeldes. Durch Freizeitangebote kann das Kind wieder etwas von seiner kindlichen Unbeschwertheit zurückgewinnen. Auch das Festhalten an Gewohnheiten aus der Zeit vor der Erkrankung gibt dem Kind Sicherheit.

Ein kleiner Junge als Hüter seiner Mutter

Der bekannte Schriftsteller Elias Canetti ist sieben Jahre alt, als sein Vater stirbt. Er schläft neben der Mutter im Bett des Vaters und horcht die ganze Nacht auf ihr Weinen. Die Mutter glaubt, dass ihr Sohn schläft, doch er wacht heimlich und registriert jeden Laut und jede Bewegung der Mutter. Sobald sie aufsteht, springt auch er aus dem Bett, stellt sich neben sie und umklammert sie mit seinen Armen. Damit will er verhindern, dass sie aus dem Fenster springt und sich umbringt:

Ich nahm es auf mich, sie durch die Nacht zu bringen, ich war das Gewicht, das sich an sie hängte, wenn sie ihre Qual nicht mehr ertrug und das Leben abwerfen wollte. (Canetti 1980, S. 75)

Als ältester Sohn fühlt er sich für die Mutter verantwortlich, er ist überzeugt davon, dass die Mutter sich auf ihn verlässt. Als Siebenjähriger muss er über das Leben seiner Mutter wachen. Diese Aufgabe ist zu groß und zu schwer für ein Kind. Für ein eigenes Leben und eigene Gefühle bleibt da kein Raum. Der siebenjährige Junge hat nach dem Tod seines Vaters, den er sehr liebte, keine Möglichkeit zu trauern. Er hätte dazu den Schutz und den Beistand seiner Mutter gebraucht. Doch diese trauert so sehr, dass ihr kleiner Sohn ihr beistehen muss und sie schützen muss. So wird Elias Canetti schon als Siebenjähriger zur ›Mutter seiner Mutter‹.

Erwachsene Kinder und ihre alternde Mutter

Wird eine Mutter alt und schwach, verlieren die Kinder die Mutter, die sie kannten. Die Person, die sie behütet und verwöhnt hat, ist nicht mehr da. Eine fünfzigjährige Tochter, deren fast achtzigjährige Mutter von einem Tag zum anderen ein Pflegefall wird, kann es nicht fassen: »Früher war sie Bergsteigerin, jetzt kann sie sich nicht mehr allein in der Wohnung bewegen. Früher ist sie ausgegangen, jetzt sitzt sie zu Hause vor dem Fernseher.«

Was Kinder vermissen

Doch ebenso sehr wie sie ihre Mutter bedauert, bedauert sie sich selbst: »Ich habe meine Mutter immer gerne besucht, denn ich konnte mich von ihr verwöhnen lassen. Wenn ich kam, roch es nach Kuchen, und der Tisch war gedeckt. Wir haben zusammengesessen und viel erzählt. All das gibt es jetzt nicht mehr. Wenn ich sie jetzt besuche, bringe ich Kuchen mit und decke den Tisch selbst. Am meisten fehlen mir die Gespräche. Meine

Mutter ist etwas desorientiert. Sie kann einem Gespräch nicht mehr folgen und wiederholt häufig ihre alten Geschichten.«

Für die Mutter ist das Älterwerden schwierig, weil ihre Lebensaufgabe schwindet: Sie muss nicht mehr für ihre Kinder sorgen. Oft fühlt sie sich verloren. Hinzu kommt, dass ihr alles nicht mehr so leicht fällt wie früher. Beim Blick in den Spiegel erschrickt sie. Sie merkt, dass sie sich langsamer bewegt, dass sie schneller ermüdet, und sie ertappt sich dabei, dass sie in den Keller geht und dort nicht mehr weiß, was sie eigentlich holen wollte.

Was Mütter vermissen

Wenn eine Mutter dann noch spürt, wie auch die Kinder unter ihrem Älterwerden leiden, tut es ihr weh: Eine 65jährige Mutter geht mit ihrem Sohn einkaufen. Der Sohn trägt den Einkaufskorb, die Mutter einige Zeitungen. Die Mutter stolpert über eine Stufe, die Zeitungen fallen ihr aus der Hand und verteilen sich auf dem Fußboden. Der Sohn hebt die Zeitungen auf und gibt sie ihr zurück, ohne ein Wort zu sagen. Die Mutter sagt: »Diesen Blick werde ich nie vergessen. Es war eine Mischung aus Mitleid, Scham und vielleicht auch Verachtung. Schweigend fuhren wir nach Hause, und ich habe mir geschworen, wenn es eben geht, meinen Kindern nie zur Last zu fallen.«

Mütter möchten ihren Kindern nicht lästig werden, und doch sind die Kinder oft die letzte Verbindung zur Außenwelt und zu ihrer eigenen Geschichte. Der Partner ist gestorben, auch viele alte Freunde. Neue Freunde findet man im Alter nicht so leicht. Die Welt der Mutter ist kleiner geworden. Ihr Bedürfnis nach Kontakt und Anregung können dann nur die Kinder befriedigen.

Schwach zu werden und im schlimmsten Fall von ihren Kindern abhängig zu sein, ist für alle Mütter ein Schreckgespenst. Gerade für die Generation der heute siebzig- bis hundertjährigen Mütter ist diese Rolle eine Kränkung. Sie haben in ihrem Leben viel geleistet, haben im Krieg ›ihren Mann gestanden‹, Not und Hungerzeiten überwunden und nicht gelernt, Hilfe anzunehmen. Um Hilfe zu bitten, gelingt ihnen noch weniger. Besonders schwierig wird es für Mütter, wenn sie körperlich gebrechlich sind und von ihren Kindern gepflegt werden müssen. Es kommt zu einer bisher unbekannten körperlichen Nähe, die für Mutter und Tochter fremd ist. Denn die heute über siebzigjährigen Mütter haben ihre Kinder vor der sexuellen Revolution erzogen. Damals war es peinlich, sich nackt vor seinen Kindern zu zeigen. Frauen, die früher ihren jungen Körper vor ihren Kindern verborgen haben, müssen nun ihren alternden Körper von den Kindern ansehen und pflegen lassen.

Die Rollen von Mutter und Tochter

Das Erwachsensein eines Kindes ist eine Verkehrtheit.

(Wohmann 1976, S. 73)

In den meisten Familien stirbt der Vater zuerst, die Mutter bleibt zurück, und die Kinder, vor allem die Töchter, übernehmen die Verantwortung für ihre Mütter. Wenn die Mutter schwächer wird, kommt es zu einem Rollenwechsel, der oft nicht leicht zu bewältigen ist. Die Generationsfolge kehrt sich um. Die Tochter ist nicht mehr Kind, das sich an die Mutter anlehnen kann, sondern wird zur ›Mutter der Mutter‹. Und obwohl die Tochter mütterliche Aufgaben übernimmt, ist sie, sobald sie zu ihrer Mutter nach Hause kommt, immer noch das kleine Mädchen.

Die Tochter schwankt zwischen Mitgefühl für ihre Mutter und der Abwehr dieses Gefühls, denn sie fürchtet, das eigene Leben nicht mehr so leben zu können, wie sie es möchte. Es ist auch nicht ungewöhnlich für eine Tochter, auf die Schwäche der Mutter mit Ärger zu reagieren. Dahinter steht die Enttäuschung, dass die Mutter sich so sehr verändert hat, und die Verzweiflung über die eigene Hilflosigkeit.

Gabriele Wohmann beschreibt, wie sie als Tochter das Älterwerden ihrer Mutter erlebt. Schon bei den ersten Anzeichen einer Krankheit ihrer Mutter reagiert sie ärgerlich. Denn für eine Mutter gehört es sich nicht, krank und schwach zu sein. Schon als Kind wurde sie wütend, wenn die Mutter körperliche Schwächen zeigte, da das einfach nicht mit ihrem Bild von ihrer Mutter vereinbar war:

... wenn du es gewagt hast, dich ins Bett zu legen, mit einem Schmerz, einem Husten, einem Fieber, hast du dich mir entzogen. (1976, S. 77)

Mit ihrer Schwäche kann eine Mutter ihre Tochter an sich binden. Die Tochter fühlt sich verantwortlich und muss sich um die Mutter kümmern, ob sie will oder nicht. Hinter Krankheiten können sich Kontaktwünsche verbergen, die ältere Menschen nicht direkt auszusprechen wagen. Sie klagen nicht über ihre Einsamkeit, sondern über ihre Glieder- und Rückenschmerzen. Doch muss dies als ›Hilferuf‹ verstanden werden, mit dem die Mutter sagen möchte: »*Mich gibt es noch, ich bin noch zu vielem fähig und ich habe noch viele Bedürfnisse.*« (Käsler-Heide 2005, S. 189)

Gefühle gegenüber der alternden Mutter

> *Wenn ich an meine Mutter denke, habe ich das Gefühl, ich kann nie gewinnen. Wenn ich mit ihr zusammen bin, kann ich sie kaum ertragen. Aber wenn ich mich zurückziehe, dann habe ich so furchtbare Schuldgefühle, dass es mir auch nicht gut geht.*
>
> (Helga Käsler-Heide 2005, S. 115)

Kinder spüren häufig, dass ihre Mutter einsam ist und können doch nicht ständig bei ihr sein. Sie müssen ihr eigenes Leben führen. So entwickeln sie gerade beim Abschied nach einem Besuch bei der Mutter Schuldgefühle. Manchmal wird der Abschied hinausgezögert, was es für beide nicht leichter macht. Ist die Tochter dann fortgegangen, nimmt sie die Mutter und ihre Probleme in Gedanken mit. Sie fragt sich dann: »Hätte ich länger bleiben sollen?« oder »Sollte ich sie öfter besuchen?« oder auch »Hätte ich ihr sagen müssen, dass sie bald nicht mehr alleine leben kann?«

Gabriele Wohmann beschreibt eine Abschiedssituation, die viele von uns kennen. Die Kinder haben die Mutter besucht, sie sitzen im Auto und fahren weg.

Es sieht aber doch sehr nach völligem Alleinsein aus, wie sie da am Gartentor steht, kleiner werdend, und weil sie ohne eine Jacke überzuziehen aus dem warmen Haus getreten ist, friert sie auch etwas … Für die Insassen des Autos ist die Mutter winzig geworden. Dann verschwindet ihr äußeres Bild ganz. Das bedeutet für die Tochter, dass das innere Bild der Mutter riesengroß wird. (Wohmann 1976, S. 9, S. 13)

Von der Schwierigkeit, sich abzugrenzen

Die Tochter möchte der Mutter das Alleinsein erleichtern, ohne ständig bei ihr zu sein. Doch vielen Töchtern gelingt die Balance zwischen der Verantwortung für die Mutter und der Verantwortung für sich selbst nicht. Sie haben Angst, von den mütterlichen Problemen ›aufgefressen‹ zu werden. Deshalb reagieren sie zurückhaltend. Sie weichen der Mutter bewusst aus und überhören ihre Fragen und Klagen, um nicht zu viel Nähe entstehen zu lassen. Denn Nähe würde auch bedeuten, sich ansprechen zu lassen und in die Probleme der Mutter mit hineingezogen zu werden. Die Schriftstellerin Doris Lessing beschreibt dieses Dilemma. Sie sieht die

Not ihrer Mutter, verbietet sich aber, ihr beizustehen, um sich nicht selbst aufzugeben.

Einerseits war da diese arme Frau, die … Liebe, Unterstützung und Wertschätzung verdiente. Andererseits jedoch musste sie jede Minute bekriegt werden, da sie mich ansonsten verschlungen hätte. (1998, S. 104)

In dem Roman ›Haus der Schildkröten‹ von Annette Pehnt (2006) besucht die Tochter Regina ihre Mutter jeden Dienstag im Altenheim. Jedes Mal bringt sie einen Blumenstrauß mit, den sie stolz herumzeigt, und Orangensaft, den sie der Mutter mit der Schnabeltasse einflößt. Dabei redet sie unentwegt. Mit ihrem Reden und ihrer Betriebsamkeit schützt sie sich davor, die Einsamkeit ihrer Mutter zu spüren. Diese kann nicht mehr sprechen, kann sich aber manchmal durch Laute und Gesten verständlich machen. Die Mutter

… bewegt die Lippen. Regina wartet nicht auf das Gurgeln, sie hat schon weitergeredet, sie redet pausenlos, reißt ihr die Blumen wieder aus der Hand und wedelt damit herum. (S. 17)

Wird die Tochter gefragt, ob sie der Mutter das Abendbrot füttern möchte, hat sie einen dringenden Termin und ist froh, wieder gehen zu können. Ihr schlechtes Gewissen regt sich erst später.

Auch Gabriele Wohmann redet, um die Einsamkeit ihrer Mutter nicht zu spüren. Auf die Frage der Mutter: »*Meinst du, das würde mal besser, das Alleinsein?*« (1986, S. 134) redet die Tochter auf sie ein, wie überraschend gut sie das schon könne. Je schwieriger die Situation ist, um so mehr Worte gebraucht die Tochter, mit denen die Mutter zum Schweigen gebracht werden soll. Gabriele Wohmann bemerkt ihren »*herablassenden Kindergartenton*« (S. 76) der Mutter gegenüber. Sie durchschaut durchaus ihre eigene Taktik, die Mutter auf Abstand zu halten. Nur die Mutter merkt es nicht immer. Dazu ist sie zu gutgläubig. Gerade die Naivität und

Freundlichkeit der Mutter erhöhen die Schuldgefühle der Tochter. Zehn Jahre später schreibt Gabriele Wohmann in ihr Tagebuch:

... von einer anspruchsvollen und selbstsüchtigen Mutter fiele die Trennung sehr leicht ... Wäre sie doch nicht so lieb, denke ich manchmal, vom Liebhaben gibt es keinen Freispruch. (1986, S. 13 f.)

Der Erzähler in Karl-Heinz Otts Roman ›Ins Offene‹ (1998) muss sich gegen die Besitzansprüche seiner Mutter wehren.

Unterdrückte Wut und Schuldgefühle

Sie ist alleinerziehend und hat *»den Sinn ihres Daseins ... von ihrem Kind abhängig gemacht«* (S. 101). Das Miteinander der beiden ist ein ständiger Kampf.

Gelassen haben wir, falls je, seit Langem nicht mehr miteinander geredet ... Seit meiner Schulzeit flüchte ich in die Stille der Bücher, verstopfe mir vor ihr die Ohren und überschreie sie mit wüsten Worten, wenn die Wut keinen anderen Ausweg mehr kennt. (S. 9)

Als die Mutter alt geworden ist, lässt den Sohn der Gedanke an ihren Tod nicht mehr los. *»In schlaflosen Stunden nehme ich seit Jahren Mutters Sterben vorweg.«* (S. 17) Dann mischen sich *»Hoffnung auf Erlösung von Mutters Umklammerung«* (S. 18) mit Schuldgefühlen. Dabei verfolgt ihn ständig ein Ausspruch seiner Mutter: *»Für all das wirst du an meinem Grab büßen müssen.«* (S. 35)

Die meisten Menschen wagen es nicht, sich ihre Wut auf die alternde Mutter einzugestehen. Wie kann man wütend darüber sein, dass die eigene Mutter beim Anziehen Hilfe braucht? Wie kann man darüber streiten, ob der Postbote gerade da war oder nicht, wenn man weiß, dass die Mutter kein Kurzzeitgedächtnis mehr hat? Doch die Wut ist da, egal was der Verstand dagegen einzuwenden hat: *»... der Kopf versteht dies vielleicht, aber* *der Bauch schnürt sich zusammen vor Wut und Enttäuschung.«* (Käsler-Heide 2005, S. 118)

Warum ist die Schwäche der Mutter für die Tochter so schwer zu ertragen?

> *Die Eltern altern zu sehen, bedeutet auch, das eigene Altern wahrzunehmen. Vielleicht schauen wir deshalb so lange weg.*
>
> (Die Zeit 5.10.2006)

Die Tochter ist das Ebenbild der Mutter. So wie die Mutter ist, wird sie auch einmal sein. Bisher war die Mutter stark, die Tochter konnte zu ihr aufblicken. In der Vorstellung eines Kindes wird die Macht der Mutter oft überschätzt. Deshalb ist es für die Tochter so enttäuschend, wenn sie merkt, dass die Mutter diese Macht gar nicht hat.

Kleine Mädchen finden ihre Mutter meistens schön. Sie möchten so werden wie sie. Sie ahmen die Mutter nach, übernehmen ihre Art zu sprechen, sich zu bewegen oder zu kleiden. Auch der Körper der Mutter wird von den Töchtern bewundert. So möchten sie auch einmal werden. Wenn sie nun als erwachsene Frau aus nächster Nähe den Zerfall mit ansehen müssen, tut das weh. Eine Mutter, die hilflos und hässlich wird, ist für die Tochter schwer zu ertragen. Es kann sogar sein, dass die Tochter sich ihrer Mutter schämt. Die Mutter hält der Tochter einen Spiegel vor, in den sie nicht gerne blicken möchte. Gerade eine Tochter im mittleren Lebensalter, die ihre eigenen Grenzen zu spüren beginnt, will nicht durch die Schwäche ihrer Mutter an ihr eigenes Altwerden erinnert werden.

… solange beide am Leben sind, muss die Tochter miterleben, wie ihre Mutter vor ihren Augen immer hinfälliger wird. Dieser

Übergang ins Greisenalter führt, ob sie wollen oder nicht, zur Trauer um die Beziehung, die sie verband; einer Trauer, die den realen Verlust vorwegnimmt. (Eliacheff / Heinrich 2004, S. 294)

Wenn Kinder die Mutter bevormunden wollen

Bei allem, was Kinder für ihre alt gewordenen Eltern tun, muss man sich fragen, ob die Eltern überhaupt so leben möchten, wie die Kinder es sich vorstellen. Die Tochter muss lernen, es auszuhalten, dass die fast blinde Mutter ihren Haushalt noch allein führen will. Der Sohn muss ertragen, dass die körperbehinderte Mutter sich die Treppe hinaufquält, sich aber strikt weigert, einen Treppenlift einbauen zu lassen. Da Kinder die Verantwortung für ihre Eltern spüren, möchten sie alles richtig machen und engen manchmal mit ihrer Fürsorge die Eltern in Bereichen ein, in denen es nicht nötig wäre. Sie bestimmen dann über etwas, was die Eltern selbst regeln könnten.

Da drängt etwa die Tochter ihre Mutter dazu, »ihren Kleiderschrank zu entrümpeln«, obwohl diese sich immer wieder an der langen Reihe bunter Pullover erfreut, weil sie sich ihr Leben lang einschränken musste und wenig Kleidung besaß. Oder der Mutter wird klar gemacht, was sie alles nicht mehr braucht. Sie braucht keine neue Tischdecke zu kaufen, sie hat ja genug. Sie soll sich nicht so viele Blumen anschaffen, das macht nur Arbeit und Dreck. Wenn die Mutter in einen Senioren-Klub geht, andere Männer trifft, sich sogar verliebt, bricht für die Kinder eine Welt zusammen. Sie können und wollen sich nicht vorstellen, dass ihre Mutter noch sexuelle Gefühle hat. Oft erleben sie es auch als Verrat an dem verstorbenen Vater.

Wenn Kinder glauben, die Verantwortung für ihre Mutter übernehmen zu müssen, wünschen sie sich eine bescheidene, zurückhaltende und gefügige Mutter. Wie es ist, wenn die Mutter diese Erwartungen nicht erfüllt, schreibt Bertolt Brecht in seiner Kurzgeschichte: ›Die unwürdige Greisin‹. Seine Großmutter ist 72 Jahre alt, als der Großvater stirbt. Bisher hat sie ohne Hilfe den Haushalt geführt, fünf Kinder großgezogen und für die Familie und die Angestellten ihres Mannes gekocht. Nach dem Tod des Großvaters beraten die Kinder über die Zukunft der Mutter. Ein Kind will sie bei sich aufnehmen, ein anderes mit seiner Familie in ihr Haus ziehen, doch die Mutter lehnt alle Vorschläge ab. Sie möchte allein bleiben und bittet nur um eine kleine finanzielle Unterstützung.

Die Großmutter entwickelt einen neuen Lebensstil, den ihre Kinder als *»unwürdig«* und *»unrespektabel«* ansehen. Sie geht manchmal ins Kino und sitzt oft nachmittags in der Werkstatt eines Flickschusters in einem etwas verrufenen Teil des Ortes. In dieser Werkstatt treffen sich seltsame Menschen, und alle hören den Geschichten des Schusters zu, der in der Welt herumgekommen ist und viel zu erzählen hat. Als ein Sohn der Mutter vorwirft, dass dies kein Umgang für sie sei, antwortet sie nur: *»Der hat etwas gesehen!«* und bricht das Gespräch ab.

Noch aufgebrachter werden die Kinder, als sie erfahren, dass die Mutter fast jeden zweiten Tag in einem Gasthof essen geht und Ausflüge zum Pferderennen macht. Dabei wird sie vom Küchenmädchen des Gasthofs begleitet, nach Meinung der Kinder *»eine halb Schwachsinnige«*. Für das Küchenmädchen kauft sie auch einen eleganten Hut. Die Kinder empören sich, die Mutter werfe das Geld zum Fenster hinaus. Dabei lebt sie keinesfalls üppig. Die Mahlzeiten, die sie zu Hause einnimmt, sind bescheiden, und sie hält ihr Haus weiterhin sauber. Später nimmt die Mutter ohne Wissen ihrer Kinder eine Hypothek auf ihr Haus auf. Was mit dem Geld geschieht, erfährt niemand. Es wird vermutet, dass sie es dem Flickschuster gibt.

Nach Bertolt Brecht führte seine Großmutter eigentlich zwei Leben: Über siebzig Jahre dauerte ihr erstes Leben als Tochter, Frau und Mutter. Sie erfüllte die Rolle einer selbstlosen Frau, die andere versorgt. Ihr zweites Leben als alleinstehende Frau ohne Verpflichtungen dauerte nur zwei Jahre. In dieser Zeit erfüllte sie sich eigene Wünsche und entdeckte neue Lebensbereiche. Die Kinder nennen das zweite Leben ihrer Mutter »*unwürdig*«, der Enkel jedoch bewundert den Mut seiner Großmutter. Auf einer Fotografie, die sie auf dem Totenbett zeigt, erkennt er die Würde der alten Frau:

Sie hatte die langen Jahre der Knechtschaft und die kurzen Jahre der Freiheit ausgekostet und das Brot des Lebens aufgezehrt bis zu dem letzten Brosamen. (Brecht 1953, S. 121)

Wege aus dem Mutter-Dilemma

Das Miteinander von Mutter und Kind anders gestalten

Woran ist eine ›gute Mutter‹ zu erkennen? Vertraute Gedanken fallen uns dazu ein: Eine gute Mutter liebt ihre Kinder, tut alles für sie und ist immer für sie da. Dazu passen Bilder von Müttern, die ihre Kinder anlächeln. Aber dieses Bild ist einseitig. Eine ›gute Mutter‹ kann sich auch anders verhalten. Um dies zu verdeutlichen, hängen in meinem Beratungszimmer zwei Bilder nebeneinander. Beide zeigen eine Mutter mit ihrem Kind, beide lassen eine gute Mutter-Kind-Beziehung erkennen. Aber wie sich Mutter und Kind auf beiden Bildern verhalten, ist verschieden, ja sogar entgegengesetzt.

Das eine Bild ist von Käthe Kollwitz: Die Mutter hat ihr Kind hochgehoben und drückt es an sich, sodass beide sich an der Stirn berühren. Beide sind einander zugewandt. Das Kind patscht mit seinen Händchen in Mutters Gesicht. Die Mutter lächelt es an. Dieses Bild entspricht unserer Vorstellung von ›Mutterliebe‹.

Das andere Bild stammt von dem vietnamesischen Künstler Ha van Vuong, und es zeigt ebenfalls eine gute Mutter-Kind-Beziehung, obwohl Mutter und Kind sich nicht ansehen, sondern sich den Rücken zudrehen. Beide sitzen Rücken an Rücken auf dem Boden, jeder sieht in eine andere Richtung. Mutter und Kind sind jeweils für sich beschäftigt. Sie hantieren mit Körben und Früchten.

Diese beiden Bilder habe ich oft mit Müttern besprochen, wenn Frauen zweifelten, ob sie eine gute Mutter seien. Das zweite Bild zeigt, dass die Zugewandtheit, die wir aus vielen Abbildungen kennen, nicht die einzige gute Mutter-Kind-Beziehung ist. Eine Mutter kann auch für ihr Kind da sein, wenn sie es nicht ansieht. Im Bild kann sich das Kind anlehnen und Mutters Nähe spüren. Es hat aber seine eigene Beschäftigung. Viele Situationen im Alltag verlaufen ähnlich. Schafft es das Kind, eine Weile allein zu spielen, ehe es zur Mutter läuft? Schafft es die Mutter, sich eine Weile nicht einzumischen, wenn das Kind spielt? Es gilt, einen Ausgleich zwischen Zusammensein und Getrenntsein zu finden. Kleine Kinder lernen, im Kinderzimmer zu bleiben, wenn sie nebenan die Mutter in der Küche hören. Mütter lernen, dass ihr Kind nicht immer genau das tut, was sie von ihm erwarten. Mütter sind dann auch nicht so leicht beschämt, wenn ihr Kind sich in der Öffentlichkeit anders verhält, als sie es wünschen.

In jedem Lebensalter brauchen Kinder eine andere Mutter. Die Zweisamkeit, die Babys brauchen, passt nicht mehr für ältere Kinder. Werden die Kinder größer, müssen Mutter und Kind sich stärker der Außenwelt zuwenden und dort ihren Platz finden, das Kind im Kindergarten und in der Schule. Der Psychologe Donald W. Winnicott fordert auch die Mütter auf, in die Welt der Erwachsenen zurückzukehren: *»Ihr Kind ist darauf angewiesen, dass Sie dazu fähig sind, obwohl es darunter leidet.«* (1994, S. 94) Kinder wollen die Welt erobern, aber wenn sie es brauchen, sollten sie Hilfe bekommen und aufgefangen werden. Dann hilft ihnen, wie auf dem zweiten Bild zu sehen, das Gefühl, nicht allein zu sein.

Perfekte Mütter gibt es nicht!

> *Das Bild von der perfekten Mutter tut uns allen nicht gut. Lasst es uns ertränken.* (Simpson 2006, S. 28)

Das Bild von der perfekten Mutter geistert durch unsere Köpfe und macht uns glauben, wir würden versagen, weil wir nicht so sein können, wie dieses Bild zu fordern scheint. So sehr Mütter sich auch bemühen, diesem Bild gerecht zu werden, sie werden immer daran scheitern. Es genügt aber durchaus, eine *»hinreichend gute Mutter«* (Winnicott 1994, S. 136) zu werden. Eine solche Mutter kennt ihre Grenzen und kann damit leben.

Genauso wenig wie perfekte Mütter gibt es perfekte Kinder. Sie stellen etwas an, sie gehen einem auf die Nerven, sie werden einem manchmal zu viel. Auch negative Gefühle den Kindern gegenüber gehören zum Alltag. Keine Mutter mag solche Gefühle, aber sie sollten nicht geleugnet werden. Sophie Freud meint: *»Wir können perfekte Eltern werden, indem wir die Unmöglichkeit eines solchen Zieles akzeptieren.«* (1992, S. 208) Nicht allen Müttern fällt es leicht, den Anspruch an sich selbst einzuschränken und auf Perfektionismus zu verzichten. Die amerikanische Autorin Libby Purves nennt ihr Buch zu diesem Thema daher humorvoll: *»Wie man keine perfekte Mutter wird. Leitfaden für die listige Mutter zu einem ruhigen Leben«* (2004).

Das Mutter-Kind-Ghetto verlassen

> *Nichts ist schlimmer, als den ganzen Tag mit einem einsamen Baby Auge in Auge festzusitzen. Da geht man sich bald gegenseitig auf die Nerven. Jede Gesellschaft aus der Welt da draußen ist besser als gar keine.*
>
> (Purves 2004, S. 85)

Eine mir bekannte Mutter vergleicht die Situation der Mütter, die mit ihren Kindern allein zu Hause sind, mit einem Ghetto:

Gemeinsam einsam

Sie fühlen sich eingesperrt und vom Leben ausgegrenzt. Manche Mutter lebt mit ihren Kindern in einer künstlichen Welt, überwiegend zu Hause, ohne Umfeld. Die Menschen aus dem Umfeld kann eine Mutter nicht ersetzen. Wenn sie es dennoch versucht, führen Mutter und Kind tagtäglich ein Zweipersonenstück auf, das eigentlich für viele Menschen gedacht ist. So bleiben wichtige Rollen unbesetzt. Von Hillary Clinton (1996) stammt die Feststellung: »*Man braucht ein ganzes Dorf, um ein Kind großzuziehen.*«

Oft sagen Mütter resigniert: »Ich habe niemanden, der mir hin und wieder das Kind abnimmt.« Dabei gäbe es in der Umgebung durchaus Freunde oder Bekannte,

Dem Kind Kontakte ermöglichen

die helfen könnten, wenn die Mutter es ihnen nur zutraute. Viele Mütter, die eng mit ihrem Kind zusammenleben, glauben nicht, dass andere sie ersetzen können. Daran ist etwas Wahres, aber Außenstehende (die anderen ›Dorfbewohner‹) sollen ja gerade keine Kopie der Mutter sein. Sie sind für das Kind so wichtig, weil sie anders sind.

Die Mutter der schwerbehinderten Sophia berichtet: »Sophia soll immer hübsch aussehen, gerade weil sie behindert ist. Ich wasche sie häufig, creme sie ein, kämme ihre Locken und ziehe sie immer schön an. Wenn sie dann aus dem Kindergarten kommt, ist ihre Nase nicht geputzt, im Mundwinkel kleben Essensreste, der neue Pullover hat Flecken, und ihre Haare sind zerzaust. Dennoch schicke ich sie in den Kindergarten, denn dort lacht sie und kreischt, wenn die anderen Kinder singen. Das kann ich ihr zu Hause nicht bieten.« Niemand kann Sophia so gut pflegen wie die Mutter, doch Sophia braucht mehr als Pflege. Sie möchte sich mit anderen Kindern freuen und ausgelassen sein. Sophias Mutter erträgt es, dass andere Menschen ihre Tochter nicht so behandeln, wie sie selbst es tut, weil sie erkannt hat, dass die anderen Menschen Sophia etwas geben, was sie zu Hause nicht bekommen kann.

Diese Haltung musste die Mutter erst lernen. Sie berichtet: »Ich musste mich zwingen, den anderen nicht zu viele Vorschriften zu machen. Gerade weil Sophia so besonders behandelt werden muss, habe ich anfangs fast täglich im Kindergarten angerufen, um zu erfahren, wie es ihr geht. Inzwischen kann ich gelassener sein. Im Grunde ist es doch völlig unwichtig, ob Sophias Haare gekämmt sind oder nicht. Davon geht die Welt nicht unter. Ich ziehe ihr auch nicht mehr ihre besten Sachen für den Kindergarten an, dann brauche ich mich nicht zu ärgern, wenn der neue Pullover Flecken hat.«

Mit einer solchen Einstellung ist es leichter, Menschen zu suchen, die mit dem Kind etwas unternehmen. Gibt es Großeltern oder andere Verwandte in der Nähe? Kann der Nachbar, wenn er sein Auto repariert, einen kleinen Zuschauer gebrauchen? Freut sich die Nachbarin, wenn das Kind ihren Hund ausführt? Oder hat die Mutter gar ein Zimmer übrig für eine Studentin, die dann mal als Babysitter einspringt? Kann die Mutter die Freunde aus dem Kindergarten zu einer ›Puddingparty‹ einladen? Solange die Kinder noch klein sind, kann die Mutter bei der Kontaktsuche helfen. Sie muss jedoch oft den ersten Schritt tun.

Eigene Kontakte für die Mutter

Nicht nur das Kind, sondern vor allem die Mutter braucht Kontakte zu anderen Erwachsenen. Mütter beschäftigen sich nach der Geburt ihres Kindes mit Dingen, die ihren Freundinnen oder Arbeitskolleginnen fernliegen. Das Leben der Mütter ist komplizierter geworden, sie können nicht mehr langfristig planen oder müssen manchmal Verabredungen absagen, wenn es dem Kind nicht gut geht. Dadurch nehmen die Kontakte zur gewohnten Umwelt ab.

Wie viele einsame Mütter leben wohl in einem Hochhaus? Wie viele in den Villen am Stadtrand? Wenn sich mehrere Mütter zusammenfinden, ist es für jede ein Gewinn. In einer solchen Gruppe wird Wissen weitergegeben, zum Beispiel über gute Kinderärzte, oder wie man am besten bei der Reinlichkeitserziehung vorgeht. Die Mütter können sich gegenseitig ihre Kinder abnehmen, womit jede für sich freie Zeit gewinnt. Doch der größte Gewinn ist, dass Mütter Frauen treffen, die in der gleichen Lage sind wie sie. Sie können sich in den anderen wiedererkennen und wagen es eher, über ihre Gefühle zu sprechen, weil die anderen ebenso empfinden. Sie fühlen sich verstanden und anerkannt. Nicht selten werden in solchen Gruppen Freundschaften geschlossen, die über übliche Kinderthemen hinausgehen. Mütter tauschen Bücher aus, unterstützen sich in ihren Hobbys, oder gehen gemeinsam in die ›Welt da draußen‹.

Auch Väter können die Mutter-Rolle übernehmen

Das Zusammensein mit den Kindern ist für mich fast immer Freizeit. Auch weil Christoph, anders als die meisten Männer in unserem Bekanntenkreis, pünktlich von der Arbeit kommt und sich dann mit mir um die Kinder kümmert … Mit Christoph fand ich den passenden Mann für meine Lebenspläne, so etwas ist ja auch nicht selbstverständlich.

(Brigitte Balance 4/2006)

Der Vater der zweijährigen Zwillinge Patrick und Kai ist mit seinem Auto zur Arbeit gefahren. Die Kinder haben ihm wie immer fröhlich vom Garten aus nachgewinkt und sind dann mit der Mutter ins Haus zurückgegangen. Die Mutter räumt die Küche auf, die Kinder spielen. Plötzlich hört die Mutter, dass die Kinder weinen. Sie geht ins Kinderzimmer, denn sie fürchtet, dass sie sich verletzt haben oder dass sie sich gegenseitig an den Haaren ziehen, weil sie sich um ein Spielzeug streiten. Als sie ins Zimmer kommt, sitzen beide nebeneinander und weinen. Warum nur? Es scheint keinen Anlass zu geben. Beim Näherkommen sieht die Mutter, dass Patrick ein Foto vom Vater in der Hand hält, das er sich wohl vom Schreibtisch genommen hat. Beide Kinder schauen das Foto an und weinen. Die Zwillinge können noch kaum sprechen. Mit ihrem Weinen drücken sie aus, dass sie den Vater vermissen. Sie haben nämlich einen besonderen Vater, der gerne mit seinen Jungen tobt und auch ganz liebevoll mit ihnen schmusen kann. Er wickelt seine Kinder, badet sie und singt ihnen Lieder vor: ein Vater, der auch be›muttern‹ kann.

Kinder brauchen Väter

Hat ein Kind das Glück, dass Mutter und Vater sich gemeinsam um seine Erziehung kümmern, kann es vielfältige Erfahrungen machen. Denn zu jedem Elternteil entwickelt es eine andere Beziehung und begegnet ihm mit anderen Verhaltensweisen. Während der Kontakt zwischen Mutter und Kind eher ruhig verläuft und sich oft um Pflege dreht, ist das Miteinander von Vater und Kind eher lebhaft. Väter gehen spielerischer mit ihren Kindern um, sie machen mehr ›Quatsch‹. Sie regen ihre Kinder motorisch stärker an und fordern sie insgesamt mehr heraus. Indem sie die Kinder an ihren Hobbys teilnehmen lassen, öffnen sie ihnen die Welt.

Väter können durchaus auch mütterliche Aufgaben übernehmen. Manche Väter sind sogar – entgegen der üblichen Rollenerwartung – mütterlicher als ihre Frauen. Inzwischen wagen es Väter auch, anstelle ihrer Partnerin Erziehungsurlaub zu nehmen. In einer Studie wurden 26 solcher Väter mit ihren Kindern beobachtet. Alle zeigten eine große Feinfühligkeit ihrem Kind gegenüber (Mosheim 2002). Väter können also auch be›muttern‹. Manche Väter haben in der Woche wenig Zeit, engagieren sich dann aber besonders zum Wochenende. Wenn der Vater mehr Zeit mit dem Kind verbringt, kann die Mutter sich zurückziehen oder andere Aufgaben übernehmen. Berufstätige Frauen, die Karriere machen, haben häufig einen Vater zur Seite, der ihnen in der Kindererziehung viel abnimmt und für die Kinder ein sicherer Partner ist.

Der Vater hilft den Kindern auch, ihre Geschlechtsidentität zu entwickeln. Für kleine Jungen dient er als Vorbild, von dem sie lernen können, wie man sich als Mann verhält. Kleinen Mädchen hilft der liebevolle Blick des Vaters, ihre Weiblichkeit anzunehmen. Denn dieser Blick vermittelt ihnen: »Du bist hübsch und liebenswert.«

Der Schriftsteller Karl-Heinz Ott schreibt über eine Familie ohne Vater: *»Gäbe es einen Mann, der mit Mutter lebte, müsste sie nicht alles, was in ihr wühlt, mit dem Sohn abhandeln.«* (1998, S. 101) Gäbe es in dieser Zweierbeziehung einen Vater als dritten, könnte sich ein angemessener Abstand zwischen beiden entwickeln. Das Kind kann sich besser von der Mutter lösen, wenn der Vater sich um es kümmert. Und die Mutter hat, um das Kind loslassen zu können, einen Partner zur Seite, der Verantwortung übernimmt und dem Kind seine Zuwendung zeigt.

> Väter helfen gegen Verstrickungen zwischen Mutter und Kind

Negative Gefühle auszudrücken ist schwierig, wenn es nur einen einzigen Partner gibt. Das Kind kann der Mutter nicht sagen, dass ihre Liebe ihm zu viel wird, wenn sie die einzige Bezugsperson ist. Die Mutter kann dem Kind nicht zeigen, dass sie auch einmal gern allein bleibt, weil sie fürchtet, seine Zuwendung zu verlieren. Gäbe es einen Vater, der zu beiden eine gute Beziehung hat, könnten sie gelassener miteinander umgehen.

Die achtjährige Marie malt ihre Familie in Tieren. Dabei fällt auf, wie sie Vater und Mutter darstellt: Den Vater malt sie als Giraffe mit einem langen Hals. Auf dem Rücken der Giraffe sitzt ein großer Papagei. Das ist die Mutter. Die Kinder liegen als Katze und Hase daneben. Vater und Mutter bilden eine Einheit. Der Vater trägt die Mutter, durch ihn hat sie mehr Abstand von den Kindern und kann alles von oben betrachten.

Ein engagierter Vater macht die Mutter mütterlicher

Aus der Säuglingsforschung und aus der Arbeit mit Familien, deren Kinder behindert sind, wissen wir, dass Familien gegen Störungen weniger anfällig sind, wenn auch der Vater sich bei der Pflege und Betreuung des Kindes engagiert. Das entlastet die Mutter und gibt ihr das Gefühl, nicht allein gelassen zu sein. Zugleich erlebt der Vater, wie es einer Mutter geht. Er merkt, wie ermüdend es sein kann, sich den wechselnden Bedürfnissen eines Kleinkindes anzupassen. Er erkennt, dass auch er sich oft nicht so verhält, wie er es sich vorgenommen hat. Dadurch gewinnt er mehr Verständnis für die Situation der Mutter.

Weil Mütter so viel Erfahrung mit ihrem Kind haben, meinen sie oft, dem Vater das Kind ›nur mit einer Gebrauchsanweisung‹ übergeben zu können. Doch das nimmt dem Vater die Spontaneität und Freude am Zusammensein mit seinem Kind. Emma, eine mir bekannte Mutter, sagte einmal: »Ich muss akzeptieren, dass mein Mann mit dem Haushalt und den Kindern anders umgeht als ich. Wenn mein Mann die Kinder anzieht, ist es ihm

Die Mutter muss dem Vater das Be›muttern‹ zutrauen

unwichtig, wie sie nachher aussehen. Dann kann es passieren, dass mein dreijähriger Sohn eine geblümte, viel zu große Strumpfhose von seiner fünfjährigen Schwester anhat. Ist das wirklich so schlimm?« Emma fragt sich, wen es eigentlich stört, wenn ihr kleiner Sohn nicht korrekt angezogen ist. Dem Kind ist es gleich, ihrem Mann auch, denn beide bemerken es nicht einmal. Verwundert sind eigentlich nur die Nachbarinnen oder Mütter aus dem Kindergarten, deren Kinder immer ordentlich gekleidet sind, weil sie es selbst besorgen. Doch gerade das möchte Emma nicht.

Väter und Kinder haben ihre eigenen Bereiche. Mütter sollten sich fragen, ob es den Kindern wirklich schadet, wenn sie mit dem Vater zehn Minuten länger fernsehen oder einmal in der Woche zu McDonald gehen. Nur wenn die Mutter die anderen Bereiche akzeptiert, hat sie auch eine Entlastung durch das Engagement des Vaters. Den Kindern tut es ohnehin gut.

Doch den größten Gewinn hat wahrscheinlich der Vater. Denn er erlebt sich im Kontakt mit seinem Kind anders als in seinen beruflichen Beziehungen. Er entdeckt an sich neue Seiten und erweitert so sein Selbstbild.

Eckhard Käßmann ist mit der Bischöfin Margot Käßmann verheiratet und hat sich sehr um seine Kinder gekümmert. Er erinnert sich:

Ich habe so viel Schönes ganz intensiv erlebt, was andere Männer, wenn überhaupt, erst als alte Väter in zweiter Ehe kennenlernen. Der Beruf ist nicht alles im Leben. (Dürr / Voigt 2006, S. 114)

Die Paarbeziehung als Kraftquelle für die Familie

Väter und Mütter können sich gegenseitig in ihrer Elternrolle stärken. Doch das gelingt nur, wenn sie als Paar verbunden sind. Damit dies möglich wird, sollten sich beide Eltern Zeit füreinander nehmen. Dies ist leichter, wenn sie dafür den häuslichen Rahmen verlassen, indem sie ausgehen oder an ihre gemeinsamen Interessen aus der Zeit anknüpfen, bevor sie Eltern wurden. Oft müssen Eltern es erst wieder lernen, sich in die Augen zu sehen und miteinander zu sprechen, ohne dass sie jemand unterbricht.

Mütter sind nicht immer schuld

> *Ob man es beim Zubettgehen mit einem kleinen Teufel zu tun hat oder nicht, ist reine Glückssache … Plötzlich begriff ich, dass all diese sorgenfreien, selbstgefälligen Eltern gar keine Genies sind, sondern Glückspilze.*
>
> (Purves 2004, S. 91/92)

Libby Purves' erstes Kind war extrem schwierig. Sie konnte es nachts nicht bei Fremden lassen, selbst nicht bei der vertrauten Kinderfrau, die tagsüber auf es aufpasste. Schrie es einmal, war es kaum zu beruhigen. Sie beneidete ihre Freunde, die abends ins Kino gingen und ihr Kind von einem jungen Mädchen betreuen ließen. Sie fragte sich immer wieder, was sie wohl falsch machte. Als ihr zweites Kind geboren wurde, war alles anders. Dieses Kind ließ sich friedlich ins Bett bringen, weinte nachts nicht, wachte morgens fröhlich auf und spielte zufrieden mit seinen Fingern oder einer Windel, ohne die Eltern zu rufen. Diese Erfahrung nahm ihr die Schuldgefühle und zeigte ihr, dass Kindererziehung nicht nur ›Können‹ ist, sondern auch manchmal ›Glück‹.

Die Vorstellung, dass ein Neugeborenes als unbeschriebenes Blatt auf die Welt kommt, in das die Eltern ein Leben hineinschreiben, ist falsch und manchmal verhängnisvoll. Ein Säugling bringt schon vieles mit, was sein späteres Leben prägt. Selbst bei der Geburt hat das Kind schon Erfahrungen aus der Schwangerschaft, und seine angeborenen Anlagen bestimmen sein Verhalten von Anfang an. Manche Kinder sind nervöser und stressanfälliger als andere, manche haben körperliche Besonderheiten oder Krankheiten, andere sind psychisch labil. Diese genetische Ausstattung eines Kindes beeinflusst das Verhalten seiner Eltern viel stärker, als man bisher angenommen hat. Die Anlagen eines Kindes können ihm selbst und ebenso seinen Eltern Grenzen setzen.

Ein neugeborenes Baby ist kein unbeschriebenes Blatt

Ein Kind mit Neurodermitis hat keine glatte Haut, ganz gleich, wie die Mutter sich bemüht, es zu pflegen. Es ist nicht ihre Schuld, sie hat nichts versäumt. Ein Kind mit autistischen Zügen meidet den Blickkontakt und wehrt sich gegen Körperkontakt. Will die Mutter es streicheln, wird es steif, stößt die Mutter zurück oder weint. Enttäuscht zieht auch die Mutter sich zurück. Doch ihre Tendenz, sich zurückzuziehen, ist nicht die Ursache für das Verhalten ihres Kindes, sondern seine Folge.

Eine aktive Frau, ehemalige Chefsekretärin einer großen Firma, bekommt ein schwieriges Kind. Ihr Sohn Benedikt ist unruhig, er kann nicht still sitzen und kaum bei einer Sache bleiben. Durch Benedikts Unruhe wird das Familienleben gestört. Der Vater ist unzufrieden und wirft der Mutter vor, ihren Sohn nicht richtig zu erziehen. Die Mutter ist schließlich selbst überzeugt, dass sie ihren Sohn nicht richtig erziehen kann. Bisher war sie erfolgreich in ihrem Leben und hat alles geschafft. Nun wirft ihr eigenes Kind, das doch so klein ist, sie aus der Bahn. Schlimm ist für die Mutter

Wissen hilft gegen Schuldgefühle

auch, dass die Nachbarin, eine Bäckersfrau, gut mit ihrem Kind zurechtkommt. Sie fühlt sich als Versagerin und wagt sich kaum noch auf die Straße. Immer wieder fragt sie sich: »Was mache ich falsch?« Schlafen kann sie nur noch mit Schlaftabletten.

Als die Mutter Benedikt in der Beratungsstelle vorstellt, wird festgestellt, dass der Junge eine Wahrnehmungsstörung hat. Sein Verhalten ist weder bösartig noch durch die Unfähigkeit seiner Mutter zu erklären. Er kann die auf ihn einströmenden Reize schwer ordnen und ist deshalb so unruhig. Diese Information entlastet die Mutter, sie kann sich selbst wieder annehmen. Dadurch verändert sich auch das Verhältnis von Mutter und Kind. Sie ruft einige Tage nach dem Beratungsgespräch an und berichtet: »Ich fühle mich viel sicherer – ich gehe mit einem ganz anderen Gewicht durch die Welt!« Manche kindlichen Auffälligkeiten kann sich die Umgebung nicht anders erklären, als dafür die Mutter verantwortlich zu machen. Gerade psychische Störungen werden häufig als Erziehungsfehler gedeutet, weil es dafür meistens keine äußerlichen Merkmale gibt.

Eine Mutter sagte mir einmal: »Ich habe zugelassen, was mir angetan wurde. Ich hätte es abwehren müssen.« Außenstehende können uns nur dann Schuldgefühle bereiten, wenn wir dies zulassen. Libby Purves sieht Schwierigkeiten und Erfolge in der Erziehung nicht als Schuld oder Verdienst der Mutter, sondern als ›reine Glückssache‹. Wenn wir diese Einstellung übernehmen, wird das Leben leichter. An einem Tag, an dem alles daneben ging, Mutter und Kind sich angeschrien haben, hatten einfach beide Pech. Doch das Pech bezieht sich nur auf diesen einen Tag. Morgen ist wieder ein neuer Tag, und vielleicht haben sie dann mehr Glück. Mit die-

Lass dir keine Schuldgefühle einreden!

ser Einstellung bietet jeder Tag eine neue Chance, damit das Miteinander gelingt. Nichts ist so festgeschrieben, wie schuldbewusste Mütter es erleben. Übrigens sind Kinder meist mit ihren Müttern nicht so streng, wie die Mütter es mit sich selbst sind. Kinder sind robuster, als wir manchmal glauben oder als die Psychoanalyse uns glauben macht.

Mütter können nicht alle Probleme ihrer Kinder lösen

> *Ich habe im Laufe der Zeit gelernt, gelassener mit Schwierigkeiten umzugehen. Ich bin nicht mehr so schnell bereit, mich für alles verantwortlich zu fühlen, und lasse jeden seine eigenen Kohlen aus dem Feuer holen.*
>
> (Mutter einer magersüchtigen Tochter in Kunze 2006, S. 138)

Eltern wünschen sich glückliche Kinder, und wenn ihr Kind einmal launisch oder traurig ist, fragen sie sich, was falsch gelaufen ist. Dabei übersehen sie, dass es gute und schlechte Tage gibt. Die Mutter des sechzehnjährigen Luca kommt in das Zimmer ihres Sohnes und findet ihn weinend im Bett. Sie fragt: »Was ist los?« »Ach«, antwortet Luca, »ich bin so traurig, aber es hat nichts mit dir zu tun.« Am liebsten würde die Mutter ihren Sohn in den Arm nehmen, doch sie spürt, dass eine solche mütterliche Haltung für ihren jugendlichen Sohn eine Kränkung wäre. So tippt sie nur mit dem Finger an seine Füße und sagt: »Manchmal ist es gut, wenn man weinen kann.« Dann verlässt sie das Zimmer.

Die sechsjährige Laura läuft ziellos durch die Wohnung und klagt immer wieder: »Was soll ich tun! Mir ist so langweilig!« Natürlich hätte eine Mutter viele Ideen, was ihre Tochter alles machen könnte. Doch besser ist es, die Langeweile der Tochter auszuhalten, damit sie eigene Lösungen entdecken kann. Mütter können die Probleme ihrer Kinder nicht an deren Stelle lösen und dürfen die Probleme der Kinder nicht zu ihren eigenen machen. Sie sollten sich fragen, was sie mittragen können und wo ihre Grenzen sind. Dann können sie sich eingestehen, dass sie ihrem Kind nicht immer direkt helfen können.

Dennoch kann eine Mutter viel für ihr Kind tun, auch wenn sie sich nicht dem Kind zuwendet, sondern auf sich selbst achtet. Die Mutter eines magersüchtigen Mädchens fragt, ob sie noch fröhlich sein darf, wenn es ihrem Kind so schlecht geht. Sie darf es nicht nur, sie soll es sogar. Denn Kinder, die Probleme haben, brauchen Mütter, denen es gut geht.

Der spanische Schriftsteller Josep Espinàs hat eine Tochter mit Down-Syndrom. Er schreibt: »*Das erste Recht abnormaler Kinder ist es, normale Eltern zu haben.*« (1994, S. 24) In einem Brief an seine Tochter fährt er fort:

Deine Freunde und Du, Olga, brauchen Eltern, die fähig sind zu lachen, sich für irgendein Vorhaben zu begeistern, zu tanzen, mit Freunden zum Essen auszugehen, fröhlich zu sein, ... die eine Mitte haben, die Behagen und nicht Beklemmung ausstrahlt; Eltern, die nicht ständig an Euch denken. (S. 25)

Wenn eine Mutter etwas für sich tut, hat sie genügend Kraft, die Not ihres Kindes auszuhalten, ohne davor wegzulaufen oder seine Not mit ihrer Aktivität zudecken zu wollen. Dann kann sie seine Situation ertragen und Hoffnung schöpfen, dass ihr Kind seinen eigenen Weg finden wird, obwohl es im Augenblick nicht danach aussieht. Diese Zuversicht der Mutter stärkt das Kind vielleicht mehr als ihre Aktivität.

Kinder mit Schutzfaktoren

Kinder haben die märchenhafte Kraft, sich in das zu verwandeln, was immer sie wünschen.

(Jean Cocteau)

Die psychologische Theorie, dass eine schwierige Kindheit das Leben eines Erwachsenen beeinträchtigt, ist uns allen so bekannt, dass wir sie kaum noch anzweifeln. Doch es gibt genügend Fälle, die dieser Theorie widersprechen und die uns stutzig machen sollten. Auf der einen Seite gibt es Kinder aus günstigen Lebensumständen, die von ihren Eltern umsorgt wurden und dennoch als Erwachsene nicht mit dem Leben zurechtkommen. Andererseits wachsen Kinder in schwierigsten sozialen Verhältnissen auf, haben Eltern, die sich kaum um sie kümmern, und dennoch entwickeln sie sich zu standfesten, lebensbejahenden Erwachsenen.

Warum gedeihen manche Kinder trotz schwieriger Umstände? Wie behaupten sie sich gegenüber schlimmen äußeren Belastungen? Diese Frage konnten Psychologen lange nicht beantworten. Doch seit etwa 1950 haben entwicklungspsychologische Untersuchungen erbracht, dass es ›Schutzfaktoren‹ geben muss, die Kindern helfen, sich trotz allem gut zu entwickeln. Die Fachleute sprechen von Widerstandskraft oder Resilienz beziehungsweise von ›unverwundbaren‹ Kindern. Kinder sind zwar verletzlich, und augenblickliche Schwierigkeiten gehen nicht spurlos an ihnen vorbei. Doch müssen Belastungen im Kindesalter nicht unbedingt das gesamte Leben eines Menschen belasten. Die frühe Kindheit muss das spätere Leben nicht notwendig negativ beeinflussen, vor allem wenn Eltern oder andere Bezugspersonen darauf achten, dass die Schutzfaktoren für die kindliche Entwicklung gefördert werden. (Vergleiche dazu die Veröffentlichungen von Brooks / Goldstein und Jaede.)

Kindliche Schutzfaktoren finden wir in der Persönlichkeit des Kindes und in seiner Umgebung. Zu den *persönlichen Schutzfaktoren* zählen der Charakter eines Kindes, seine Phantasie und seine Intelligenz. Ein zugewandtes und kluges Kind kann schneller Kontakte knüpfen und sich in der Welt zurechtfinden. So lernt es Menschen kennen, die ihm weiterhelfen. Ein phantasievolles Kind kann sich in das verwandeln, was es wünscht und was es braucht. Es kann sich aus seinem belastenden Alltag wegträumen, andere Lebensmöglichkeiten ausprobieren. Das ist eine Gabe, die ihm hilft, sein Leben zu ertragen und vielleicht sogar zu bewältigen.

Schutzfaktoren aus der *Umgebung* des Kindes sind seine Freunde und andere Erwachsene. Manchmal können diese die schwierige Situation des Kindes nicht ändern. Aber sie wissen darum, deshalb werden sie von den Fachleuten als ›wissende Zeugen‹ bezeichnet. Es hilft einem Kind schon, in seiner Not gesehen und bestätigt zu werden, denn dann kann es seinen Gefühlen glauben und sich selbst vertrauen. Das stärkt sein Selbstbewusstsein.

Wenn es Müttern aufgrund eigener Schwierigkeiten nicht möglich ist, ihrem Kind das zu geben, was es braucht, ist nicht alles verloren. Das Kind wird nicht zwangsläufig daran zerbrechen. Doch sollten Mütter, wenn sie selbst nicht wirken können, dafür sorgen, dass ihr Kind ein Netzwerk bekommt, das es auffängt.

Die Lehre von den Schutzfaktoren ist selbstverständlich kein Freibrief für negatives Verhalten den Kindern gegenüber. Nicht allen Kindern stehen Schutzfaktoren zur Verfügung. Viele nehmen durch das, was ihre Eltern ihnen antun oder was sie unterlassen, auf Dauer Schaden.

An sich selbst denken

Auch Mütter dürfen ›Nein‹ sagen

Die Arbeit läuft nicht davon, wenn du deinen Kindern den Regenbogen zeigst. Aber der Regenbogen wartet nicht, bist du mit der Arbeit fertig bist.

(Chinesisches Sprichwort)

Mütter haben viel zu tun. Das Gefühl, überfordert zu sein, drückte eine Mutter folgendermaßen aus: »*In Indien und Nepal haben Göttinnen acht Arme. Und ich denke als Mutter, ich müsste sie auch haben.*« (Mulack 1993, S. 38) Auch wenn Mütter zehn Arme hätten, bliebe immer noch etwas zu tun. Viel wichtiger als den mütterlichen Einsatz zu vervielfachen, ist es, zu fragen, ob dieser Einsatz überhaupt notwendig ist. Manchmal hilft es, wenn die Mutter von Zeit zu Zeit ihren Tagesplan ›entrümpelt‹. Braucht das Kochen wirklich so viel Zeit? Soll sie dem Kind immer hinterherräumen? Ist es wirklich notwendig, das Kind so oft mit dem Auto irgendwohin zu bringen?

›Nein‹ sagen, um Wichtiges von Unwichtigem zu trennen

Wenn eine Mutter all die Wünsche erfüllen möchte, die von ihren Kindern, ihrem Mann oder Außenstehenden kommen, und wenn sie außerdem noch eigene Ansprüche hat, lebt sie nur noch mit ›einer Liste im Kopf‹. Eine Mutter berichtet:

Diese Liste ist so dominant, dass ich abends oft nicht die Ruhe für ein schönes Buch habe ... Die Liste ist nie abgearbeitet, scheint von allein länger zu werden, und das alles, was du schaffen willst, macht müde. (Rellin 2006, S. 156 f.)

Nachdem diese Mutter beschlossen hat, »*bestimmte Sachen*

einfach nicht zu machen«, geht es ihr besser. Sie setzt sich weniger unter Druck. Dies gelingt aber nur, weil sie sich von dem Vorhaben verabschiedet, es allen Menschen recht zu machen.

›Nein‹ sagen müssen die meisten Mütter erst lernen. Denn sie sind es gewohnt, ›Ja‹ zu sagen, um anderen Gutes zu tun. Sie fürchten, mit ihrem ›Nein‹ die Kinder und den Partner vor den Kopf zu stoßen. Sie möchten doch eine ›gute Mutter‹ sein und sagen dann ›Ja‹, obwohl sie ›Nein‹ meinen. Das macht sie unzufrieden mit sich selbst und wirkt unecht auf die anderen.

Mutter ist nicht das Dienstmädchen der Familie

Wenn die Mutter ›Nein‹ sagt, bedeutet es in Wirklichkeit ›Jetzt nicht‹. Sie ist weiterhin für ihre Kinder da, hört ihnen zu und unterstützt sie, wo sie nur kann. Doch sie nimmt ihnen nicht alles ab, was sie allein können. Schon kleine Kinder können ihre Schuhe an den richtigen Platz stellen und machen das auch gerne, wenn sie dafür gelobt werden. Kinder können und sollen lernen, sich selbst anzuziehen und kleine Aufgaben im Haushalt zu erfüllen. Das macht sie auch stolz. Die Kinder ›dürfen‹ schrittweise immer mehr Dinge selbst in die Hand nehmen und lernen dabei abzuschätzen, wann sie wirklich Hilfe brauchen.

Mütter wagen oft nicht, ihren Kindern etwas zu verbieten, weil sie ihre Kinder nicht belasten wollen. Doch Kinder brauchen Grenzen, denn Grenzen und klare Regeln erleichtern das Zusammenleben. Wenn es für Kinder selbstverständlich wird, dass sie vor dem Zu-Bett-Gehen die Zähne putzen, braucht darüber nicht diskutiert zu werden. Wenn Schulkinder gelernt haben, dass sie ihre

Mutters ›Nein‹ hilft den Kindern in ihrer Entwicklung

Hausaufgaben von sich aus und alleine machen, braucht die Mutter nicht ständig zu bitten, endlich mit den Aufgaben anzufangen, und sie muss auch nicht danebensitzen.

Grenzen sollten nicht nur als Beschränkungen erlebt werden. Sie geben den Kindern Sicherheit und Orientierung. Eine Erziehung ohne Grenzen kann Kinder sehr belasten und ihnen sogar Angst machen. Eine mir bekannte Frau, die ihre Kinder sehr streng erzieht, erklärte: »Ich weiß, dass ich streng bin. Aber wenn ich alles durchgehen lasse, können meine Kinder nicht das Gefühl entwickeln, dass ich mich um sie kümmere, dass sie mir nicht gleichgültig sind.«

Ein heute erwachsener Mann spricht über seine kindlichen Ängste, die daraus entstanden, dass seine Mutter nie ›Nein‹ sagen konnte: »Meine Mutter erzog mich allein, und ich war der Prinz. Sie tat alles, was ich wollte, und wenn sie mir mal etwas verbot, brauchte ich nur zu schreien, dann nahm sie ihr Verbot sofort zurück. Aber glücklich machte mich das nicht. Ich hatte entsetzliche Angst. Wenn meine Mutter nicht einmal mir, einem kleinen Kind, entgegentreten konnte, wie sollte sie mich dann vor Dieben und Einbrechern beschützen? Sie hätte mich doch nie verteidigen können, wenn Klassenkameraden und Lehrer mir Böses wollten. Ich habe mir immer einen strengen, starken Vater gewünscht, der für mich einsteht und mich beschützt.«

Strenge und Grenzen werden von Kindern anerkannt, wenn sie dahinter eine natürliche Autorität sehen. Eine Bekannte von mir ist an der Schule, wo sie unterrichtet, zugleich die beliebteste und die strengste Lehrerin. In ihrer Klasse herrscht die beste Disziplin, da die Kinder stets wissen, wie sie sich zu verhalten haben. Sie wissen auch, was geschieht, wenn sie gegen die Regeln verstoßen. Häufig protestieren Kinder gegen ein mütterliches ›Nein‹, weil sie im Augenblick ihren Willen durchsetzen möchten. Doch insgeheim wünschen sie sich dieses

›Nein‹. Denn die Grenzen zeigen einem Kind, wer es ist, welchen Platz es innerhalb der Familie einnimmt und welche Regeln für das Zusammenleben gelten. Kinder wollen wissen, woran sie sind. Deshalb erproben sie häufig, wo ihre Grenzen liegen. Manchmal provozieren sie ihre Eltern, nur um zu erfahren, wie weit sie gehen können und wann sie an Grenzen stoßen.

Das Kind muss erfahren, dass die Regeln nicht von seinen Eltern gemacht werden, um es zu ärgern, sondern um es zu schützen und zu fördern. Wer seinem Kind nichts abverlangt und ihm alles durchgehen lässt, beeinträchtigt seine Entwicklung. Ohne Übung und Disziplin kann ein Kind keine Leistungen bringen. Auch Erwachsene müssen sich an Regeln halten und Grenzen akzeptieren, damit das Miteinander gelingt.

Alle Mütter wünschen sich eine gute Beziehung zu ihren Kindern. Wenn sie ›Nein‹ sagen, kann ein Schatten auf diese Beziehung fallen, es kann zu Spannungen und Konflikten kommen. Kinder akzeptieren die mütterliche Autorität nicht ohne weiteres, schon gar nicht, wenn sie immer wieder erleben, dass die Mutter nachgibt. Dass Mutters Wort ›gilt‹, müssen beide lernen.

Mutters ›Nein‹ entlastet sie selbst

Wenn die Mutter ihren Kindern ein ›Nein‹ zumutet, ist es für alle ein Gewinn. Bleibt die Mutter freundlich und fest, dann weiß das Kind, woran es ist. Das gibt ihm Orientierung und letztlich Schutz. Eine Mutter, die sich abgrenzen kann, richtet sich nicht nach den schnell wechselnden Wünschen und Launen ihrer Kinder. Nur wenn sie sich abgrenzt, kann sie das tun, was für sie wirklich wichtig ist und was sie wirklich will. Dann kann sie dem Schönen in ihrem Leben Raum geben und die vermeintliche Pflicht hintanstellen. Dann kann sie im richtigen

Augenblick mit ihren Kindern den Regenbogen betrachten. Schönes sollte nicht aufgeschoben werden, denn es wartet nicht unbedingt, bis wir Zeit haben.

Eigene Bedürfnisse und Wünsche ernst nehmen

> *Wir müssen lernen, an uns selbst zu denken. Frauen müssen endlich verzichten auf ihr ach so weibliches Verzichten.*
>
> (Alice Schwarzer 1975, S. 228)

Viele Mütter haben sich angewöhnt, immer zuerst an ihre Kinder zu denken, und sie vergessen dabei häufig ihre eigenen Wünsche und Bedürfnisse. Oft können Mütter nicht einmal sagen, was sie sich wünschen. Sie wissen es nicht mehr. Bei Beratungen gebe ich Müttern manchmal ein Blatt Papier mit einem großen leeren Kreis. Dazu sage ich: »Stellen Sie sich diesen Kreis als Kuchen vor. Er enthält alle Energie, die Sie haben. Nun teilen Sie den Kuchen in Stücke ein, die zeigen, wofür Sie ihre Energie brauchen.« Wenn die Mütter ihren Kuchen aufgeteilt haben, sind sie oft erschrocken über die großen Stücke, die sie ihren Kindern zubilligen, und die kleinen Stücke, die für sie selbst und für ihre Partnerschaft übrig bleiben. Es gibt sogar Mütter, die sich selbst bei der Aufteilung vergessen und das erst im Nachhinein merken.

Jede Frau ist anders, und jede hat andere Wünsche, Bedürfnisse oder auch Träume. Was die eine Mutter als Belastung empfindet, kann eine andere erfreuen. Die eine Mutter fühlt sich von ihren Kindern ›aufgefressen‹, während eine andere die Zeit mit den Kindern als Erfüllung erlebt: »*Bei anderen merke ich manchmal, dass sie sich freiplanen – Zeit für sich selbst organisieren. Für mich ist die Zeit mit den Kindern auch Zeit für mich selbst.*« (Rellin 2006, S. 154) Wichtig ist also, dass jede Mutter herausfindet, was sie braucht, und überlegt, was sie davon in ihrem Alltag verwirklichen kann.

Nicht alle Wünsche sind erfüllbar. Aber manchmal hilft eine kreative Lösung oder ›eine kleine List‹, dass Mütter ihren Wünschen näherkommen, ohne dass sie dabei ihre Kinder vernachlässigen. Eine kulturell interessierte und lebenslustige Mutter merkt nach der Geburt ihres Sohnes, dass ihr bisheriges Leben sich verflüchtigt. Sie ist nur noch zu Hause und lässt ihren Tag von den Schlafzeiten ihres Babys bestimmen. Weil das Kind schwer einschläft, setzt sie sich zu ihm, starrt auf seine Augen und wünscht sich, dass sie zufallen. Ist es dann endlich eingeschlafen, wagt sie kaum, sich in der Wohnung zu bewegen, um das Kind nicht wieder zu wecken. Alle Geräte bleiben abgeschaltet, und sie setzt sich still aufs Sofa.

Die Mutter spürt mit der Zeit, dass Traurigkeit sie überkommt. Sie muss etwas ändern. Sie kann das Kind nicht weggeben, weil sie es noch stillt. Doch sie weiß, sie muss hinaus, sonst ›platzt‹ sie. Sie legt das Kind in ein Tragetuch und unternimmt etwas. Der erste Ausflug in ihre alte Welt ist gleich ein Erfolg. Sie geht ins Museum, der Junge bleibt ruhig und schläft in seinem Tragetuch ein. Die Mutter berichtet: »Die Ausstellung war nicht besonders, viel zu modern für mich. Aber ich habe jedes Bild geliebt, einfach, weil ich es sehen konnte.« Nach dem Museumsbesuch geht sie in ein Café, um das Kind zu stillen. Die Bedienung ist begeistert von dem niedlichen kleinen Jungen, das tut der Mutter gut. Als er wieder eingeschlafen ist, kann sie sogar in Ruhe eine Illustrierte durchblättern, was sie seit seiner Geburt nicht mehr getan hat.

Eine junge Frau studiert Ingenieurwissenschaften und möchte in ihrem Leben Arbeit und Familie verbinden (Dörr/Voigt 2006 S. 54–69). Als ihr erstes Kind geboren wird, nimmt sie ihre Tochter, nachdem sie nur zwei Wochen alt ist, einfach mit in die Vorlesung. »*Gefragt hat sie niemanden. Sie hat es ein-*

fach gemacht.« (S. 59) Sie setzt sich in eine der hinteren Reihen. Wird das Baby unruhig, stillt die Mutter es zwischendurch oder schaukelt es etwas. Ist das Kind nicht zu beruhigen, geht die Mutter mit ihm nach draußen.

Mit ihrem Partner entwirft sie einen Plan für die Kinderbetreuung und für die Hausarbeit. Auch als das zweite Kind geboren wird, fährt sie mit ihrem Studium fort. Um die spätere Berufslaufbahn macht sie sich keine Sorgen. Sie wünscht sich eine anspruchsvolle Arbeit und möchte gleichzeitig für ihre Familie da sein. Sie sagt: »*Wenn es den passenden Job für mich nicht gibt, dann muss ich ihn mir eben schaffen.«* (S. 64) Sie verwirklicht ihre Bedürfnisse, ohne dass die Kinder zu kurz kommen. Sie ist zufrieden mit dieser Kombination:

Ich habe gerade erst zu einer Freundin gesagt, mein Leben war vorher schon ganz okay … Ich hatte es ganz gut hinbekommen und war ziemlich zufrieden mit mir. Aber rückblickend empfinde ich es, als hätte ich die ganze Zeit an einem Bahnhof gesessen und verreisen wollen. Mit Kindern verreist man dann endlich. (S. 69)

Mütter, die nicht für sich selbst sorgen, können auch nicht wirklich für andere sorgen. Eine Mutter, die auch an sich denkt, ist nicht egoistisch, sondern sie tut damit sogar etwas für ihre Kinder. Denn wenn es ihr selbst gut geht, kann sie gelassener sein, hat mehr Freude an ihren Kindern und kann deren Verhalten besser ertragen. Eine Mutter sagte mir einmal: »Wenn ich gut drauf bin, kann ich viel über Felix und seine lustigen Sprüche lachen. Wenn ich schlapp bin, finde ich ihn nur albern und lästig.«

Versöhnung mit der eigenen Mutter als Versöhnung mit sich selbst

> *Es gilt, die hässlichen Worte, die die Eltern in deine Biografie gekritzelt haben, durch bessere zu ersetzen. Ohne Frieden mit den Eltern gibt es keinen Frieden mit deiner Seele und deinen eigenen Kindern.*
>
> (Jung 2000, S. 231)

Irgendwann wurde jedes Kind einmal von seinen Eltern verletzt – oft unabsichtlich. Es fühlte sich unverstanden und den Launen der Eltern ausgeliefert. Manche wurden geschlagen oder sogar missbraucht. Friedrich Nietzsche sagt: »*Welches Kind hätte nicht Grund, über seine Eltern zu weinen?*« (Jung 2000, S. 233) Viele können sich ihr Leben lang nicht von diesen kindlichen Verletzungen befreien. Immer wieder kommen sie darauf zurück, auch als Entschuldigung für alles, was ihnen im Erwachsenenleben nicht gelingt. Dann heißt es: »Ich bin so geworden wegen meiner Mutter.« Doch als erwachsener Mensch ist man selbst für sein Leben verantwortlich und kann nicht seine Mutter für alles verantwortlich machen. Uns selbst als ›Opfer unserer Mutter‹ zu betrachten, hilft nicht weiter. Dann versinken wir in Selbstmitleid, blicken rückwärts, übernehmen keine Verantwortung und haben keine Kraft für unsere Weiterentwicklung. Um für gegenwärtige und zukünftige Aufgaben frei zu werden, müssen wir uns mit unserer Mutter aussöhnen.

> Wir sind nicht Opfer unserer Mütter

Was bedeutet Versöhnung?

Wenn wir verzeihen, so bedeutet das nicht, dass wir so tun, als wäre nichts geschehen ... Vielmehr bedeutet es, dass eine Tat nicht mehr als Schranke die Verbindung stört.

(Martin Luther King)

Es gibt keine wirkliche Versöhnung, wenn wir alles vergessen oder verdrängen wollen, und auch dann nicht, wenn wir alles schönreden nach dem Motto: »Es war ja gar nicht so schlimm!« – obwohl es doch schlimm war. Versöhnung heißt vielmehr, das Erlebte nicht als ›Schranke‹ zwischen sich und dem anderen stehen zu lassen. Doch dazu müssen beide Seiten den Standpunkt des anderen anhören und versuchen, ihn zu verstehen.

Bevor wir uns dem anderen zuwenden, muss uns die eigene Geschichte klar sein. Der Blick zurück auf die ›Wunden der Kindheit‹ tut oft weh. Doch die Trauer über Verletzungen und verpasste Möglichkeiten ist notwendig und muss ausgehalten werden. Versöhnung bleibt dann aber nicht bei den eigenen Gefühlen stecken, sondern blickt auch auf die Mutter mit dem Wunsch, sie kennenzulernen. Kinder wissen oft erstaunlich wenig über ihre Mütter. Vielleicht lebte die Mutter in Kriegszeiten, oder sie war arm, verstand sich nicht mehr mit ihrem Partner, war unglücklich oder krank. Kinder wissen oft nicht, wie sehr die Mutter sich angestrengt hat, um es ihnen recht zu machen. Sie beklagen nur, dass es ihr nicht gelungen sei.

Wenn Kinder die persönliche Situation ihrer Mutter kennenlernen, können sie diese besser verstehen. Das erlebte die Schriftstellerin Marianne Krüll, die über die Auseinandersetzung und Versöhnung mit ihrer Mutter ein Buch geschrieben hat. In einem Interview in der Zeitschrift Psychologie Heute (Juli 2002, S. 25) bekennt sie: »*Dadurch lerne ich eine andere*

Frau kennen als die, mit der ich im Streit bin.« Aus ihren Erfahrungen leitet Marianne Krüll vier Schritte ab, die notwendig sind, um sich mit der Mutter zu versöhnen.

Vier Schritte zur Versöhnung mit der eigenen Mutter:

1. Die eigene Geschichte suchen
2. Die Mutter konfrontieren (keine Anklage, keine Vorwürfe, sondern von den eigenen Gefühlen sprechen)
3. Auf die Mutter zugehen (Die Mutter als eine Frau sehen, von der man wenig weiß.)
4. Die gesellschaftlichen Bedingungen berücksichtigen (Wann war die Mutter jung? Wie waren Mütter damals?)

Mutter und Tochter können sich versöhnen, wenn jede die Sicht der anderen auf die gemeinsame Geschichte anerkennt. Krüll schreibt: »*Sie (die Tochter) will nur akzeptiert werden als eine, die etwas anderes erlebt hat, und in ihrer Wahrnehmung bestätigt werden.*« (S. 24) Das Gleiche wünscht sich die Mutter von ihrer Tochter.

Versöhnung mit den ›inneren Eltern‹

Wenn Eltern gestorben sind, wenn sie krank oder dement sind, wenn sie sich einem Gespräch verweigern, gibt es doch einen Weg zur Versöhnung. Selbst wenn man sich mit den realen Eltern nicht mehr versöhnen kann, kann dies doch mit den ›inneren Eltern‹ gelingen. Manche Psychologen schlagen vor, den Eltern einen Brief zu schreiben. Dieser muss nicht abgeschickt werden, denn ein anklagender Brief würde die Eltern verletzen und brächte keine Versöhnung. Für das Kind kann es aber befreiend sein, seine Wut und seinen Schmerz auszudrücken. Deshalb spricht Mathias Jung von einem »*heilenden Brief*« (2000, S. 281). In einem Brief kann der Erwachsene seinen Eltern gegenüber Worte finden für etwas, das er als Kind, aber auch in seinem späteren Leben vielleicht nicht auszusprechen wagte. Er kann sich den Schmerz von der Seele schreiben und sich selbst wiederfinden und besser verstehen, indem er das, was er dumpf fühlt, in Worte fasst. Ein Brief gibt Raum für Gefühle und Erinnerungen, für Klagen und die eigene Not, aber auch für Verzeihung, Verabschiedung und Dank.

Letzteres sollte nicht vergessen werden, denn wir haben nur überlebt, weil unsere Mutter etwas für uns getan hat. Danken sollten wir nicht nur dafür, dass sie uns gefüttert, gewaschen und gekleidet hat, sondern auch dafür, dass wir an den Schwierigkeiten unserer Kindheit nicht zerbrochen sind. Vielleicht hat eine Mutter, die nicht hinreichend für ihr Kind sorgen konnte, in ihm den Willen geweckt, für sich selbst zu sorgen. Auch dafür gebührt ihr Dank.

Versöhnung mit der Mutter, um die eigenen Kinder nicht zu belasten

Solange wir sagen: »Ich wollte nie so werden wie meine Mutter!«, leben wir mit einem Feindbild. Gegen dieses Bild anzukämpfen kostet uns Kraft, die dann im Umgang mit uns selbst und mit unseren Kindern fehlt. Wer sich nicht mit seiner Mutter versöhnen kann, gibt das, was ungelöst bleibt, an seine Kinder weiter. Sophie Freud (1992) hatte eine Mutter, die ihre kleine Tochter mit ihren Gefühlen überschwemmte und bei der Tochter Trost suchte, wenn ihr das Leben zu schwer wurde.

Die Verzweiflung des Kindes, die Mutter nicht wirklich trösten zu können, führte dazu, dass sie sich gegenüber dem Leid ihrer Mutter verschloss. Selbst als Erwachsene hat sie immer noch Angst davor, fremdem Leid hilflos ausgesetzt zu sein. Dies erschwert es ihr, den Problemen ihrer eigenen Kinder angemessen zu begegnen:

Dass ich so früh den elterlichen Ängsten ausgesetzt war, hat meine Fähigkeit eingeschränkt, die Sorgen meiner Kinder zu ertragen. Ich merke, dass ich abwechselnd überreagiere und unterreagiere – ein Reflex auf die altbekannten Gefühle der Panik, die mich überfallen, wenn ich mir ihre Probleme anhöre. (S. 361)

Sophie Freud konnte keine ›gute Mutter‹ werden, solange sie mit ihrer eigenen Mutter im Konflikt lag. Ihr Leben lang hat sie gegen ihre Mutter gekämpft. Erst nach dem Tod der Mutter versöhnt sie sich mit ihr, wobei es ihr hilft, die persönliche und zeitgeschichtliche Situation ihrer Mutter zu überdenken. Nun hat sie mehr Verständnis für ihre Mutter. Sie erkennt, dass auch die Mutter häufig verletzt wurde, und sieht ihre Not während des Krieges und der Emigration. Erst jetzt kann sie anerkennen, was die Mutter für sie getan hat und wie sie den Lebensweg ihrer Tochter beeinflusst hat. Nun kann sie sagen: »*Ich habe das Gespenst meiner Mutter ausgetrieben. Ich brauche nicht länger zu fürchten, dass es von meinem Leben Besitz ergreifen wird.*« (S. 367) Das macht sie frei, sich ihren Kindern anders zuzuwenden.

Sich selbst »bemuttern«, um sein Kind zu mögen

> *Eine glückliche Mutter ist für die Kinder segensreicher als hundert Lehrbücher über Erziehung.*
>
> (Nach J. H. Pestalozzi)

Als Kinder waren wir von unserer Mutter abhängig. Um zu überleben, brauchten wir ihre Versorgung und Zuwendung. Auch als Erwachsene haben wir noch immer das Bedürfnis, umsorgt und geliebt zu werden. Wir warten noch immer auf

Zuwendung. Doch anstatt Unerfüllbares von der Mutter zu erwarten, sollten wir selbst für unser Wohlbefinden und unsere Zufriedenheit sorgen. Wir sollten uns selbst ›bemuttern‹ und das für uns selbst tun, was man sich von der Mutter wünscht. Wir können freundlicher mit uns umgehen, uns auch mal etwas Gutes tun, etwas gönnen. Das können Kleinigkeiten sein: ein Bad nehmen, wenn wir abgespannt sind, oder uns ein gutes Essen bereiten. Wir können uns Zeit nehmen für Dinge, die wir schon lange tun wollten, oder uns sogar etwas schenken. »*Wir müssen lernen, uns an uns selbst zu wenden, wenn wir etwas Gutes bekommen wollen.*« (Norwood 1986, S. 302)

Von einer Mutter wünschen wir nicht nur Geschenke, sondern vor allem, dass sie uns anerkennt. Sich selbst zu bemuttern bedeutet also auch, dass wir uns selbst anerkennen und achten. Wir müssen unser Leben in die Hand nehmen und die Verantwortung für uns zurückgewinnen. Eine Mutter, die auf diese Weise etwas für sich tut, entdeckt ihre ›Kraftquellen‹ und gewinnt wieder Freude an ihrem Leben und an sich selbst. Sie ist weniger verletzlich und dadurch weniger auf die Menschen ihrer Umgebung und auf ihre Kinder angewiesen, damit es ihr gut geht. Das entlastet wiederum ihre Kinder, weil die Mutter weniger von ihnen fordert. Sie müssen nicht perfekt sein, um die Mutter zu bestätigen. Sie müssen die Mutter nicht glücklich machen. Die Kinder dürfen so sein, wie sie sind. Die Mutter respektiert ihre Andersartigkeit, ja sie freut sich sogar daran. Das gibt den Kindern die Chance, sich gut zu entwickeln.

Sich Hilfe gönnen

Eine Mutter, die ihr Kind in einer Beratungsstelle vorstellt, ist sehr belastet, denn ihrem Kind geht es nicht gut. Es hat Schwierigkeiten, oder es macht Schwierigkeiten. Die Mutter leidet mit ihrem Kind, oder sie ärgert sich an ihm. Auf jeden Fall weiß sie nicht weiter. Sie ist mutig genug, Außenstehende, die einen anderen Blickwinkel haben, um Rat zu fragen. Dennoch ist sie verunsichert und fürchtet sich, für das Verhalten ihres Kindes verantwortlich gemacht zu werden. Aufgabe einer Beratungsstelle ist es, der Mutter wieder mehr Sicherheit zu geben. Dies geschieht auf unterschiedliche Weise. Zunächst muss die Mutter ihr Kind verstehen lernen, um in ihm nicht nur einen ›Störenfried‹ zu sehen. Doch ebenso wichtig ist es für sie, sich selbst und ihr Verhalten zu verstehen.

Hilfen, um das Kind zu verstehen

Wissen vermitteln

Auffälliges Verhalten bei Kindern kann ganz verschiedene Ursachen haben. Wenn zum Beispiel ein dreijähriges Kind noch nicht spricht, kann dies durch eine *intellektuelle Störung*, eine geistige Behinderung oder eine Entwicklungsverzögerung bedingt sein. Es kann aber auch eine *motorische Beeinträchtigung* der Sprechwerkzeuge sein. Andere Kinder sprechen nicht, weil ihr *Sozialverhalten* und ihre *Kommunikationsfähigkeit* noch nicht entwickelt sind. Ein Kind mit autistischen Zügen etwa kann sich nicht auf sein Gegenüber einstellen. Es hört Worte, die es vielleicht nachspricht, ohne zu wissen, was es sagt. Worte ergeben für dieses Kind keinen Sinn, denn es erlebt Sprechen nicht als einen Austausch. Es gibt auch Kinder, die auf Grund einer *emotionalen Belastung* das Sprechen verweigern. Unverarbeitete Erlebnisse, zu hohe Leistungsanforderungen oder die Angst, beschämt zu werden, können ein Kind daran hindern, zu sprechen.

Es ist wichtig, den Grund für die Auffälligkeit des Kindes zu finden, denn davon hängt ab, welche Hilfe das Kind braucht. Erst wenn eine Mutter weiß, warum ihr Kind sich so verhält, kann sie lernen, besser damit umzugehen. Dann entwickelt sie auch weniger Schuldgefühle. Außerdem gibt dieses Wissen ihr mehr Sicherheit im Umgang mit Außenstehenden. Jetzt kann sie ihrer Umgebung das kindliche Verhalten erklären.

Ein anderer Blick auf das Kind

Wenn Mütter mit ihrem Kind in eine Beratungsstelle kommen, gilt ihre Aufmerksamkeit dem auffälligen Verhalten des Kindes. Sein Verhalten stört, und sie möchten diese Störung so schnell wie möglich beseitigen. Dabei übersehen sie oft, wie viel Stärke und Mut hinter auffälligem kindlichen Verhalten stecken kann.

Nadjas Mutter beklagt sich, dass ihre achtjährige Tochter ein schrecklicher Dickkopf ist und genau das Gegenteil von dem tut, was man ihr sagt. Legt die Mutter ihr abends die Kleider zurecht, die sie am nächsten Morgen anziehen soll, so erscheint Nadja am nächsten Morgen ganz anders angezogen. Erklärt die Mutter ihr ein neues Spiel, so spielt Nadja es bestimmt nicht so, wie die Mutter es ihr vorgeschlagen hat, »sondern verkehrt herum«. Die Beraterin sagt zum Bericht der Mutter: »Ihre Tochter scheint sehr eigenständig zu sein und auch sehr kreativ.« Die Mutter ist zunächst erstaunt, doch dann antwortet sie: »So habe ich es noch nie gesehen. Eigentlich haben Sie Recht.« Zum ersten Mal fällt ihr auf, dass Nadja, wenn sie sich nach ihren eigenen Wünschen anzieht, manchmal richtig schick ist.

Hilfen, um sich selbst zu verstehen

Wenn eine Mutter mit ihrem Kind in die Beratungsstelle kommt, ist sie ratlos und fragt sich, wie es weitergehen soll. Deshalb sollte sie zunächst einmal erzählen dürfen. Denn wir Menschen verarbeiten unsere Erfahrungen, indem wir sie mit Worten zusammenfassen. Um erzählen zu können, braucht die Mutter eine interessierte Zuhörerin, die sie anerkennt und ihr vermittelt, dass alles, was sie sagt, wichtig ist. Ebenso wichtig ist, dass die Mutter sich selbst zuhört. Dann kann sie das, was sie erlebt, mehr von außen betrachten. Sie bekommt mehr Abstand zu ihren belastenden Erfahrungen und unklaren Gefühlen. Sie findet Worte für bisher Unausgesprochenes. Das gibt ihr die Chance, ihre eigene Lebenssituation neu und anders zu verstehen. Oft entdeckt sie schon während ihres Erzählens einen Weg zur Veränderung. Sie hat in ihrem Leben schon viele schwierige Situationen gemeistert. Manchmal muss sie daran erinnert werden, denn ihre augenblicklichen Schwierigkeiten haben ihren Glauben an sich selbst und an ihre Kräfte verschüttet. Der Rückblick auf frühere Stärken gibt ihr wieder Mut, vor den heutigen Schwierigkeiten nicht zu flüchten, sondern dagegen anzugehen.

Die Belastung aussprechen dürfen

Geht es in einem Beratungsgespräch um Wissensvermittlung, so gehören dazu auch Ratschläge, bei denen Fachwissen weitergegeben wird.

Beratung und Ratschläge

Die Mutter des zweijährigen Ralf ist enttäuscht, dass ihr Sohn nicht mit dem teuren Handwerkskasten spielen will, den sie ihm geschenkt hat. Sie ist so enttäuscht, dass sie sich von dem Jungen zurückzieht. Im Beratungsgespräch erfährt sie, dass Ralf für einen solchen Handwerkskasten viel zu jung ist.

In einem zweiten Beratungsgespräch geht es um die Enttäuschung der Mutter darüber, dass Ralf mit ihrem Geschenk nicht glücklich ist. Warum fühlt sich die Mutter durch das Desinteresse ihres Kindes so gekränkt? Wie können solche Situationen in Zukunft vermieden werden? Auf diese Fragen suchen die Mutter und die Beraterin gemeinsam eine Antwort. Die Beraterin hat jetzt keinen Wissensvorsprung mehr gegenüber der Mutter. Beide haben keine Lösung parat. Doch jede bringt ihre Sicht in das Gespräch ein. Das Wissen der Mutter über ihre eigene Geschichte und ihre bisherigen Erfahrungen mit ihrem Kind werden ergänzt durch das Fachwissen der Beraterin über zwischenmenschliche Beziehungen und psychologische Zusammenhänge. Die Beraterin nimmt sich jetzt zurück und verzichtet auf Ratschläge, denn die Mutter braucht keine Lösungsvorschläge, sondern genügend Raum, um sich darzustellen und ihr Leben zu überdenken. Durch Nachfragen und Zusammenfassen des Gesagten soll die Mutter eine neue Sicht auf ihre eigene Geschichte gewinnen. Wenn das gelingt, findet die Mutter selbst neue Wege. Denn auf die wichtigsten Fragen unseres Lebens müssen wir Anworten finden, die zu uns passen.

Mach dich nicht von Fachleuten abhängig

> *Die Aufgabe der Umgebung ist nicht, das Kind zu formen, sondern ihm zu erlauben, sich zu offenbaren.*
>
> (Maria Montessori)

»Ich hab es im Guten und im Bösen versucht …« Diesen Satz habe ich oft gehört, wenn Mütter über die Probleme mit ihren Kindern sprechen. Er zeigt die Not und die Hilflosigkeit vieler Mütter. Er zeigt aber auch, wie viele Ratschläge sie schon ausprobiert haben. Es gibt keine ideale Methode. Auch Experten sind sich nicht einig. Sie kommen aus verschiedenen Denkschulen und haben jeder seinen eigenen Hintergrund. Wie soll eine Mutter sich da zurechtfinden?

Je unsicherer eine Mutter ist, je mehr das kindliche Verhalten sie belastet, um so nötiger hat sie einen Rat. Am liebsten hätte sie ›schnelle und wirkungsvolle Tipps‹, damit ihre Kinder bald wieder ›funktionieren‹. Doch Kinder können nicht wie Fahrräder oder Kühlschränke mit Hilfe einer Bedienungsanleitung behandelt werden. Versteht eine Mutter den Rat der Fachleute als ›Gebrauchsanweisung‹ für ihre Kinder, wird sie schnell Schwierigkeiten bekommen und in ihrer Not von einem Verhalten zum anderen springen. Dann versucht sie es ›im Guten und im Bösen‹ und kommt doch nicht zum Ziel.

Betrachtet eine Mutter den Rat der Fachleute als eine ›Gebrauchsanweisung‹, dann wird sie sich bemühen, ihn genau zu befolgen. Denn Gebrauchsanweisungen sind nur wirkungsvoll, wenn man sich an sie hält. Doch was die Fachleute vorschlagen, kann den Gefühlen der Mutter widersprechen. Wenn sie ihnen dann trotzdem folgt, wird ihre Haltung unecht; und wenn sie ihnen nicht folgt, bekommt sie Schuldgefühle.

> Expertenvorschläge hemmen die eigene Handlungsfähigkeit

Eine Mutter berichtet, wie ihr Expertenvorschläge zu schaffen machen: Ihr kleiner Sohn wacht nachts weinend auf. Doch sie wagt nicht, ihn zu trösten, weil sie gelesen hat, dass Kinder kleine Tyrannen sind und dass man sie auf keinen Fall verwöhnen darf. So steht sie lange im Flur vor dem Kinderzimmer, möchte hineingehen und verbietet es sich wieder. Als sie dann »heimlich« hineingeht, kann sie ›das »kleine weinende Bündel« zwar hochnehmen, aber nicht so liebevoll trösten, wie sie es sonst tut, weil sie fürchtet, ihr Kind zu verwöhnen.

Fachleute können uns keine ›Gebrauchsanweisung‹ für unsere Kinder liefern. Dennoch ist ihr Rat oft sinnvoll, denn er bietet Anregungen zum Nachdenken, vermittelt Wissen und öffnet häufig eine neue Perspektive. Manchmal ist es für eine Mutter nützlich, zu erfahren, was andere denken. Die endgültige Entscheidung, was zu tun ist, kann allerdings nur sie fällen. Denn nur sie kennt die Einmaligkeit ihres Kindes, die Besonderheiten der Familie und ihre eigenen Möglichkeiten und Grenzen.

Der eigene Weg als Risiko und Chance

Ein solcher Umgang mit dem Kind enthält immer das Risiko, etwas falsch zu machen, denn wir wissen im Voraus nicht, wie unser Kind reagiert. Kinder handeln nach ihren eigenen Gesetzen. Wir müssen akzeptieren, dass uns manches fremd bleibt, sogar unsere Kinder. Auch unsere eigenen Reaktionen sind nicht immer planbar. Auch wir reagieren spontan, was nur menschlich ist. Menschlich ist auch, dass nicht alles glatt läuft und dass wir auch bei bestem Willen Fehler machen. Dann müssen wir uns eben entschuldigen. Das tut Kindern besonders gut, denn es zeigt ihnen, wie ernst und wichtig wir sie nehmen.

Menschlich ist auch, dass wir manchmal ungeduldig sind, aus der Haut fahren und unsere Kinder nicht so behandeln, wie wir es eigentlich möchten. Gerade weil wir unsere Kinder lieben, reagieren wir oft so intensiv, sind so leicht getroffen. Wären uns unsere Kinder gleichgültig, könnten wir kühler reagieren, doch das wäre ein großer Verlust. Das Zusammenleben von Menschen und besonders die Erziehung der eigenen Kinder ist nicht vollständig planbar. Doch das macht uns neugierig auf unsere Kinder. Manchmal sind sie eine richtige Überraschung für uns. Wir können ihre Einmaligkeit achten und sie als Geschenk annehmen. Dann müssen wir sie nicht mehr manipulieren, sondern ihnen einen Rahmen bieten, in dem sie sich entfalten können.

Nachwort: Über Mütter schreiben

Literatur verleiht Worte für Situationen, die sprachlos machen.

(Psychologie heute, Dezember 2002)

Was wissen erwachsene Kinder über das Leben ihrer Mutter? Oft recht wenig. Es scheint geradezu eine Scheu zu geben, sich mit den Gefühlen und Sehnsüchten der Mutter zu beschäftigen. Mütter sprechen vor ihren Kindern selten über das, was sie wirklich bewegt. Zwischen Müttern und Kindern herrscht also eine gewisse Unkenntnis und Sprachlosigkeit. Anders in der Literatur. Dort wagt man es, über Mütter zu schreiben. Schriftstellerinnen und Schriftsteller finden Worte für schwierige Situationen und Beziehungen. Deshalb habe ich für dieses Buch immer wieder zu Beispielen aus der Literatur gegriffen.

»*So gern hätt' ich ein schönes Lied gemacht von deiner Liebe, deiner treuen Weise …*« beginnt Annette von Droste-Hülshoff ein Gedicht über ihre Mutter. Doch es gelingt ihr nicht, in Worte zu fassen, was sie für ihre Mutter empfindet. Deshalb schreibt sie zum Schluss: »*… wo man am meisten fühlt, weiß man nicht viel zu sagen.*«

Der Schriftstellerin Doris Lessing fehlen Worte aus Enttäuschung. Sie schreibt über ihre Mutter: »*Sie mochte mich nicht … Doch dies zuzugeben wäre ihr unmöglich gewesen: Eine Mutter liebt ihr Kind, ein Kind seine Mutter und damit basta.*« (1998, S. 30)

Christa Wolf schreibt über ihre Mutter und nennt diesen

Vorgang *»ein Kreuzverhör mit dir selbst«* (1983, S. 9). Während des Schreibens hat sie Albträume. In einem Traum sieht sie, wie ihre rechte Hand – *»die Schreibhand«* – wegoperiert wird. Dieses Traumerlebnis verbindet sie mit der alten Vorstellung, dass die Hand, *»die sich gegen Vater und Mutter erhoben hat«*, *»... verdorren möge oder aus dem Grabe wachsen«* wird. (S. 43)

Können Worte die einzigartige Person der Mutter erfassen?

Die Erzählung ›Wunschloses Unglück‹ von Peter Handke ist ein Bericht über das Leben und den Tod seiner Mutter. Er bekennt, dass ihm das Schreiben noch nie so schwer gefallen ist. Bei allen anderen Themen, sogar bei der Darstellung ganz persönlicher Erlebnisse, kann er auf Distanz gehen. Er kann *»eine abgeklärte Vogelperspektive«* (2003, S. 34) einnehmen, sogar *»ein bisschen lügen«* oder sich *»verstellen«* (S. 66). Diese Kunstgriffe darf er jetzt nicht anwenden. Denn er möchte seiner Mutter gerecht werden, sich an sie *»heranschreiben«* (S. 34), um sie zu verstehen. Doch das gelingt ihm nicht. *»Sie lässt sich nicht einkapseln, bleibt unfasslich, die Sätze stürzen in etwas Dunklem ab und liegen durcheinander auf dem Papier.«* (S. 34)

Von der Scheu, sich in die Mutter hineinzudenken

Warum kennen Kinder ihre Mutter so wenig? Wie viel Fremdheit besteht zwischen beiden trotz großer Nähe? Anja Meulenbelt sagt: *»Ich bin ihr ältestes Kind. Ich müsste sie kennen. Aber weiß ich, wer sie ist?«* (1986, S. 17) Liegt es vielleicht daran, dass Kinder ihre Mutter nur im Hinblick auf ihre eigenen Bedürfnisse sehen? Mütter sind für die meisten Kinder fraglos da. Sie erwarten, dass ihre Mutter sich um sie kümmert und alles versteht. Würde sie eigenen Bedürfnissen folgen, müsste sie sich ja von ihren Kindern abwenden.

Mütter und Kinder gehören zu verschiedenen Generationen, zwischen denen es klare Grenzen gibt oder geben sollte. Wenn ein Kind es wagt, sich in seine Mutter hineinzudenken oder gar über sie zu schreiben, verlässt es seine natürliche Rolle als Kind. Kinder vermeiden es auch, sich mit den Gefühlen ihrer Mutter auseinanderzusetzen, weil sie nicht wissen, was dabei herauskommen könnte. Sie möchten nichts von den ›dunklen Seiten ihrer Mutter‹ erfahren, sondern an dem Bild der guten Mutter festhalten. In einer französischen Zeitschrift (Psychologies, Dezember 2006) beschreibt die 35 Jahre alte Marina, wie sie ihre Mutter gefragt hat, ob sie als Kind erwünscht war. Die Mutter hat kalt und klar geantwortet, dass sie ihre Tochter sehr liebe, dass sie sie aber abgetrieben hätte, wenn sie dazu die Möglichkeit gehabt hätte. Dieses Bekenntnis der Mutter *»zerreißt der Tochter das Herz«*. Sie sagt: *»Ich würde alles dafür geben, wenn ich dieses Gespräch niemals geführt hätte.«*

Es gibt noch einen anderen Grund, weshalb Kinder es vermeiden, sich zu sehr mit ihrer Mutter zu beschäftigen. In Barbara Bronnens Roman ›Die Tochter‹ (1980) interessiert sich Katharina für andere Menschen und denkt sich gern in fremde Personen hinein. Nie aber fühlt sie den Wunsch, über ihre Mutter nachzudenken und deren Sehnsüchte kennenzulernen: *»Es gab eine innere Stimme in ihr, die ihr immer kurz davor ›Halt‹ geboten hatte, als hätte sie Angst, dabei zu sehr in sich selbst hineinzuhorchen.«* (S. 77)

Mutter und Tochter sind sich oft ähnlicher, als beide es wahrhaben wollen. So wie die Mutter möchte die Tochter aber auf keinen Fall werden. Sie möchte ganz sie selbst sein, eine einmalige Persönlichkeit, und keine Doppelgängerin oder Kopie der Mutter.

Persönliche Erfahrungsberichte über die Mutter werden Romane genannt.

Du öffnest ein Buch, das Buch öffnet dich.

(Chinesisches Sprichwort)

In mehreren Schriften seit 1970 beschäftigen sich Schreibende mit der Persönlichkeit der eigenen Mutter. Es sind meist kritische und realistische Darstellungen, Erfahrungsberichte, also keineswegs ›Romane‹, wie sie meistens genannt werden. Wahrscheinlich soll das Wort ›Roman‹ einem Buch über die eigene Mutter die Schärfe nehmen. Christoph Meckel entschied sich für einen anderen Weg, um seine Mutter nicht zu belasten: Er veröffentlichte sein Buch erst nach dem Tod der Mutter, 19 Jahre, nachdem er es verfasst hatte.

Für die Kinder ist das Schreiben eine Möglichkeit, ihr eigenes Leben besser zu verstehen. Deshalb wurde die Mutter-Tochter-Literatur in den 70er Jahren auch ›Selbstfindungsliteratur‹ genannt. Zu jener Zeit gab es für Frauen kaum noch verbindliche Rollenmodelle. Sie mussten sich darüber klar werden, wie sie leben wollten. Indem die Tochter sich gegen das Leben ihrer Mutter abgrenzte, konnte sie sich selbst finden.

Mütter in der Literatur als ›Spiegel‹ für andere Mütter

Auch den Müttern erlaubt die Literatur, einen anderen Blick auf das eigene Leben zu werfen. Peter Handke brachte seiner Mutter Bücher mit, die sie las, um die geschriebene Geschichte mit ihrer eigenen zu vergleichen. Dabei lebte die sonst so zurückhaltende Frau auf und begann zum ersten Mal, auch über sich zu sprechen. Sie *»lernte von* ***sich*** *zu reden; mit jedem Buch fiel ihr mehr dazu ein. So erfuhr ich allmählich etwas von ihr.«* (2003, S. 46)

Literaturverzeichnis

Die Übersetzungen der originalsprachlich angeführten Literatur stammen von der Autorin.

Fachliteratur

Baier, Tina: Mutterliebe ist ein Trick der Natur. Süddeutsche Zeitung Wissen, 09/2006, S. 74–79.

Benz, Andreas: Der Überlebenskünstler. Drei Inszenierungen zur Überwindung eines Traumas. Hamburg 1997.

Bergmann, Wolfgang: Gute Autorität. Grundsätze einer zeitgemäßen Erziehung. Weinheim 2005.

Bettelheim, Bruno: Gespräche mit Müttern. München 1977.

Bettelheim, Bruno: Surviving and other essays. New York 1980 (1. Aufl. 1952).

Beuys, Barbara: Familienleben in Deutschland. München 2006.

Bovey, Shelley: Und plötzlich sind sie flügge. Wie es Müttern geht, wenn die Kinder das Haus verlassen. Freiburg im Breisgau 2000.

Bowlby, John: Mütterliche Zuwendung und geistige Gesundheit. München 1973 (Maternal Care and Mental Health. 1951).

Brazelton,Thomas Berry: Eine Familie werden. Wie sich Beziehungen entwickeln und verändern. München 1994.

Brazelton, Thomas Berry / Cramer, Bertrand G.: Die frühe Bindung. Die erste Beziehung zwischen dem Baby und seinen Eltern. Stuttgart 1991.

Brooks, Robert / Goldstein, Sam: Das Resilienz-Buch. Wie Eltern ihre Kinder fürs Leben stärken. Stuttgart 2007.

Chamberlain, Sigrid: Adolf Hitler, die deutsche Mutter und ihr erstes Kind: Über zwei NS-Erziehungsbücher. Gießen 1997.

Chu, Victor: Casablanca oder wohin die Sehnsucht dich trägt. Unerfüllte Liebe und andere Leidenschaften. München 1997.

Clinton, Hillary Rodham: It takes a village. And other lessons children teach us. New York 1996.

Deckenbach, Karin: Die Mutterglück-Falle. Warum wir unser Familienbild ändern müssen. München 2006.

Dürr, Anke / Voigt, Claudia: Die Unmöglichen. Mütter, die Karriere machen. München 2006.

Eichhorn, Christoph: Eltern sind nicht immer schuld. Warum manche Kinder schwierig sind. Stuttgart 2003.
Eliacheff, Caroline / Heinrich, Nathalie: Mütter und Töchter. Ein Dreiecksverhältnis. Düsseldorf / Zürich 2004.
Ellison, Katherine: Mutter sein macht schlau. Kompetenz durch Kinder. München 2006.
Erikson, Erik H.: Jugend und Krise. Die Psychodynamik im sozialen Wandel. Stuttgart 1970.
Fahrenberg, Brigitte: Die Bewältigung der »empty nest situation« als Entwicklungsaufgabe der älter werdenden Frau – Eine Literaturanalyse. Zeitschrift für Gerontologie 19/1986, S. 323–335.
Filliozat, Isabelle: Elternliebe – Elternhass. Das Drama zwischen Eltern und Kindern. München / Zürich 2006.
Finger, Gertraud: Ja, mein Kind ist anders. Ein Mutmachbuch für Eltern behinderter Kinder. Zürich 2000.
Finger, Gertraud: Mit Kindern trauern. Stuttgart 2002 (1. Aufl. Zürich 1998).
Finger, Gertraud: Brauchen Kinder Ängste? Stuttgart 2005.
Finger, Gertraud / Simon-Wundt, Traudel: Was auffällige Kinder uns sagen wollen. Verhaltensstörungen neu deuten. Stuttgart 2002.
Flessenkemper, Gabriele: Mein Sohn, der 68er. Ein Rückblick auf die eigene Ungeduld. In: Häsing, Helga / Brandes, Volkhard (Hrsg.): Kinder, Kinder! Lust und Last der linken Eltern. Frankfurt am Main 1983, S. 79–84.
Frohnhaus, Gabriele: Feminismus und Mutterschaft. Eine Analyse theoretischer Konzepte und der Mütterbewegung in Deutschland. Weinheim 1994.
Gidion, Heidi: Und ich soll immer alles verstehen ... Auf den Spuren von Müttern und Töchtern. Freiburg im Breisgau 1988.
Hays, Sharon: Die Identität der Mütter. Zwischen Selbstlosigkeit und Eigennutz. Stuttgart 1998.
Heimlich, Hildegard / Rother, Dietger: Wenn's zu Hause nicht mehr geht. Eltern lösen sich von ihrem behinderten Kind. München / Basel 1991.
Herman, Eva: Das Eva-Prinzip. Für eine neue Weiblichkeit. München / Zürich 2006.
Hilbk, Merle: »Da hauste ein Monster in mir«. Die Zeit 4.11. 1999.
Hug, Wolfgang: Schöne Frauen des Freiburger Münsters. Bildnisse aus acht Jahrhunderten. Freiburg im Breisgau 2004.
Jaede, Wolfgang: Kinder für die Krise stärken. Selbstvertrauen und Resilienz fördern. Freiburg im Breisgau 2007.
Jung, Mathias: Versöhnung. Töchter, Söhne, Eltern. Lahnstein 2000.
Käsler-Heide, Helga: Wenn die Eltern älter werden. Ein Ratgeber für erwachsene Kinder. Weinheim / Basel 2005 (1. Aufl. 2000).

Kast, Verena: Loslassen und sich selber finden. Die Ablösung von den Kindern. Freiburg im Breisgau 1991.

Köhler, Henning: Was haben wir nur falsch gemacht? Kindernöte, Elternsorgen und die verflixten Schuldgefühle. Stuttgart 2002.

Kunze, Renate: »Ich bin müde, kraftlos und herzleer«. Wie Mütter die Magersucht und Bulimie ihrer Töchter erleben und bewältigen. Weinheim / Basel 2006.

Lerner, Harriet: Der Tanz ums Kind. Wie Muttersein unser Leben verändert. Frankfurt am Main 2003.

Liedloff, Jean: Auf der Suche nach dem verlorenen Glück. Gegen die Zerstörung unserer Glücksfähigkeit in der frühen Kindheit. München 1984 (1. Aufl. 1980).

Mann, Erika: Zehn Millionen Kinder. Die Erziehung der Jugend im Dritten Reich. Reinbek 1997 (1. Aufl. 1938 in den USA: School for Barbarians. Education under the Nazis. 1. deutsche Ausgabe Amsterdam 1938).

Miller, Alice: Das Drama des begabten Kindes und die Suche nach dem wahren Selbst. Frankfurt am Main 1979.

Moser, Tilmann: Grammatik der Gefühle. Mutmaßungen über die ersten Lebensjahre. Frankfurt am Main 1983.

Mosheim, Robert u.a.: Können das Väter überhaupt? Eine Studie zur Vater-Kind-Beziehung in der väterlichen Karenzzeit. In: Steinhardt, Kornelia u.a. (Hrsg.): Die Bedeutung des Vaters in der frühen Kindheit. Gießen 2002.

Mulack, Christa: ... und wieder fühle ich mich schuldig: Ursachen und Lösung eines weiblichen Problems. Stuttgart 1993.

Norwood, Robin: Wenn Frauen zu sehr lieben. Die heimliche Sucht, gebraucht zu werden. Reinbek 1986.

Papousek, Mechthild: Wurzeln der kindlichen Bindung an Personen und Dinge: Die Rolle der integrativen Prozesse. In: Eggers, Christian (Hrsg.): Bindung und Besitzdenken beim Kleinkind. München / Wien 1984.

Purves, Libby: How *Not* to be a Perfect Mother. The crafty mother's guide to a quiet life. London 2004 (1. Aufl. 1986; dt.: Die Kunst, (k)eine perfekte Mutter zu sein. München 1987).

Rellin, Martina: Bin ich eine gute Mutter? Frauen erzählen. München 2006.

Rickenbacher-Fromer, Corinne: Mutterbilder und ihre ideologischen und religiösen Bezüge. Universität Zürich, Diss. 1999. Chur / Zürich 2001.

Rückert, Sabine: Tödliche Mutterliebe. Die Zeit 13.7.2006.

Schaffer, Rudolf: Mütterliche Fürsorge in den ersten Lebensjahren. Stuttgart 1978.

Schenk, Herrad: Wieviel Mutter braucht der Mensch? Der Mythos von der guten Mutter. Reinbek 2001 (1. Aufl. 1998).

Schmollack, Simone: Ich wollte nie so werden wie meine Mutter. Berlin 2004.
Schneider, Regine: Gute Mütter arbeiten. Ein Plädoyer für berufstätige Mütter. Frankfurt am Main 1995.
Schwarzer, Alice: Der »kleine Unterschied« und seine großen Folgen. Frauen über sich – Beginn einer Befreiung. Frankfurt am Main 1975.
Simpson, Bria: The balanced mom. Raising your kid without losing your self. Oakland, CA 2006.
Skasa-Weiß, Eugen: Mütter – Schicksal großer Söhne. Oldenburg / Hamburg 1966.
Stern, Daniel N.: Mutter und Kind. Die erste Beziehung. Stuttgart 1979.
Tschöpe-Scheffler, Sigrid (Hrsg.): Konzepte der Elternbildung. Eine kritische Übersicht. Leverkusen 2005.
Vinken, Barbara: Die deutsche Mutter. Der lange Schatten eines Mythos. München / Zürich 2001.
Winnicott, Donald W.: Kinder. Gespräche mit Eltern. Stuttgart 1994.

Lebensbeschreibungen, Erzählungen und Romane

Beauvoir, Simone de: Das andere Geschlecht. Sitte und Sexus der Frau. Reinbek 1968 (1. Aufl. 1951).
Brecht, Bertolt: Die unwürdige Greisin. In: Kalendergeschichten. Reinbek 1953, S. 114–121.
Bronnen, Barbara: Die Tochter. München 1980.
Canetti, Elias: Die gerettete Zunge. Geschichte einer Jugend. Frankfurt am Main 1980 (1. Aufl. 1977).
Christ, Lena: Erinnerungen einer Überflüssigen. München 2005 (1. Aufl. 1912).
Delius, Friedrich Christian: Der Sonntag, an dem ich Weltmeister wurde. Reinbek 1994.
Domin, Hilde: Das zweite Paradies. Frankfurt am Main 1996.
Edvardson, Cordelia: Gebranntes Kind sucht das Feuer. München 1989.
Espinàs, Josep Maria: Dein Name ist Olga. Briefe an meine mongoloide Tochter. Frankfurt am Main 1994.
Freud, Sophie: Meine drei Mütter und andere Leidenschaften. Frausein, Liebe, Lebensmitte. München 1992.
Frisch, Max: Santa Cruz. Frankfurt am Main 1961.
Handke, Peter: Wunschloses Unglück. Frankfurt am Main 2003 (1. Aufl. 1974).
Heidenreich, Elke: Die schönsten Jahre. In: Dies.: Der Welt den Rücken. Erzählungen. München / Wien 2000, S. 7–43.
Heidenreich, Elke: Der Tag, als Boris Becker ging. In: Dies.: Der Welt den Rücken. Erzählungen. München / Wien 2000, S. 75–94.

Hohlbaum, Christine Louise: Diary of a Mother. Parenting Stories and Other Stuff. New York 2003.
Jelinek, Elfriede: Die Klavierspielerin. Reinbek 1983.
Kästner, Erich: Als ich ein kleiner Junge war. München 2004 (1. Aufl. 1957).
Kolb, Ulrike: Frühstück mit Max. München 2001.
Kollwitz, Käthe: Die Tagebücher. Hrsg. von Jutta Bohnke-Kollwitz. Berlin 1989.
Lessing, Doris: Das Leben meiner Mutter. München 1998 (1. Aufl. 1985).
Meckel, Christoph: Suchbild. Meine Mutter. Frankfurt am Main 2005 (1. Aufl. 2002).
Meulenbelt, Anja: Ich wollte nur dein Bestes. Reinbek 1986.
Michel, Nicolas: Die Blaue. Stuttgart 2006 (1. Aufl. franz.: La Bleue. Paris 2004).
Moor, Margriet de: Sturmflut. München / Wien 2006.
Morrison, Toni: Sehr blaue Augen. Reinbek 1993 (1. Aufl. engl.: The bluest eye. 1970).
Munro, Alice: Schweigen. In: Tricks. Acht Erzählungen. Frankfurt am Main 2006, S. 145–181.
Nothomb, Amélie: Robert des noms propres. Paris 2002 (Dt.: Im Namen des Lexikons. Zürich 2004.
Ott, Karl-Heinz: Ins Offene. Hamburg 1998.
Overath, Angelika: Nahe Tage. Roman einer Nacht. Göttingen 2005.
Pehnt, Annette: Haus der Schildkröten. München 2006.
Richter, Jutta: Hechtsommer. München 2004.
Roth, Philip: Der menschliche Makel. München / Wien 2002 (1. Aufl. engl.: The Human Stain. 2000).
Shriver, Lionel: Wir müssen über Kevin reden. Berlin 2006.
Wolf, Christa: Kindheitsmuster. Leipzig 1983 (1.Aufl. 1976).
Wohmann, Gabriele: Ausflug mit der Mutter. Darmstadt / Neuwied 1976.
Wohmann, Gabriele: Paulinchen war allein zu Haus. Darmstadt / Neuwied 1978.
Wohmann, Gabriele: Unterwegs. Ein Tagebuch. Darmstadt / Neuwied 1986.
Yalom, Irvin D.: Mama und der Sinn des Lebens. In: Die Reise mit Paula. München 2000, S. 9–24.

Zum Buch

Sie können unmöglich alle Erwartungen erfüllen, weil es so viele davon gibt und entwickeln deshalb Schuldgefühle gegenüber ihrem Kind. Sie fragen sich, ob andere Mütter besser sind und sollten doch einsehen, dass es die »perfekte« Mutter nicht gibt. Das Buch hilft Müttern, neue Sehweisen zu entwickeln, so dass sie ihr Verhalten besser einschätzen und verändern, eigenen Kräften trauen lernen und einen eigenen Weg finden.

Ob berufstätig, alleinerziehend oder Vollzeitmutter – es gibt keine, die diese Selbstzweifel nicht kennt: Mache ich alles richtig? Alle wünschen sich eine gute Beziehung zu ihrem Kind und wollen zugleich den hohen Anforderungen von außen gerecht werden. Es gibt in unserer Gesellschaft kein gültiges Rollenmuster für Mütter, nur verschiedene geschichtliche und weltanschauliche Vorbilder: Vollzeitmutter, Karrierefrau, die Mutter Gottes, die Feministin, die Mütter im Dritten Reich und schließlich die eigene Mutter. Ihr Bestreben, eine gute Mutter zu sein und es allen recht zu machen, führt immer wieder dazu, dass sie das Verkehrte tun. Gertraud Finger beschreibt viele solcher Situationen und zeigt, durch welche Einstellungen und Gefühle sie ausgelöst werden. Man erfährt, wie das Ideal der »guten Mutter« entstanden ist, wie belastend es sein kann, und was Frauen tun können, damit sie trotz allem mit gutem Gewissen Mutter sein können. Beispiele aus der Beratungspraxis und der Literatur zeigen uns, wie es gelingen kann, mit mehr Freude Mutter zu sein.